나는 기록하기로 했다

나는 기록하기로 했다

하나님 영광을 위한
작은 날들의
피 묻은 고백

한근영

규장

2021. 02. 15.

선한 목자 주님과
친밀히 동행하는 삶의 증인

성경은 하나님과 친밀했던 사람들에 대하여 기록하고 있습니다. 그러나 성경만이 아니라 교회 역사 안에도 주님과 친밀했던 많은 증인이 있습니다. 한근영 사모님은 그 증인들 중 한 분입니다.

《나는 같이 살기로 했다》와 《나는 기도하기로 했다》 두 권의 책으로 많은 독자들에게 깊은 감동과 영적 충격을 주었던 한근영 사모님이 또 한 권의 책을 내셨습니다.

한근영 사모의 예수동행일기, 《나는 기록하기로 했다》 - '하나님 영광을 위한 작은 날들의 피 묻은 고백'입니다.

저자는 앞서 낸 두 권의 책을 읽은 독자들로부터 "어떻게 그 광야를 건너올 수 있었느냐?"라는 질문을 받았다면서, '날마다' 찾아오시는 하나님, 날마다 은혜 주시는 예수님, 날마다 힘 주시는 성령님에 대한 기록인 예수동행일기에 그 답이 있었다고 했습니다.

인생의 비극은 크고 좋은 집에서 살아보지 못한 것이 아닙니다. 성공하고 부유한 사람들과 어울리지 못한 것도 아닙니다. 기가 막히게 아름다운 휴양지에 가보지 못한 것도 아닙니다. 인생의 유일한 비극은 예수님이 마음에 거하시는데도 예수님과 친밀히 동행하지 못하고 사는 것입니다.

많은 성도들이 갈등합니다. "과연 예수님과 인격적인 교제를 나누고 예수님과 친밀히 동행할 수 있을까? 그런 사람은 따로 있는 것이지 누구나 그렇게 될 수는 없지 않을까?" 아닙니다. 주님과 친밀하게 동행하는 삶은 모든 그리스도인에게 허락된 은혜입니다. 그렇게 단언할 수 있는 것은 주 예수님이 우리 마음에 임하셨기 때문입니다. 어떻게 이보다 더 친밀할 수 있겠습니까? 한근영 사모님이 그 증인입니다.

예수동행일기는 예수님에 대하여 아는 데 머물지 않고 예수님과 친밀히 교제하는 단계로 나아가기 위하여 쓰는 것입니다.

어떤 분은 "매일 매일 똑같은 일상이라 일기에 쓸 것이 없어요"라고 말했습니다. 그러나 그것은 우리의 일상이 지루하게 반복되기 때문이 아닙니다. 일상의 모든 순간이 주 예수님과 함께하는 순간이고 주님과 동행하는 삶을 훈련하는 기회임을 믿지 않기 때문입니다.

한근영 사모님의 예수동행일기는 QT일기요 편지일기이며, 은혜일기, 일상일기, 순종일기, 회개일기, 믿음일기, 감사일기, 기도일기, 동행일기입니다.

예수동행일기가 성경 묵상과 기도 생활을 대신하는 것처럼 여기는 사람들도 있는데, 한근영 사모님은 오히려 동행일기를 통하여 말씀 묵상이 더 깊어지고 기도 생활이 더 충만해지게 됨으로써, 일기를 묵상과 기도의 도구로 잘 활용하는 모습을 보여줍니다.

저자의 예수동행일기인 이 책은 단순한 일기가 아닙니다. 예수님과 동행하는 사람의 생생한 간증이며, 강력한 주님의 메시지요, 너무나 은혜로운 말씀 강해이고, 성도가 살아갈 지혜입니다.

이 책에 실린 예수동행일기를 찬찬히 깊이 묵상하면서 읽어보시기 바랍니다. 인용된 성경 구절은 성경책을 펼쳐서 다시 읽어보거나 기록해보시기 바랍니다.

그러면 기도하고 싶은 마음이 뜨겁게 일어날 것입니다.

그렇게 말씀과 기도의 깊은 은혜 안에 들어가실 것입니다.

무엇보다 주님께서 일상에서 함께하심이 믿어질 것입니다.

아니, 극한의 위기 상황에 처한 것 같은 때도 주님은 변함없이 동행해주심이 믿어질 것입니다.

한근영 사모님처럼 하나님의 성전 된 자로 살면서 주위 사람들에게 예수 그리스도의 빛과 사랑을 보여주며 사는 것이야말로 우리가 이웃에게 줄 수 있는 최고의 선물입니다.

'동행일기는 선한 목자 주님과의 여행기이다.'

유기성 목사
위드지저스미니스트리 이사장

그 한 길을 가기 위해

30여 년 전, 예수님을 막 믿었을 때 누군가에게 이런 얘기를 들었습니다.

"믿음이란 앞서가시는 그분을 따라가는 거란다. 때론 속도가 더 딜지언정 주님을 보며 끝없이 두 발을 내딛는 것이지. 그러니 너는 이제 되돌아가지만 않으면 돼. 그 유혹만 이기면 돼."

나이 스물셋, 예수 믿고 해방감이 충만할 때라 저는 이 말의 의미를 잘 몰랐습니다. 그 좋은 예수님을 믿었으니 당연히 천국을 향해 진군하면 된다고만 생각했습니다.

그러다 서른이 넘어 거칠고도 긴 광야에 들어서 보니 앞으로 나아가는 게 쉽지 않았습니다. 광야에서 겪게 된 극심한 고통 때문이었을까요? 저는 종종 예수 믿기 전 시절을 그리움처럼 되돌아보는 유혹에 시달렸습니다. '뒤돌아보지 말자, 그때가 좋았다고 생각하지도 말자'라며 마음을 다잡았지만, 이상하게도 제 인생은 목자이신 예수님을 따라 앞으로 쭉쭉 걸어 나가지 못했습니다. 광야에서 자주 불어왔던 모래폭풍 탓만은 아니었습니다. 다리는 앞을 향해 내디뎠지만 고개가 자꾸 뒤로 향하다 보니 앞으로 나아가지도, 그렇다고 지나온 땅 애굽으로 되돌아가지도 못하는 진퇴양난의 시절이었습니다.

그와 같은 때에 분리되었던 제 걸음과 시선을 주님께로 모아준 것이 바로 예수동행일기였습니다. 날마다의 일기 쓰기야말로 자칫 분열될 뻔했던 제 삶과 영혼의 일치를 이루게 해주는 보배로운 도구였습니다.

그런 면에서 저는 예수동행일기의 유익을 최고로 누린 사람입니다. 지난 십수 년간, 예수동행일기의 말할 수 없는 수십, 수백 가지의 유익을 누리며 여기까지 올 수 있었습니다.

쓰는 동안 알게 된 것

예수동행일기를 통해 받은 첫 번째 유익은 제가 붙잡고 씨름하는 대상을 달리하게 되었다는 것입니다.

그전까지 저는 스스로에게 도취되어 살아가는 소심한 에고이스트였습니다. 파고 파봐야 타락한 죄인의 모습만 나올 뿐인 저 자신을 붙들고, 스스로를 숭배했다가 패대기쳤다가를 반복하며 의미 없이 살아가고 있었습니다.

그러다 일기를 쓰려고 하루의 삶을 객관화하여 대면해보니, 제가 제힘으로 인생의 강을 건너려 애쓰고 있음을 알게 되었습니다. 이 심각한 문제를 발견하고서야 자신을 붙잡고 있던 샅바를 놓고 온 힘을 다해 하나님의 샅바를 붙잡고 씨름하기 시작했습니다.

그리고는 하루라는 시간 속에 찾아와 동행하시며 나를 어디론가 이끌고 가시는 하나님을 기록해 보았습니다. 하루에 단 1분이라도 하나님을 생각하거나 만났다면 그 1분의 시간을 기록해보는 것입니다. 그러는 동안, 기록한다는 것은 곧 마음에 새기는 것임을 알았습니다. 이 작은 삶에 찾아와 함께하시는 하나님을 붙잡고 기록하다 보니 자칫 놓칠 뻔했던 하나님의 사랑을 제 마음에, 제 인생 가운데 새기게 되었습니다.

그러다 보니 바람 불면 흔들렸던 제 믿음이 오히려 바람 불 때마다 하나님의 사랑 안에 뿌리내리고, 방황하던 제 걸음도 마침내 주님의 인도하심을 따라 성큼성큼 앞으로 나아가게 되었습니다.

두 번째로, 제게 임한 하나님의 은혜가 얼마나 충분한지를 알게 되었습니다. 은혜가 은혜임을 깨닫지 못했을 뿐, 알고 보니 아무리 힘든 날에도 나를 살리시는 하나님의 은혜는 결코 부족하지 않았습니다. 밤마다 하루 동안 부어주신 은혜를 기록하다 보면 마치 하루라는 시간 속에 감추어진 보물을 찾아낸 듯 기뻐지곤 했습니다. 일기 쓰는 시간이 자연스럽게, 주신 은혜에 감사하며 하나님을 찬양하는 시간으로 이어졌지요.

이 책을 정리하려고 지난 15년의 일기장을 뒤적이면서도 이 사실을 확인하고, '아, 부족함이 없었구나, 날마다 이 은혜가 있어 내가 살았구나' 하고 고백하게 되었습니다. 기록하지 않았다면 알지 못했을 하나님의 은혜가 지난 일기장 가득 살아 숨 쉬고 있었습니다.

기록이 기도가 되다

세 번째, 예수동행일기를 쓰는 동안 삶의 모든 초점이 기도에 맞춰지는 은혜를 경험했습니다. 당연한 얘깁니다. 예수님과 동행하는 게 바로 기도하는 일 아니겠습니까? 예수동행일기를 쓴다는 것은 내 영혼의 모든 기도와 간구, 도고와 감사를 하나님께 풀어놓는 법을 배우는 일이기도 합니다.

기가 막힐 웅덩이와 수렁에 빠지면 사람은 이상하게도 기도 말문이 막혀버려, 가장 기도해야 할 때 기도 언어가 나오지 않습니다. 저도 부르짖어 기도해야 할 때 기도하지 못하는 고통까지 더해지자 소망이 없었습니다. 어떻게 기도해야 하는지 누가 좀 알려주기를 간절히 바랐습니다.

그런데 예수동행일기가 그 역할을 톡톡히 해줬습니다. 예수동행일기를 쓰는 일이야말로 기도를 배우는 가장 최선의 길이었고, 나중에는 일기를 쓰는 그 시간이 곧 기도하는 시간이 되었습니다. 2021년 5월 25일의 일기는 이 사실을 알려줍니다.

하나님, 일기를 쓰다 보니 자연스럽게 기도로 이어집니다. 아니, 예수동행일기가 가리키는 방향은 언제나 기도였습니다. 그러니 긴급한 일들에 휩쓸려 일기 쓰기를 놓쳐버린다면, 저는 (기도를 못 하게 될 테니) 가장 중요하고도 보배로운 일을 놓치는 어리석은 자가 되고 말 것이고, 그러면 곧 세상이 주는 혼돈에 휩쓸려 또다시 두려움과 허망함의 세계를 떠도는 잃은 양이 될 게 뻔합니다.

《스크루테이프의 편지》(C. S. 루이스, 홍성사)에서도, 마귀는 그리스도인의 공략법으로 그와 같은 '혼돈'을 집어넣으라고 부추기더군요. 기독교 세계관이 옳은 것도 같고 세속적 세계관이 옳은 것도 같은, 뭐가 옳고 그른지 헷갈리게 하는 이 혼돈의 세계에 그리스도인을 집어넣는 것만큼 그들을 효과적으로 파멸시키는 길은 없다는 얘기였습니다.

하나님, 요즘 들려오는 소식들 속에서 마귀는 제게 '예수를 따라가는 그 한 길을 묵묵히 간들 그게 무슨 소용이겠니? 인생은 재수가 없으면 망하는 건데'라는 식으로, 인생의 허망함과, 삶과 죽음에 대한 두려움들을 심어주려 하는 것 같습니다. 그래서 일기 쓰기에도 흥미를 잃고, 자연스레 기도 시간도 줄어들었습니다.

그러나 오늘 시편을 읽으며, 오직 하나님만 의뢰하여 그 한 길을 신실하게 갔던 시편 기자의 태도에 큰 감동과 도전을 받았습니다. 하나님이 없다며 자신을 삼키려는 악인이 가득한 세상에서도 시인은 한결같이 하나님의 구원을 바라며 기도를 멈추지 않습니다.

하나님, 제가 가야 할 길이 여호와를 신뢰하며 여호와께 인생을 의탁하며 살아가는 바로 그 길 아니겠습니까? 그런 면에서 예수동행일기를 쓰는 것은 하나님께 제 삶을 기도 언어로 정리하는 일이라 할 수 있습니다. 일기를 씀으로써 저는 하나님께 무얼 구하고 바라며 어떻게 엎드려야 하는지를 알게 됩니다.

그러니 제가 일기 쓰는 일에 어떻게 시간을 내지 않을 수 있겠습니까? 일기를 쓰는 일이 곧 기도하는 일인 것을요. 잠을 줄여서라도, 제 삶과 내면의 고백을 하나님 앞에서 날마다 정리하는 이 일에 다시 매진하겠습니다. 하나님, 도와주시고 인도해주세요.

광야에서 정금처럼

예수동행일기의 네 번째 유익은 우리가 겪는 모든 고통을 낭비하지 않게 해준다는 것입니다. 우리는 인생의 광야에서 고통과 괴로움을 경험하고, 하나님은 그 고난 가운데 우리를 단련하고 보석처럼 다듬어 가십니다.

그래서 사도 바울은 갈라디아 성도들에게 그들이 겪었던 고통을 잊어버리지 말라고 당부하며, 겪은 고통을 잊으면 곧 "괴로움을 헛되이 받는 것"(갈 3:4)이 된다고 강조합니다. 그렇게 되면 물과 불 가운데 찾아와 우리를 정금처럼 단련하시고 보호하시는 하나님의 은혜도 잊어버립니다. 우리가 겪은 고통을 낭비하게 되는 것이지요.

인간이 망각의 존재임을 잘 알았던 터라 저는 그 광야에서 제가 받은 고통을 어떤 식으로든 기록하려 애썼습니다. 그러다 보니 고통에서 벗어날 길 없는 제 약함을 기록하지 않을 수 없었고, 그 기록의 방향은 전능하신 하나님을 의존하는 것으로 결론지어졌습니다. 고통에 대한 기록은 저를 하나님께로 더 가까이 이끌어 주었고, 결국 저는 "내가 약할 그때가 곧 강함"이라는 말씀이 제 삶에 이루어짐을 경험할 수 있었습니다.

광야를 지나는 비결

이 외에도 예수동행일기를 쓰는 동안 제가 받은 은혜를 쓰려면 책 한 권으로도 모자랄 것입니다. 돌아보면 이 일기 쓰기는 하나님께서 먼저 시작해주셨습니다. 하나님께서 날마다 먼저 제게 찾아와 "나 여기 있다" 말씀해주셨기에 그분과의 동행 기록을 한 자 한 자 눌러 쓸 수 있었습니다.

무엇보다 고난의 폭풍우 속에서 길을 잃어서 일기고 사명이고 다 팽개쳐버릴 뻔했던 시기에, 선한목자교회 유기성 목사님이 한국 교회에 예수동행운동을 펼치신 것은 하나님의 크신 은혜입니다. 그 덕분에 저도 다시 일기 쓰는 자리, 즉 예수님 앞으로 돌아올 수 있었기 때문입니다.

그때 예수동행일기 쓰는 일에 집중하지 않았다면 제 인생의 지면은 세상 일기로 가득 채워졌을 것입니다. 그러니 누구든 예수동행일기를 쓰고 있다면 그 자체가 이미 놀라운 은혜를 받고 있다는 뜻입니다.

지금도 기가 막힐 웅덩이와 수렁에 빠진 분들이 계십니다. 또한 거기서부터 예수님과 동행함으로 살아계신 성령의 숨결과 은혜 속에 영혼의 소생을 경험하는 분들이 계실 것입니다.

그런 경험을 하고 나면 누구든 외치고 싶어집니다. 과연 하나님은 고아와 과부들의 아버지시며 우리의 가장 낮은 자리에 함께하시는 좋으신 분이라고! 그분은 정말 날마다 우리 삶에 찾아오신 임마누엘 하나님이심을 소리 내어 알리고 싶어집니다. 그런 면에서 광야에서 쓰는 예수동행일기는 그 자체로 하나님의 살아계심을 강력하게 증언하는 기록물입니다.

제가 지난 15년간의 내밀한 고백을 모아 책으로 내게 된 것도 같은 이유에서입니다. 어쩌면 이 책이, 앞서 낸 두 권의 제 책《나는 같이 살기로 했다》와 《나는 기도하기로 했다》(이상 규장)를 읽은 독자들의 질문, "어떻게 그 광야를 건너올 수 있었느냐?"에 더 정확하고도 실제적인 답이 될지도 모르겠습니다. 모든 능력의 비결은 '날마다'에 있었으니까요.

날마다 찾아오시는 하나님, 날마다 은혜 주시는 예수님, 날마다 힘 주시는 성령님에 대한 기록인 예수동행일기에는 하루를 살게 하시는 그분의 비밀이 담겨 있습니다.

지난 일기를 다시 읽으며 제 인생에 함께해준 사람들의 얼굴이 떠올랐습니다. 그중에서도 제 영혼의 단짝인 남편 조혁진 목사에 대한 고마움이 가장 크게 밀려옵니다. 사람들은 아픈 남편 때문에 제가 일방적으로 헌신한 것처럼 말하기도 하지만, 실은 남편이야말로 가장 고통스러운 자리에서 아내인 저를 세심하게 돌봐주고 세워준 고마운 사람입니다. 주님이 채찍에 맞으심으로 제가 나음을 입은 것처럼, 남편은 극심한 고통을 묵묵히 견딤으로 제게 주님과 동행하는 즐거움을 알려주었습니다. 이 지면을 빌어 제게 그토록 좋은 선물을 안겨준 남편과 두 아들에게 고맙고 사랑한다고 말하고 싶습니다.

이 책에 다 담지 못했지만, 지난날의 일기 속에 등장하여 우리와 동행해준 믿음의 은사님과 동역자님들에게도 감사를 드립니다. 당신이 있어 내가 있음을 고백하지 않을 수 없습니다.

무엇보다 제가 물 가운데에 지날 때든 불 가운데 지날 때든 언제나 동행하며 길을 인도하시는 우리 하나님께 모든 영광과 감사를 드립니다. 저는 오늘도 골방으로 들어가 그분께 감사일기를 쓰려 합니다.

주님과 함께 가는 그 길에서

한근영 사모

차례

QT일기

내 시선을
옮기는
작업

나는 날마다 찾아오시는 예수님을 기록하기로 했다

내 나이 서른아홉, 나는 갑자기 개척교회 사모가 되어야 했다. 7년 동안 희귀난치병 환자로 살아왔던 남편이 요양 중에 하나님의 음성을 들으면서부터였다.

"하나님이 교회를 개척하라 하시네. 담을 트고 길을 닦는 교회를 세우라 하시네."

남편의 이 말에 나는 달리 싫다고 말할 수 없었다. 교회를 개척하겠다는 말은 청년 시절 자신을 하나님께 드리겠다고 서원한 것에 대한 그의 목숨 건 응답이었기 때문이다. 나는 다만, 바람 앞에 촛불처럼 위태로운 남편의 건강 상태를 살피며 두 아이를 돌보고, 가정 경제를 위해 아르바이트도 해야 하는데 이젠 개척교회까지 섬겨야 한다는 사실에 어깨가 무거워질 따름이었다.

예배 처소를 따로 마련할 수 없어서 우리 집을 예배당으로 꾸미기로 했다. 교회를 시작해서 우리 집 곳곳을 다 열어 보여야 하는 것이 두렵기도 했다. 무엇보다 담임목사 사모의 길은 내가 한 번도 가보지 않은 길이었다.

'내가 뭘 할 수 있을까. 특별히 잘하는 게 하나도 없는 내가 교회를 위해 뭘 해야만 할까?'

문득 내가 사모이기 이전에 그리스도의 증인이란 사실이 떠올랐다. 그리스도의 증인은 예수께서 하시는 일을 말하고 기록하는 사람이다. 그렇다면?

"여보, 내가 뭘 해야 하는지 찾았어. 이제부터 내가 교회 개척일지를 기록해볼게!"

그렇게 나는 내 할 일을 찾아냈다. 이때 주어진 은혜는 평소 쓰던 일기와 달리 일기의 중심을 '나'에서 '말씀'으로 바꾸었다는 점이다. 내 고통, 아픔, 환경, 내 생각과 느낌을 중점으로 쓰던 그간의 방식에서 벗어나, 그날 주시는 QT 본문 말씀에 대한 묵상을 중심으로 하루 중 하나님께서 펼쳐 보이시는 일을 해석하며 기록하기로 했다.

돌아보니, 언제나 나 자신을 붙잡고 씨름하던 나 한근영은 그때부터 야곱 흉내라도 내듯 하나님을 붙잡고 씨름하기 시작했다. 내가 소망 없는 나 자신을 붙잡고 치덕이던 삶의 형태에서 벗어나, 아름답고 신실하신 하나님을 끈질기게 붙잡고 기도하게 된 계기는 놀랍게도 하루를 돌아보며 QT일기를 쓰면서부터였다. 사소해 보이는 이 일기 쓰기를 이어가면서 내 시선은 차츰 하나님께로 옮겨갔다.

2008. 01. 01. 화

이루어진 사실을 기록하라

어제는 기다리고 기다리던 맞춤 책장이 들어와 예배실 세팅을 마무리했다. 그동안 거실로만 썼던 이 공간에 책장을 들이고 12개의 좌식의자까지 놓고 보니 제법 예배실 분위기가 났다. 하나님은 이곳 가정교회에서 드릴 개척 예배를 받으시려고 2년 전 우리를 변두리 아담한 집으로 배치시키셨나 보다. 부디 이곳에서 12제자가 나오고 24제자, 48제자가 나오기를.

개척 예배를 앞둔 새해 첫날, 매일성경 QT 본문은 누가복음 1장 1-17절 말씀이다.

> 우리 중에 이루어진 사실에 대하여 처음부터 목격자와 말씀의 일꾼 된 자들이 전하여 준 그대로 내력을 저술하려고 붓을 든 사람이 많은지라 그 모든 일을 근원부터 자세히 미루어 살핀 나도 데오빌로 각하에게 차례대로 써 보내는 것이 좋은 줄 알았노니 이는 각하가 알고 있는 바를 더 확실하게 하려 함이로라 눅 1:1-4

예수 그리스도의 사역과 생애를 근원부터 미루어 살핀 누가가 데오빌로에게 그리스도의 복음을 차례대로 써 보냈던 것처럼, 교회의 시작과 탄생의 내력을 보며 증인 된 나도 '그 모든 일'을 개척일지로 기록하기로 했다.

기록의 원칙은 다음 세 가지로 잡았다.

첫째, 있는 그대로를 가감하지 않고 쓴다.

둘째, 하나님께서 하신 일을 쓴다.

셋째, 하나님의 영광을 위하여 쓴다.

제사장 사가랴에게 나타난 천사는 요한의 탄생 소식을 알리고, 그가 어떤 일을 할지를 17절 말씀으로 예고한다.

그가 또 엘리야의 심령과 능력으로 주 앞에 먼저 와서 아버지의 마음을 자식에게, 거스르는 자를 의인의 슬기에 돌아오게 하고 주를 위하여 세운 백성을 준비하리라 눅 1:17

이 구절을 보면서 이게 바로 우리 교회를 향하신 하나님의 뜻이 아닐까 싶었다. 아버지의 마음을 자식에게, 거스르는 자를 의인의 슬기에 돌아오게 하고 주를 위하여 세운 백성을 준비하는 일! 그 일이 바로 우리 공동체, 우리 교회가 해야 할 일일 것이다.

남편은 다음 주에 있을 담트고길닦는교회 첫 예배를 준비하기 위해 오늘부터 칩거에 들어갔다. 나도 이번 주 내내 다른 약속 안 잡고 기도하며 첫 예배를 준비하리라. 무엇보다 기도로 함께하는 아내가 되어야겠지?

2008. 01. 02. 수
때가 이르면

보라 이 일이 되는 날까지 네가 말 못 하는 자가 되어 능히 말을 못 하
리니 이는 네가 내 말을 믿지 아니함이거니와 때가 이르면 내 말이 이루
어지리라 하더라 눅 1:20

사가랴가 아들을 낳으리라는 좋은 소식을 듣고서 믿지 못하자,
천사는 이 일이 되는 날까지 그가 말을 못 하게 될 것이고, 때가 이
르면 자기가 전한 말이 그대로 이루어진다고 한다. 남편이 (병으로
인해) 말을 못 하고, 눈도 뜨지 못했던 지난 시간이 떠올랐다. 그 역
시 교회가 세워지는 좋은 소식이 들려지기까지 하나님께서 의도하
신 시간이었을까?
때가 이르러 요한이 태어났듯이, 때가 이르니 하나님께서 그분의
계획 속에 주님의 교회를 세우라 하신다. 하나님은 이 교회를 세우
시기 전에 우리가 말 못 하고 눈 뜨지 못하고 앉은뱅이가 되는 오랜
시간을 보내게 하셨다.

백성들이 사가랴를 기다리며 그가 성전 안에서 지체함을 이상히 여기더
라 그가 나와서 그들에게 말을 못 하니 백성들이 그가 성전 안에서 환
상을 본 줄 알았더라 그가 몸짓으로 뜻을 표시하며 그냥 말 못 하는 대

로 있더니 그 직무의 날이 다 되매 집으로 돌아가니라 눅 1:21-23

하나님께서 말을 못 하게 하시면 말 못 하는 대로 있을 수밖에 없다. 아무리 최첨단 의학을 동원해도 치유할 수 없고, 아무리 좋은 연줄을 끌어와도 고칠 수 없다. 그러므로 그때에는 하나님의 때가 도래할 때까지, 말 못 하는 채로 잘 견디고 기다리는 것이 최선의 순종이요 가장 적극적인 믿음일 것이다.

주께서 돌보시면 부끄러움도 수치도 결국 다 사라진다. 엘리사벳은 늙도록 잉태하지 못했던 부끄러움과 제사장임에도 자식이 없었던 남편 사가랴의 고통에 대해 이렇게 말한다.

이후에 그의 아내 엘리사벳이 잉태하고 다섯 달 동안 숨어 있으며 이르되 주께서 나를 돌보시는 날에 사람들 앞에서 내 부끄러움을 없게 하시려고 이렇게 행하심이라 하더라 눅 1:24,25

우리 인생에 아무리 큰 고통이 있더라도 주께서 뜻하신 날이 되면 그 모든 고통이 사라진다! 말씀을 묵상하며 그걸 믿음의 눈으로 바라보니 갑자기 내 마음에 생기가 돌았다.

그러고 보니 하나님은 더 이상 바라고 소망할 수 없을 때 남편에게 교회 개척에 대한 그림을 보여주셨다. 내 안에 남편에 대한, 또 나 자신에 대한 기대감과 에너지가 다 사라질 무렵, 내게도 담길교회를 잉태할 것을 말씀하셨다. 이 모든 것이 주께서 돌보시는 날 하나님의 영광을 나타내시려는 하나님의 선하신 계획 속에 이루어진 일이 아니겠는가.

이제 우리는 그날을 기대하며 나아가면 된다. 나는 그저 하루하루 살아갈 뿐이지만, 주님은 우리의 그런 나날들을 붙잡고 그분의 뜻을 이루실 것이다.

2008. 01. 03. 목
말씀대로 내게 이루어지이다

오늘 QT 본문에서는 천사 가브리엘이 하나님의 보내심을 받아 나사렛 동네의 마리아에게 가서 성령으로 예수님을 잉태하게 된다는 소식을 알린다. 인류의 구원자 예수 그리스도를 자신이 잉태하게 된다는 소식을 듣고, 마리아는 현실적으로 불가능한 이 일이 어찌 이루어졌는지를 먼저 묻는다.

나는 남자를 알지 못하니 어찌 이 일이 있으리이까 … 천사가 대답하여 이르되 … 대저 하나님의 모든 말씀은 능하지 못하심이 없느니라 눅 1:34,35,37

어제에 이어 오늘도, 하나님께서 말씀하시면 반드시 이루어진다는 사실을 알려주신다. 말씀이 임하면 물리적 화학적 한계도 뛰어넘고 상식도 초월하여 하나님의 역사가 이루어진다. 아, 하나님 말씀의 이 절대적인 능력을 보라!

그분이 써 내려가시는 주권적 말씀의 역사 속에 내 삶이 놓여 있다는 사실이 얼마나 놀라운 은총인가. 그러므로 오늘 나는 말씀의 생명 없인 살아갈 수도 살아낼 수도 없다는 사실을 기억할 일이다. 말씀을 붙잡고 사는 삶이 진짜 삶이다.

마리아가 이르되 주의 여종이오니 말씀대로 내게 이루어지이다 하매 천사가 떠나가니라 눅 1:38

당시 약혼한 여자가 결혼도 하기 전에 임신한 사실이 발각되면 손가락질은 물론 죽음도 각오해야 했지만, 마리아는 인류의 구원자 예수 그리스도를 잉태한다는 사실 앞에 두려워 떨거나 피하려 하지 않았다.

"하나님, 저는 그럴 자격이 없으니 제발 저를 택하지 말아주세요"라거나 "하나님, 저 돌팔매질만큼은 당하지 않게 해주세요"라고 하지 않았다. 자신을 위해 항변하거나 장차 있을 일에 대한 불안과 염려도 표출하지 않았다. 다만 "주의 여종이기에 말씀대로 이루어지게 하소서"라는 온전한 받아들임의 자세만이 있을 뿐이었다.

개척교회 사모가 되어야 하는 나는 어떤가? 이 시대에 주님의 교회를 세워나가는 일은 영광스러운 일이지만, 동시에 많은 수고와 헌신과 오해와 손가락질까지도 감내해야 한다. 나는 이 사실 앞에 과연 어떤 태도를 갖고 있는가?

교회를 세워온 믿음의 선배들의 종적을 떠올려봤다. 그분들이 만약 개척교회의 고단한 현실에만 주목했다면 두려움 때문에라도 교회를 세워가는 일에 뛰어들지 못했으리라. 그러나 마리아와 믿음의 선진은 현실에 대한 두려움에 사로잡히기보다 기쁨과 감격 속에서 주의 뜻을 행했다. 그것은 '내가 주의 여종'이라는 분명한 자기 정체성에서 비롯되지 않았겠는가.

종의 기쁨은 주인의 뜻에 온전히 순종하는 데 있다. 주인이 작은 심부름을 시켜도 최선을 다하고, 큰일을 맡겨도 감사하며 감당하는 사람이 종이다. 더구나 그 주인이 선하고 사랑 그 자체이신 우리 주 하나님이시라면 종은 주인이 무언가를 맡겨주셨다는 자체에 감격해 마지않는다. 그것을 직시한 마리아는 "주인이신 하나님께서 그리 말씀하시면… 저는 주의 여종이오니… 그대로 이루어집니다"라고 고백했다.

그렇다면 나 역시 주의 뜻을 이루기까지 내가 감내해야 할 수고와 받아야 할 핍박이 있더라도 예수 그리스도를 주인으로 섬기는 자로서 그 모든 일을 당연히 감당하며 가야 하겠지.

그러기 위해 오늘은 다른 것보다, 상처에 너무도 예민한 나의 여린 감수성이 말씀으로 강건하게 되기를 기도한다. (내가 받는 상처에 대해서는 좀 둔해짐으로) 세상을 향해서는 담대해지고, 오직 성령님에 대한 예민한 영성으로 주님께 민첩하게 반응하는 강인하고 충성된 여종이 되고 싶다.

하나님은 나의 주인, 나는 그분의 여종이다. 그분이 시키시면 나는 못 할 게 없다. 그분께서 시키실 때는 능력도 함께 주실 것이기 때문이다.

2008. 01. 04. 금
예수님을 전하는 나팔이 되라

오후 3시경 수봉산교회 김범선 목사님과 교역자분 모두 우리 집으로 오셨다. 모레 있을 담길교회 첫 예배가 설립 예배가 아니어서 정식으로 초청장을 보내드리지 못했는데, 목사님이 먼저 오셔서 축하 예배를 드리겠다고 하신 것이다.

교회가 세워지는 일에 대한 목사님의 관심과 사랑이 하나님나라에 대한 열정에 기반한 것이 아니었다면 이미 떠나온 부목사가 교회를 개척한다고 할 때 이런 관심과 사랑을 주지 못하셨으리라. 또 하나의 교회가 세워지는 것에 대한 거룩한 부담을 안고 찾아오신 목사님에게 감사와 송구함을 느꼈다.

목사님은 요한계시록 1장 9-15절을 통해 '밧모섬에 갇힌 요한에게 나타나신 예수 그리스도의 영광'을 말씀하시며, 비록 가정교회로 시작하는 담길교회의 출발은 미약해도 나타나실 그리스도의 영광은 초라하지 않으며, 이 가운데 성령의 임재와 역사가 충만할 것을 선포하셨다. 지상에 교회가 세워지는 것은 하나님께서 하시는 일을 나타내 보이기 위함이니, 앞으로 이 교회가 예수님을 전하는 나팔이 되라고도 하셨다.

듣다 보니 눈물이 났다. 둘러보니 수봉산교회 윤정자 사모님과 부교역자 사모인 김정 사모도 쉴 새 없이 눈물을 흘리고 계셨다.

예배 뒤에 윤정자 사모님은 첫 주일예배 후에 교인들과 육개장을 끓여 먹으라며 소고기며 무, 대파를 내미셨다. 이미선 집사님이 축하 꽃바구니, 양윤희 집사님이 전화기, 이미정 집사님이 미니 오디오를 헌물로 보내오셨다. 이 작은 가정교회에 하나님의 선물이 차고 넘쳤다. 오후 5시경에는 디지털피아노가 들어왔다. 교회를 시작한다는 말에 가장 먼저 헌물 의사를 밝혔던 강희일 집사님이 보내신 것이다. 피아노를 보니 진즉 피아노를 배웠더라면 좋았을 텐데, 라는 아쉬움도 들었다.

모두가 돌아간 저녁 시간. 남편은 오랜만에 피아노 앞에 앉아 하나님을 찬양한다. 사랑하는 남편의 그 모습을 보며 나는 조용히 손을 모았다. 이곳에 찬양이 울려 퍼질 때 우리 하나님 영광 받으소서.

2008. 01. 06. 주일
담길교회 첫 예배를 드리다

드디어 담길교회 첫 예배를 드렸다. 주일 오전 9시에는 큰아들(11세)과 작은아들(7세)을 데리고 주일학교 예배를, 11시에는 이 작은 공간에 모인 성도들과 함께 주일예배를 드렸다.

예배 첫 찬양으로 〈날 구원하신 주 감사〉를 불렀다. 개척 멤버끼리 드리기로 한 이 첫 예배에 뜻하지 않게 많은 분이 와서 교회의 시작을 풍성하게 해주셨다. 특히 아직 반주자가 없는 개척교회 형편을 알고 두란노 경배와찬양 반주자인 강소연 자매님이 첫 예배 반주자로 섬겨주셨다.

남편은 말씀을 전하며 싱글벙글이다. 참 오랜만에 보는 남편의 환한 얼굴이었다. 말씀 본문은 고린도후서 5장 17-19절이고 설교 제목은 '새롭게 출발합시다'였다.

그런즉 누구든지 그리스도 안에 있으면 새로운 피조물이라 이전 것은 지나갔으니 보라 새것이 되었도다 모든 것이 하나님께로서 났으며 그가 그리스도로 말미암아 우리를 자기와 화목하게 하시고 또 우리에게 화목하게 하는 직분을 주셨으니 곧 하나님께서 그리스도 안에 계시사 세상을 자기와 화목하게 하시며 그들의 죄를 그들에게 돌리지 아니하시고 화목하게 하는 말씀을 우리에게 부탁하셨느니라 생명력 있는 말씀 선포의 시간, 나는 언제나처럼 남편의 설교에서 깊은 은혜를 받았다.

예배 후 조촐하게 교회 탄생 축하 기념식을 치렀다. 이정혜 집사님이 사 온 케이크를 우리 부부가 절단했고, 모두가 "생일 축하합니다. 우리 교회 생일을 축하합니다"라며 이 교회의 탄생을 통해 영광 받으실 하나님을 기뻐했다.

개척멤버 1,2호인 두 청년, 이날부터 함께 동역하게 된 개척멤버 3호 김종택 집사님 가정과 첫 예배 기념사진도 찍었다. 김 집사님 가족은 멀리 의정부에서부터 오신다. 사랑스런 청소년 다솔이까지 있어 우리 교회는 이제 유치부, 유초등부, 중고등부, 청년부, 장년부까지 각각 한 명씩은 다 있는 교회가 되었다.

QT 나눔은 오후 2시 30분부터 시작했다. 첫날이라 오리엔테이션을 했고 다음 주부터 본격적으로 QT 나눔과 성경공부를 하게 된다. 오후 4시부터는 담길 가족끼리 모여 오후예배를 드렸다. 반주자가 없어 목사님이 기타로 반주하며 찬양을 드렸고, 다음 주부터는 혜정 자매가 오후예배 반주자로 섬기기로 했다.

이렇게 담길교회 첫 예배가 드려졌다. 모든 것이 하나님의 은혜임을 고백하며 교회를 향한 기도를 모아본다. 무엇보다 담길교회가 그 이름대로 하나님을 영화롭게 하는 시온의 축제가 열리는 교회가 되기를 소망한다.

나는 오늘 무엇을 기다리는가

예루살렘에 시므온이라 하는 사람이 있으니 이 사람은 의롭고 경건하여 이스라엘의 위로를 기다리는 자라 성령이 그 위에 계시더라 그가 주의 그리스도를 보기 전에는 죽지 아니하리라 하는 성령의 지시를 받았더니 성령의 감동으로 성전에 들어가매 마침 부모가 율법의 관례대로 행하고자 하여 그 아기 예수를 데리고 오는지라 눅 2:25-27

시므온의 오랜 기다림은 죽기 전에 이스라엘에 참된 위로를 주실 예수 그리스도를 보는 것이었다. 의롭고 경건하다는 것, 그리고 성령이 그 위에 계신다는 것도 이런 것이다. 무엇을 기다리는가를 보면 그가 어떤 사람이고 무엇을 위해 사는지를 알 수 있다. 나는 오늘 무엇을 기다리는가? 성령님의 참된 위로, 민족과 교회를 살리실 그리스도의 임재인가, 아니면 인간적인 위로나 화려한 껍데기, 이생의 자랑거리인가?

나도 시므온처럼 예수 그리스도를 기다리고 사모하는 사람이 되고 싶다. 그분과의 동행, 그분을 닮아감, 그분을 모시는 사람이 되기를 기도한다.

시므온이 아기를 안고 하나님을 찬송하여 이르되 … 내 눈이 주의 구원을 보았사오니 이는 만민 앞에 예비하신 것이요 이방을 비추는 빛이요 주의 백성 이스라엘의 영광이니이다 하니 그의 부모가 그에 대한 말들을 놀랍게 여기더라 시므온이 그들에게 축복하고 그의 어머니 마리아에게 말하여 이르되 보라 이는 이스라엘 중 많은 사람을 패하거나 흥하게 하며 비방을 받는 표적이 되기 위하여 세움을 받았고 또 칼이 네 마음을 찌르듯 하리니 이는 여러 사람의 마음의 생각을 드러내려 함이니라 하더라 눅 2:28-35

담트고길닦는교회가 탄생했다. 이제 내 삶은 교회로서의 삶이자 길이 될 것이다. 이 교회는 그리스도의 몸이기에 이방을 비추는 빛이 되며 주의 백성에게 영광이 될 것이다.

동시에, 마리아에게 칼이 마음을 찌르는 듯한 아픔이 있을 것이라 했던 것처럼, 교회가 세워지는 과정에는 아픔과 시험과 비방도 찾아올 수 있다. 여러 사람의 마음의 생각이 드러나면 그런 일들이 당연히 일어날 수밖에 없다. 그런 고난의 십자가가 오더라도 주의 영광을 위해 그 길을 달게 걷는 내가 되고 싶다. 그것이 참된 순종의 길일 테니까.

또 아셀 지파 바누엘의 딸 안나라 하는 선지자가 있어 나이가 매우 많았더라 그가 결혼한 후 일곱 해 동안 남편과 함께 살다가 과부가 되고 팔십사 세가 되었더라 이 사람이 성전을 떠나지 아니하고 주야로 금식하며 기도함으로 섬기더니 마침 이때에 나아와서 하나님께 감사하고 예루 살렘의 속량을 바라는 모든 사람에게 그에 대하여 말하니라 눅 2:36-38

결혼 후 일곱 해 만에 과부가 된 안나는 성전을 떠나지 않고 주야로 금식하며 기도했다. 그녀도 시므온처럼 '하나님의 위로'를 구했고, 마음이 애통하고 가난하여 하나님을 갈망했다. 하나님은 이런 사람에게 은혜를 베푸신다. 생전에 그리스도를 알아본 자요, 만난 자요, 아기 예수님을 그리스도로 선포한 자로 삼으신다.

우리 교회에도 이와 같은 사람들, 그리스도를 사모하고 갈구하는 사람들, 애통하고 가난한 사람들, 그리하여 천국을 소유하는 사람들을 보내주시기를 구한다.

나 역시 성전이신 예수님을 마음 중심에 모심으로 평생 기도하는 사람이 되기를 기도한다. 육체의 정욕과 이생의 자랑에 내 마음을 빼앗기면 하나님을 볼 수 없다. 그리스도로 오신 예수님을 내 마음의 중심에 모실 때라야 내 눈이 그분을 보며 내 말이 그분의 말씀을 선포하는 도구가 될 것이다. 예수님만을 말하고 전하는 사람이 되고 싶다.

2008. 04. 03. 목

개척 후의 어느 한 날

오늘은 막내의 생일이다. 며칠 전부터 이날만을 손꼽아 기다렸던 터라 아침에 눈뜨자마자 "오늘 내 생일 맞죠?"라며 웃던 요셉. 오후 5시쯤 온 가족이 함께 이마트에 가서 아들의 선물을 고르게 했는데 우리 집 막내, 한껏 업된 기분 때문인지 자꾸만 착한 말을 한다.

"아빠, 나는 선물로 책을 살 거예요."

"그래? 장난감을 사고 싶을 텐데?"

"아니에요. 책을 많이 읽어야 지혜가 자라잖아요. 그것도 성경 이야기나 베드로 이야기를 읽어야 해요."

연신 책을 산다는 아들의 말에 "참 착하구나" 말하면서도 남편은 어린 아들의 마음을 읽어주며 한마디를 덧붙였다.

"그러면 이렇게 하자. 나중에 성경 이야기랑 베드로 책도 사줄 테니까 오늘은 장난감을 하나 고르자."

그 말에 아들의 눈이 동그래지며 묻는다.

"정말 그래도 돼요?"

자신을 주인공으로 대해주는 분위기에 착하게 반응해야 한다고 생각했던 걸까? 막내아들은 장난감 코너에 가서 이것저것 고르면서도 "엄마, 이런 거 사도 돼요? 만 원도 넘는데?"라며 자꾸 묻는다. 결국 이 소박하고 착한 아들에게 거금 3만 2천 원짜리 장난감을 쥐어주자 아들은 기뻐 어쩔 줄을 모른다.

"형아, 이거 만 원도 넘는 거다."

집에 돌아와 생일축하 파티를 하고 약속대로 거실에서 만화영화를 보여주고, 그 후에 약속대로 막내아들에게 책을 읽어주고 또 아들을 위해 기도해줬다. 평소와는 조금 달랐던(만 원도 넘는 장난감을 아들에게 사줬으니까^^) 날, 잔잔한 기쁨과 감사가 개척교회 예배당인 우리 집을 감싸 안았다.

2008. 11. 03. 월
가정교회에서 상가교회로

지난주 화요일, 타 교회를 섬기는 강희일 집사님 부부와 함께 점심을 하는 중에 두 분이 뜻밖의 제안을 하셨다. 강희일 집사님의 아내 강소연 자매님은 예배 반주자를 위한 '라헬의 코드피아노'라는 온라인 카페를 운영하는데 그 반응이 너무 뜨거워 오프라인으로도 운영하기로 했다고 한다. 그 오프라인 강좌를 위한 센터를 부천에 얻을 예정인데 그 사무실을 가정교회인 담길교회가 함께 사용하면 어떻겠냐는 것이었다. 임대료도 자신들이 부담하겠다면서.

이 일을 상의하기 위해 오늘 우리 교회를 위해 기도하시는 수봉산교회 김범선 목사님과 임홍직 부목사님을 뵈었다. 목사님은 얘기를 듣자마자 "여호와 이레"라며 기뻐하셨고, 그곳으로 발걸음을 함께

해주셨다.

부천의 중심가에 자리잡은 LG백화점 맞은편 상가 건물인데 시끄러운 큰 길가가 아니라 아파트 단지 안쪽이어서 교회 위치로선 최적이었다. 모두들 어떻게 이런 장소를 얻었냐며 감탄을 금치 못했다. 강 집사님 부부는 지난 한 주 동안 하나님께서 이 일을 몰아가며 추진하신 과정을 간증하며 "하나님께서 하셨다"라고 고백하셨다.

김범선 목사님이 축복기도해주고 가신 후 강 집사님 부부와 구체적인 얘기를 나누었다. 모든 공간의 인테리어를 그분들이 쓰는 사무실 중심이 아니라 예배실(겸 강의실)과 목사님 집무실, 아이들이 쉴 공간 등 예배를 잘 드리기 위한 교회 중심으로 해서 함께 사용하자고 하신다. '이토록 신실하고 겸손하게 살아가는 분들도 계심에' 다시 한번 감사한 시간이었다.

'라헬의 코드피아노'는 11월 17일 첫 오프라인 강좌를 열 계획이라 하루 전인 16일 추수감사주일에 우리 교회가 먼저 예배를 드렸으면 한단다.

아, 우리 집에서 담길교회 예배를 드린 지 열 달 만에 이렇게 예배처소가 마련되다니…. 아직 외부에 예배 처소를 마련할 엄두를 못 내는 담길교회에 베푸신 하나님의 은혜가 너무도 놀랍다. 1년 365일 하루 24시간, 집안에서만 생활하며 날로 시들어가는 남편의 건강(활력)을 위해서도 예배 처소 마련은 꼭 필요한 일이었다.

11월 16일에 예배를 드리려면 당장 내일부터 페인트칠을 해야 한다. 인건비를 아끼려고 남편은 "우리가 직접 하겠다"라고 한 뒤 월드와이드교회에서 만났던 이세인 집사님에게 이 일을 의논했다. 감사하게도 집사님이 여기저기 알아보시더니 공짜로 얻을 수 있는 페인트를 들고 내일 아침 와서 함께해주겠다 하셨다.

남편은 이후에도 밤늦게까지 여러 가지 준비사항을 점검하느라 불을 끄지 못한다. 전반적인 인테리어는 강 집사님 부부가 하시지만 의자며 강대상 등 우리가 해야 할 일들도 많기 때문이다.

늦은 밤, 집에 돌아와 두 아들에게 예배 처소가 마련된 소식을 알려줬다. 평소 집 근처에 놀이터가 없어 놀이터만 보면 환호성을 지르는 아이들에게 "얘들아, 좋은 소식 있어. 우리 교회가 드디어 상가를 얻게 되었어. 근데 그 건물 근처에 놀이터가 너무 많다. 정말 좋지?" 했더니 큰아들이 어른스럽게 말한다.

"엄마, 놀이터가 있어서 좋은 게 아니라 예배 처소를 마련해서 좋은 거예요. 하나님께서 하신 거네요. 그죠?"

그 말에 우리는 또 한 번 감동하며 웃었다.

이렇듯 급작스레 담길교회 예배 처소가 마련되어간다. 하나님께서 하신 일이라고밖에는 말할 수 없다. 이제 우리는 가정교회에서 상가교회로 걸음을 옮긴다. 하나님께선 우리 교회를 앞으로 어떻게 인도하실까?

편지일기

내 사정을
주님께 아뢰는
고백

나는 폭격의 계절에 도움을 청하며 기록하기로 했다

그 무렵 우리 가정에 또 한 번 지축이 흔들렸다. 남편의 오랜 투병 중에 교회를 개척하고 겨우 중심을 잡나 싶을 즈음에 12살 큰아들에게 불안장애가 찾아온 일이 그것이었다.

명석하던 아들이 학교는 물론 밖에 나가기 힘들어 하는 새로운 싸움을 겪게 되자 엄마인 나는 중심을 잃고 쓰러졌다. 삶의 현장이 폐허가 되어가는 듯했다. 남편의 병은 더 깊어지고 가정 경제가 더 어려워졌으며 비교적 평화로웠던 가족 관계에 금이 가기 시작했다. 목회도 겨우 명맥을 유지한다 싶을 정도로 위태로워 보였다. 매일매일 적군이 우리 가정에 폭격을 가하는 것 같았다.

자연스레 나의 일기 쓰기는 중단될 수밖에 없었다. 그러나 얼마 못 가 하나님께서는 내게 다시 일기 쓰기를 명하셨다. 남편이 교회 식구들에게 유기성 목사님이 주창하신 '예수동행운동'에 동참하자며 다음과 같이 선포하면서부터였다.

"우리도 이제부터 예수동행일기를 쓰십시다."

왠지 모르지만 이 말이 곧 담트고길닭는교회의 머리 되신 예수님의 엄중한 명령으로 느껴졌다. 이번에도 남편은 내게, 부상 당한 몸으로 하나님의 뜻을 전하는 메신저가 되어주었다.

'내가 다시 무얼 쓸 수 있을까?'

날마다 모종의 사건이 터지고 그 속에서 갈피를 못 잡고 흔들리는 연약하기 짝이 없는 내 삶을 누군가에게 열어 보이기가 부끄러웠다. 그러면서도, 이 기가 막힌 웅덩이에 빠진 나의 사연을 누가 좀 들어줬으면 하는 마음도 없지 않았다. 나는 누군가에게 SOS를 보내고 싶은 심정이었다.

'아, 그래. 편지 일기를 써야겠다!'

그때부터 내 일기의 문체는 편지체가 되었다. 때로는 주님께, 때로는 우릴 위해 기도하고 있을 지체들에게 날 위해 기도해 달라고, 제발 우리를 구원해 달라고 간구하는 심정으로 나의 나날들을 기록하기로 했다.

돌아보니 나는 일기를 쓸 때마다 주님의 품 안에서 잠시나마 쉼을 누렸다. 온종일 종종거리던 걸음을 멈추고 한 자 한 자 일기를 적다 보면 내 어깨를 감싸 안으시는 그분의 사랑이 온화하게 전해졌다. 태산 같은 문제를 풀어갈 능력이 내게 없기에 이 문제를 주님께 의탁하며 풀어가려는 내 진심에 대해 주님께서도 "안다, 네 마음 내가 안다" 하시는 것 같았다.

"내게 보내는 너의 편지를 나는 날마다 읽고 있다."

돌아보면 일기를 쓸 때마다 내 마음에 찾아드는 그 음성이 전쟁 같은 하루하루를 살아내게 하는 비결이었다. 그 은혜가 있어 나는 어둠이 깊은 한밤중에도 단잠을 잘 수 있었고, 하루라는 고개를 날마다 넘어갈 수 있었다.

2011. 03. 11. 목

부서지고 난 후에

아버지. 살과 뼈가 부서져 버릴 것만 같습니다. 마음과 영혼이 어둠 속으로 사라져 버릴 것도 같습니다. 폭풍의 한복판에서 어깨가 자꾸 움츠러들어 다시는 어깨를 펼 수 없을 것도 같습니다.

오후 3시쯤. 옥탑방에서 아픈 아들과 실랑이하다가 안방으로 가는데 걱정이 한없이 밀려들었습니다. 아이도 저도 잘못될 것 같고 머잖아 우리 가정이 파선할 것만 같습니다. 절망 어린 푸념이 나왔습니다. 하나님은 내게서 등 돌리신 것 같다고, 나는 고아처럼 버려진 외톨이가 되었다고 소리치고 싶었습니다.

그러자 악한 영들이 제 상상을 뚫고 들어와 기분 나쁘게 킥킥거립니다. '하하, 그게 바로 내가 원했던 일들이다.' 원수 마귀는 이 모든 일을 통해 제가 아버지 하나님의 사랑을 신뢰하지 못하고 그 사랑에서 멀어진 사생자의 마음을 갖도록 계략을 꾸미나 봅니다. 고개를 저으며 정신을 수습했습니다.

"아니야, 하나님은 나를 사랑하셔. 나는 결코 혼자가 아니야. 하나님은 나를 사랑하셔."

계단을 내려오는 그 몇 초 사이에 저는 하나님의 사랑을 다시금 붙들었습니다. 원수 마귀가 이토록 나를 무너뜨리려고 간교한 일들을 벌이고 있음을 의식하면서 내가 아버지 하나님의 자녀라는 사실을 필사적으로 떠올렸습니다. 그리고 빈방에 들어가 30분을 통곡하며 기도했습니다.

"아버지, 살려주세요. 아버지! 도와주세요."

기도가 끝난 후 맨 먼저 시부모님께 기도 제목을 알리며 손자를 위해 기도해주실 것을 문자로 부탁드렸습니다. 누군가 제 혼미함과 아득함을 정리해줬으면 하는 절박한 심정을 안고 답장을 기다리며 핸드폰을 만지작거렸습니다.

30초가 지나기도 전, 문자 알림음이 떴는데 시부모님의 답장이 아니라 제 상황을 전혀 모르시는 은사 목사님(최재선 목사님)이 뜬금없이 보내오신 성경 구절이었습니다. 하필 그 타이밍에 말입니다.

> 너는 알지 못하였느냐 듣지 못하였느냐 영원하신 하나님 여호와 땅끝까지 창조하신 자는 피곤치 아니하시며 곤비치 아니하시며 명철이 한이 없으시며 피곤한 자에게는 능력을 주시며 무능한 자에게는 힘을 더하시나니 소년이라도 피곤하며 곤비하며 장정이라도 넘어지며 쓰러지되 오직 여호와를 앙망하는 자는 새 힘을 얻으리니 독수리가 날개치며 올라감 같을 것이요 달음박질하여도 곤비치 아니하겠고 걸어가도 피곤치 아니하리로다 시 40:28-31

참 이상한 일이었습니다. 최재선 목사님의 문자를 받은 건 이번이 두 번째입니다. 예전에 위궤양으로 고통스러워 홀로 누워 신음할 때도 그 분은 오늘처럼 성경 구절을 보내셨습니다.

이르시되 내가 반드시 너에게 복 주고 복 주며 번성하게 하리라 하셨더니

히 6:14

그 문자를 받으며 하나님의 위로는 고통 중일 때 찾아온다는 사실을 알았습니다. 아무런 소망이 없을 그때 '하나님의 복', '하나님이 주시는 번성'을 소망하게 하셨습니다. 그래서 저는 오늘, 목사님이 보내신 그 말씀을 한 치의 의심도 없이 제게 보내주신 하나님의 답장으로 받았습니다.

이 답장을 받으니 예전에 최문정 선교사님이 저를 위해 기도해줬던 일도 떠올랐습니다.

"달음박질할 수 있는 자라 하십니다. 사모님이 달음박질할 때 하나님께서 옆에서 함께 달리십니다. 달리시면서 웃으십니다."

감당할 수 없는 고난의 속도와 무게감 때문에 달릴 수 없을 것 같았는데 아버지는 달릴 수 있는 자라 말씀하셨습니다. 이 고난을 감당할 수 있는 자라고, 달음박질하여도 피곤치 않을 거라고 말씀하셨습니다. 아버지, 고맙습니다.

오후 4시쯤. 막냇동생이 햇볕도 쬐고 장도 보자며 집에 찾아왔습니다. 근래 들어 부쩍 돌발행동을 보이는 아들 이삭의 발달장애 문제로 정신이 없을 동생이 이제는 이 언니 때문에 많이 우는 것 같습

니다. 동생이 시켜주는 드라이브를 하며 얘기하다 보니 혼란스러웠던 생각이 조금 정리되었습니다.

우선, 하나님께서 이 고난을 형벌의 의미로 주신 게 결코 아니라는 사실입니다. 따라서 우리 가정이 겪는 여러 일로 담길교회마저 흔들릴지 모른다는 불안은 기우에 불과합니다. 교회가 오히려 더욱 든든하게 세워질 것을 믿기로 했습니다. 주님께서 세우신 주님의 교회가 바로 담길교회 아니겠습니까.

물론 이 고난은 저를 부서뜨릴 것입니다. 그것도 30퍼센트도 아니고 40퍼센트도 아니라 100퍼센트 부서지게 할 것입니다. 그리하여 제 영혼과 마음과 몸은 하나님의 딸로 새롭게 빚어질 것입니다. 그러므로 이 고난은 형벌이 아니라 축복이 분명합니다.

집으로 돌아와 이사야서 40장을 다시 펴 읽는데 맨 앞 구절에 눈길이 머물렀습니다.

너희의 하나님이 이르시되 너희는 위로하라 내 백성을 위로하라 사 40:1

제가 겪는 이 모든 일과 이 말씀이 무슨 연관이 있는지 아직은 잘 모르겠지만, 오늘 저는 이 말씀도 제게 주시는 말씀으로 마음에 새겼습니다. 언젠가는 이 말씀의 뜻도, 제가 겪는 이 고통의 의미도 확실히 알게 되리라 믿으면서 말입니다.

2011. 12. 09. 금

흔들리는 날들이지만

사랑하는 주님, 오늘 아침에도 하루를 시작하는 제 머릿속에는 많은 상념이 뒤섞여 있어, 그 때문에 저는 뭔가에 쫓기듯 허둥대며 하루를 살았습니다. 오늘은 집중해서 해야만 하는 일들도, 놓치지 않고 잘 돌봐야 할 사람들도 있었습니다. 그래서 걸려오는 전화 내용을 확인하며 분주하게 일을 진행했고, 그러면서도 걸려오지 않는 전화를 기다리며 외로워하거나 초조해하기도 했습니다.

오후에 치과에 갔다가 돌아오는 길에는 가게에서 장갑, 수면 잠옷, 목도리, 솜이불 등 월동 장비들을 보며 마음을 잠시 빼앗기기도 했습니다. 그런 것들을 잔뜩 사서 장만해놓으면 내 삶이 화사하고 따뜻해질지 모른다 생각했을까요? 주머니 사정을 가늠하며 잠시 가게 앞을 서성이다 이내 걸음을 옮겨 집으로 돌아왔습니다. 그러자 그때부턴 '피로'라는 극심한 복병이 저를 덮쳐와 몸을 가누지 못한 채 이불 속에 한두 시간 웅크리고 있어야 했습니다.

그런 하루를 돌아보니, 어떤 순간에도 머릿속 상당 부분은 사랑하는 가족이 차지하고 있었습니다. 저 아이를 어떻게 하면 좋을까, 남편의 오늘 컨디션은 어떨까, 그런 살핌과 고민에서 벗어난 순간이 거의 없었습니다. 어쩌면 저의 내적 에너지가 지나치게 빨리 소진되는 것도 그 때문인지 모르겠습니다.

그렇게 아픈 가족의 안위를 지나치게 살피다 보니 한때는 '내가 주님보다 더 가족을 사랑하는 건 아닐까? 난 정말 주님을 세상에서 가장 사랑하고 있는 걸까?' 이런 질문을 하며 괴로워한 적도 있고, 어느 날은 막장드라마를 보다가 이런 엉뚱한 생각도 하게 되었습니다. '나도 혹시 이 고통과 외로움을 이겨내지 못해서 드라마 속 저 여자처럼 세상에서 돌파구를 찾으려 하면 어쩌지? 저 사람처럼 바람이 나서 남편에 아이들까지 다 버리고 도망치면 어떡하지? 그러면 우리 가족은 어떻게 되지?'

  제가 하다 하다 그런 걱정까지 하며 불안해하자 주님은 제 어깨를 툭 치시며 "정신 차려!" 하시는 것 같았습니다. 아무리 혼미한 세월을 산다 해도, 제가 정말 사랑하는 존재에 대한 확신까지도 흔드는 마귀의 속임수에 놀아나지 말라는 단호한 권면이셨습니다. 가족을 향한 제 사랑이 확실하여 어떤 경우에도 제가 가족을 버릴 수 없듯이, 저 자신 누구보다 주님을 더 사랑하고 있음을, 또한 주님의 확실한 사랑이 제 삶을 붙잡고 있음을 믿으라 하셨습니다.

  그러고 보니 하루에도 몇 번씩 불쑥불쑥 뛰어나오는 제 불안과 염려, 생각의 흩어짐이 어디서 기인했는지 알 것도 같습니다. 주님께서 나를 사랑하시고 나도 주님을 사랑한다는 사랑의 확신을 벗어나, 그 사랑 속에 내 삶이 놓여 있음을 믿지 못할 때입니다.

  그럴 때 저는 TV 드라마에 나오는 세속적 삶이 부러워 상상 속에서나마 세속도시를 기웃거리는 사람이 되곤 합니다. 그러다 정신을 차리면 내가 아직도 떠나온 애굽을 그리워하며 되돌아가고 싶어 하는지를 반문하다가 뭔지 모를 죄책감과 참담함에 젖기도 합니다.

주께서 가라 하신 길, 또 제가 기꺼이 선택해서 가는 이 길 위에서 제 시선은 왜 이리도 흔들리는 것일까요? 시선이 흔들리니 알 수 없는 조급함이 찾아들고, 결국 그 조급함으로 뱉은 (남편과 자식을 향한) 말과 행동이 좋지 않은 결과로 돌아올 때도 있습니다.

사랑이 답입니다. 이미 주신 사랑, 지금도 나누고 있는 주님과 저와의 사랑, 그 사랑 안에 확실히 거하여 사랑의 스토리를 쓰는 데 더욱 집중하겠습니다. 그런 집중의 삶을 살아갈 때, 주님께서는 결국 '하루'라는 작은 구슬을 꿰어 '예수 그리스도'라는 하나의 목걸이로 완성해 가실 거라 믿습니다.

| **2011. 12. 27. 화**

한 몸으로 산다는 것

사랑하는 주님, 오늘 아침엔 긴장하며 눈을 떴습니다. 잠을 깨기 위해 머리부터 감고 커피를 마신 뒤 마룻바닥에 엎드려 "예수님…" 하고 주님의 이름을 불렀습니다.

아침마다 주님을 부르면 고통의 무게 순서대로 사람들의 얼굴이 떠오릅니다. 오늘은 남편에 대한 기도가 제일 먼저 나왔습니다. 킬레이션 치료 시작 후 6주 동안 꾸준히 진전되었는데 7주 째부터 서서히 컨디션 난조를 보이더니 이번 주에는 급격히 어려운 상태에 접어들었습니다.

10년 동안의 아픔인데도 저는 이 아픔에 도저히 적응이 안 됩니다. 가족이어서 그럴까요? 남편이 아프면 저는 꼭 그 고통의 원인이 제게 있는 것 같아 스스로 죄책감 속에 헤맬 때가 많습니다(아들이 아플 때도 그렇지요).

그러나 이번엔 그런 종류의 잘못된 죄책감이 아니라 정말로 회개해야 할 일들이 떠올랐습니다. 여전히 부서지지 않는 제 교만과 영적 무지함에 대한 회개였습니다.

그동안 남편의 아픔은 종종 물리적인 아픔으로 전이되어 저도 함께 앓는 날이 많았습니다. 그러다 때로는 무력감이 덮쳐와 저마저 옴짝달싹 못 하기도 했습니다. 저는 부부가 한 몸이니 그럴 수밖에 없다고, 남편이 아프면 당연히 아내도 아플 수밖에 없다고 생각했습니다. 그러나 오늘 이 문제를 아뢰며 엎드리자 주님은 한 몸이란 그런 것이 아님을 깨닫게 해주셨습니다.

몸의 한 지체인 오른팔이 아프면 다른 지체인 왼팔이 할 일을 대신해주고, 한 지체가 약하면 다른 지체가 그 약함을 보완해주는 것이 바로 그리스도를 머리로 둔 우리 부부가 진정으로 한 몸을 이루는 길이었습니다. 그러니 저는 그간 기도에 전심전력하지 못한 것을 회개하며 이제야말로 예수 그리스도의 이름으로 남편을 위해 중보기도하는 사람이 되어야 마땅합니다.

이 사실을 깨닫고 30분 정도를 회개하며 기도했을까요? 눈물로 아침 기도를 끝내고 나자, 막내가 깨어 일어나 형의 방으로 곧장 향하는 게 보였습니다. 곧이어 들려오는 두 아들의 웃음소리. 미소가 저절로 지어졌습니다. 동시에 이 아이들은 제 것이 아니라 하나님의 소유된 자녀요, 저는 하나님 자녀를 잠시 맡아 보살피고 기도하는 청지기임이 되새겨졌습니다.

제 소유가 아니기에 제 악한 본성과 욕심대로 키워선 안 된다는 사실도 떠올렸습니다. 그러나 그간 얼마나 이를 자주 잊고 살아왔는지요. 아이들을 제 것이라 여겼기에 제 조급한 계획과 방식을 여과 없이 내밀며 제 뜻을 강요하는 부끄러운 엄마가 바로 저였습니다.

그런 점에서 인생의 절대기준인 진리의 말씀이 제게 주어졌다는 것만큼 크나큰 선물이 없습니다. 말씀이신 예수님이 아니셨다면 저는 제가 불완전한 줄도 모른 채 제 생각을 강요하다가 소중한 이 아이들을 잘못된 길로 이끌었을 게 뻔하기 때문입니다.

예수님은 그런 저를 위해 죽으시고 부활하셔서 지금도 저와 동행하시며 저를 주의 형상으로 빚어가고 계십니다. 불의하고 불안한 제 영혼에 진리의 말씀을 비춰주셔서, 부족한 제가 엄마로서 아내로서 성장하도록 돕고 계십니다. 오늘도 주님은 저를 그렇게 도우셨습니다. 저와 함께하시며 저를 지도하고 살펴주시며 인도하셨습니다.

그 사실을 믿기에 이 밤에도 감사로 하루를 마감합니다. 비록 눈에 띄게 진척된 부분이 아무것도 없는 것 같은 하루지만, 말씀이신 주님이 저와 함께하시며 동행하셨기에, 오늘도 저는 보이지 않는 한 걸음을 떼며 주님 나라를 향해 전진했다고 믿습니다.

2012. 01. 16. 월
젖 뗀 아이의 고통과 행복

여호와여 내 마음이 교만하지 아니하고 내 눈이 오만하지 아니하오며 내가 큰일과 감당하지 못할 놀라운 일을 하려고 힘쓰지 아니하나이다 실로 내가 내 영혼으로 고요하고 평온하게 하기를 젖 뗀 아이가 그의 어머니 품에 있음 같게 하였나니 내 영혼이 젖 뗀 아이와 같도다 시 131:1,2

사랑하는 주님,

이번 주일 QT 시간에는 이 말씀으로 제 삶을 나누었습니다. 저의 세상살이가 꼭 '젖 뗀 아이처럼' 느껴진다는 고백이었지요.

젖을 떼면 그전과 달리 이 음식 저 음식 모두 씹어 먹어야 합니다. 단맛, 쓴맛, 신맛 등 접해보지 않은 모든 맛을 익히며 적응해야 하기에 몸살을 앓듯 그 시기를 보내야 합니다.

그런데 저도 얼마 전부터 그런 시기를 보내는 느낌입니다. 아이들을 키우는 일이며, 교회 사모로 사역하는 일, 남편을 내조하고 또 책을 쓰는 일 등 모든 일이 처음인 듯 낯설게만 다가옵니다.

마흔이 지나면서 더욱 그렇습니다. 한때는 스스로 모든 일을 잘

해낼 수 있을 거라 여기기도 했지만, 거듭된 실패를 맛보며 더 깊은 광야에 들어서 보니, 제 안에 세상을 이길 능력이나 생명이 없다는 사실을 알게 되었습니다. 그곳에서는 하루하루가, 해야 할 일 하나 하나가 마치 처음 해보는 듯 낯설고 어렵게 다가왔기 때문입니다.

그래서 때마다 주님 품에 꼭 안겨 모든 것을 묻고 행해야 했습니다. 저는 마치 '젖 뗀 아이'처럼 부모 품에 안기지 않으면 평안과 고요를 절대로 누릴 수 없는 존재였습니다. "엄마, 이건 먹어도 돼요?", "엄마, 이건 왜 그런 거예요?" 젖 뗀 아이의 세상 적응기처럼, 저도 예수동행운동에 참여하면서부터 주님께 분마다 초마다 물으며 세상살이를 해나가는 중입니다.

어쩌면 그래서, 저는 이제 더는 몸살을 앓듯이 끙끙거리기만 하며 이 시기를 보내지 않아도 되겠다는 생각도 듭니다. 두려움이 다 사라진 건 아니지만 천지만물을 주관하시는 아버지의 품 안에 있으면 폭풍 중에도 이따금 깊은 평안과 소망을 맛보게 되기 때문입니다.

어젯밤에도, 제게 자서전 작업을 의뢰한 분과의 만남을 앞두고 설거지를 하며 주님께 '젖 뗀 아이'처럼 여쭈었습니다. "주님, 이분의 책은 어떤 방향으로 가야 할까요? 전 아무것도 모르겠어요"라고요. 설거지하며 한마디를 여쭈었을 뿐인데 주님은 즉시 명확한 답을 한 문장으로 주셨습니다.

그리고 오늘 오후에 그 분과 만나, 주님이 주신 답에 대한 그 분의 밝은 동의를 확인하며 책 작업을 시작하기로 했습니다. 덕분에 집으로 돌아오는 내내 제 영혼은 아버지 되신 하나님 품 안에서 큰 기쁨과 평안을 누릴 수 있었습니다.

내 아버지이신 하나님은 이처럼 젖 뗀 아이 같은 저의 위태로운 세상살이를 도우시는 분입니다. 제게 안정감을 주실 뿐 아니라 나아갈 방향까지도 친히 알려주십니다.

이런 평강과 기쁨을 제가 진즉 알고 누렸다면 얼마나 좋았을까요? 돌아보면 아버지 하나님께 여쭙지 못한 채 스스로 큰일을 해보려고 혼자만의 경주를 하다 실패한 적이 참 많습니다. 그러나 또한 그런 시간이 있었기에 저와 동행하시는 하나님의 은혜를 더욱 소중하고도 감사히 받게 됩니다.

하나님 아버지, 그리고 그 아들 예수 그리스도. 그분 안에 제가 인생에서 알아야 할 모든 지혜와 지식이 가득합니다. 하나님과 함께라서 오늘도 저는 부요하게 살았습니다.

2012. 02. 09. 목
주님을 보려면

사랑의 주님, 오늘은 마음먹고 막내의 방을 청소했습니다. 이사하던 날부터 산만하게 배치된 방 구조가 마음에 걸렸는데, 아홉 살 아들의 취미인 종이접기가 계속되면서 방 구석구석이 더 지저분해졌기 때문입니다.

원고 마감에 쫓기고 있지만 오늘은 기어이 방 청소를 마무리하리라 결심하며 팔을 걷어붙였습니다. 책상과 책장을 활동하기 좋은 동선으로 재배치하고, 지저분하게 숨어 있던 휴지와 먼지를 치우고, 불필요한 책들을 노끈으로 묶어 밖에 내다 놓았습니다.

그렇게 서너 시간을 씨름했을까요. 드디어 아늑하고 쾌적하게 정돈된 요셉의 방을 보니 제 마음이 다 상쾌했습니다. 아들이 와서 방을 보면 뭐라 그럴까, 엄마한테 고마워는 할까, 아들이 방을 깨끗하게 사용하면 좋겠는데 어떻게 해야 정리정돈 습관이 잘 길러질까, 여러 생각이 교차했습니다.

오후에도 정돈된 방을 다시 보고 싶어서, 일하다 말고 다시 아들 방에 들어가 뿌듯한 심정으로 한 번 휘 둘러보았습니다. 그 순간 떠오르는 주님의 말씀.

큰 집에는 금그릇과 은그릇뿐 아니라 나무그릇과 질그릇도 있어 귀하게 쓰는 것도 있고 천하게 쓰는 것도 있나니 그러므로 누구든지 이런 것에서 자기를 깨끗하게 하면 귀히 쓰는 그릇이 되어 거룩하고 주인의 쓰심에 합당하며 모든 선한 일에 준비함이 되리라 딤후 2:20,21

주인에게는 어떤 종류의 그릇이냐보다 더 중요한 게 있었습니다. 그릇이 깨끗한가 그렇지 않은가입니다. 그에 따라 쓰실지 안 쓰실지를 결정한다고 합니다. 아…. 이 사실을 묵상하다 보니 주님의 십자가 은혜가 깊이 와 닿았습니다. 그릇인 우리는 우리 자신의 힘으로 깨끗한 그릇이 될 수 없지 않겠습니까? 주인이신 주님은 그걸 아시고 더러운 나를 주님의 십자가로 친히 씻어 정결케 하셨습니다.

돌아보면 주님이 그간 제 내밀한 방에 들어와 청소하신 일이 얼마나 많았는지요. 제 방이 너무나 지저분하고 더럽다는 사실을 깨닫고 제가 주님을 찾을 때, 아무런 대가 없이 저를 찾아와 제 마음 구석구석을 청소하시며 죄를 말갛게 씻어주셨습니다. 그러면 저는 비로소 깨끗해진 방 안에서 주님을 볼 수 있었습니다.

"마음이 청결한 자는 복이 있나니 그들이 하나님을 볼 것"(마 5:8)이라는 말씀대로, 제가 예수 십자가의 피로 죄 사함을 받기 전에는 거룩하신 주님을 본 적도 없고 볼 수도 없었습니다. 아니, 그때는 하나님을 보지 않고도 잘 살아가고 있다고 스스로 믿었습니다.

그러나 이제는 아닙니다. 주님의 십자가로 죄 사함 받은 이후 저는 점점 더러운 먼지 속에 사는 게 싫어집니다. 제 속에 쌓여가는 불순물들이 주님을 바라보는 제 시야를 흐리게 한다는 걸 알기 때문입니다.

그래서 저는 날마다 주님을 초청하며 주님께 저를 맡길 수밖에 없습니다. 오늘도 제 마음의 방을 주님께 내어드리며 저를 온전케 해주시길 기도하며 하루를 살았습니다.

오후에 요셉이 학교에서 돌아오더니 제게 "어? 엄마, 내 방이 달라졌네요"라고 말합니다. 씨익, 웃음으로 화답하는 이 아들을 보자니

이 아이가 그 방에서 생활할 때마다, 방 청소를 매일 해주는 엄마의 마음을 헤아려 '깨끗한 사람'으로 자라가기를 바라는 기도가 저절로 나왔습니다. 저를 향한 아버지의 생각도 이와 같으시겠지요?

2012. 02. 28. 화
한 번에 하나씩

사랑의 주님,

원고 마감일이 얼마 안 남은 탓에 오늘부턴 좀 더 일찍 일어나 부지런을 떨어보기로 했습니다. 그러나 주부에게는 자신만의 일과에 뛰어들지 못하게 하는 일들이 늘상 존재합니다.

오늘 아침에도 잠깐 아침 기도를 드린 후 아이들을 깨워 아침 식사를 차려주고, 우리 집 강아지 콩이와 화초들까지 살피다 보니 일어난 지 2시간이 지나서야 원고 일을 시작할 수 있었습니다. 그러나 정작 책상 앞에 앉고 보니 벌써 지쳐버린 몸과 마음을 다독여 일에 집중하기가 너무 어려웠습니다.

아무리 글을 쓰려고 몸부림쳐도 몰려오는 피로감에 정신을 차릴 수 없어서 QT를 먼저 한 후, 노근하고 뻐근한 몸의 무게를 덜어내려 다시 이불 속으로 들어갔습니다. 30분 정도 쉬었을까요? 화들짝 깨어보니 남편은 그새 교회로 출근했고, 방학 중인 아들들은 각자 자기 할 일을 하고 있었습니다.

마음이 갑자기 분주해졌습니다. 오늘처럼 새벽에 일어나도 오전에 글을 쓸 수 있는 시간이 얼마 되지 않는다는 게 초조함을 더했습니다. 원고 마감이 임박했는데 이러고 있으면 안 된다고 스스로를 채찍질하며 두어 시간을 집중해 글을 썼습니다.

그러나 점심 준비를 해야 하는 주부의 일과가 발목을 잡았습니다. 하던 일을 멈추고 점심 식사를 마련해 아들들을 먹이고 나니 벌써 오후 2시. '이제라도 일을 해야지' 하고 다시 앉았지만 그 시각엔 왜 그리도 졸음과 무기력이 덮쳐오는지 모르겠습니다.

글쓰기는 정말 몸도 마음도 산뜻해야만 가능한 일입니다. 피곤하거나 졸리거나 뇌가 조금이라도 무거우면 한 문장도 써지지 않아 오후 2-3시 사이에 원고와 씨름하는 일은 참으로 괴롭습니다. 더구나 오늘처럼 원고 마감일은 촉박한데 일의 효율이 안 따를 때는 그 괴로움이 더해집니다.

그런 시간을 견디며 단 몇 줄이라도 쓰고 나면 오후 4시경부터 갑자기 정신이 맑아지며 그나마 즐거운 글쓰기가 시작되지만, 1시간 정도가 제 집중력의 마지노선인지 5시만 되어도 제 눈이 다시 푹 꺼지며 체력이 방전되고 맙니다. 그러면 또 10분가량 침대에 누워 눈을 붙였다가 다시 힘을 내어 1시간 정도 더 일하곤 합니다. 오늘도 그렇게 보냈습니다.

6시 10분경부터 저녁 준비를 했고 오후 7시쯤에 온 가족이 저녁 식사를 했습니다. 설거지와 청소까지 끝내고 나니 9시가 넘었지요.

보통 이 시간에는 가족과 대화를 하거나 골방기도를 위해 작은 방에 들어가곤 하지만, 오늘은 낮 동안 작정한 분량의 일을 못 해서 약 40분 정도 더 글을 썼습니다.

그런 뒤에 맞이한 밤 10시. 그제야 저는 일기를 쓰며 오늘 하루를 돌아봅니다. '오늘은 어떤 하루였을까?' 계획한 바를 이루려 열심히 버둥거리긴 했지만 성취감을 느끼기에는 뭔가 지지부진하게 다가옵니다. 누군가를 살뜰히 돌아보지도, 열심히 일에 집중하지도 못했습니다. 그렇다고 맘 편히 쉬지도 못해서 이 하루에 대한 아쉬움이 많이 남습니다.

분주했으면서도 마음은 심심하고, 열심히 살려고 했지만 성과가 없어 보이기도 합니다. 무엇보다 제게 양식이 되는 책 한 줄 편히 읽지 못했다는 게 마음에 헛헛함을 더합니다.

'지금이라도 글을 더 쓸까? 아니면 책을 읽을까? 아니면 기도실로 들어갈까? 그냥 잘까?' 여러 생각이 뒤죽박죽이던 순간, 마르다에게 하신 예수님의 말씀이 떠올랐습니다.

마르다야 마르다야 네가 많은 일로 염려하고 근심하나 몇 가지만 하든지 혹은 한 가지만이라도 족하니라 마리아는 이 좋은 편을 택하였으니 빼앗기지 아니하리라 하시니라 눅 10:41,42

성경을 펴서 이 말씀을 보니 저를 향한 하나님의 메시지가 분명하게 다가옵니다. 하고 싶은 일, 해야 하는 일은 언제나 많지만 마리아처럼 한 번에 한 가지를 택해서 그것에 충실하라는 것이었습니다. 그 말씀에 저는 즉시 답했습니다.

"네, 주님. 순종하겠습니다. 복잡한 제 생각과 계획을 접고 이 시간에 약속된 기도를 하겠습니다. 주님을 만나러 골방으로 들어가겠습니다. 그곳에서 지혜를 구하고 주님의 은혜를 구하며 주님으로 부요해지고 주님으로 풍성해지는 사람이 되겠습니다. 그것이 제게 주어진 시간을 가장 잘 활용하는 길임을 잊지 않겠습니다."

2012. 03. 11. 주일
세상의 신을 벗고서

사랑의 주님,

오늘 주일예배를 드리며 〈여호와의 유월절〉이라는 찬양을 부르다 지난 한 주간의 여정이 떠올라 눈물이 쏟아졌습니다. 월요일 오전부터 사소한 일에 짜증이 났던 게 발단이었을까요, 아니면 원고 마무리가 잘되지 않는 데서 오는 답답함 때문이었을까요?

시간이 갈수록 무기력과 무능함이 온 마음을 덮고, 조금만 일해도 엄청난 피로감이 몰려와 짜증이 났습니다. 누구에게도 도움을 요청할 수 없고 오직 저 홀로 이 많은 일을 감당해야 하는 것에 대한 부담감과 외로움이 솟구쳐 몸서리가 쳐질 지경이었습니다.

거울을 보면 사십을 넘긴 중년 아줌마의 생기 없고 푸석한 얼굴이 눈에 들어오고, 몸 여기저기서 표출되는 고장 난 듯한 증상들도 자꾸만 신경이 쓰였습니다.

그런 가운데 제 시선이 어느덧 주님에게서 저 자신에게로 옮겨지고 말았습니다. 날마다 아침에 일어나면 "예수님~" 하고 주님의 이름을 부르며 하루를 시작하긴 했지만, 하루를 사는 동안 자꾸만 제 처참한 상황 자체에 몰두하게 되었습니다. 풍랑 이는 삶의 한복판에서 고군분투하며 위태롭게 흔들리는 한 여자의 모습 말입니다. 그러자 이 틈을 놓치지 않는 마귀가 제 귀에 속삭였습니다.

"너는 이제 끝이다. 네가 이렇게 되도록 아무도 너를 돌봐주지 않았구나. 잘 봐라, 대체 누가 너를 사랑해준단 말이냐? 너만 죽도록 고생하고 있구나."

아아···. 이 소리가 하나님에게서 온 것이 아님을 알면서도 물리치지 못했습니다. 제가 이런 소리를 싫어한다고, 이것이 거짓말임을 분명하게 안다고 대적하면 맥을 못 추고 물러날 것을 아는데도, 마치 그 소리가 맞다는 듯 어느 순간 고개를 끄덕이며 자기연민에 빠져들었습니다.

그러자 주님을 향한 사랑과 신뢰도 서서히 사그라져 가고, 주님을 향한 삶의 예배도 죽어갈 수밖에 없었습니다.

그러나 그런 제게 이번에도 주님이 먼저 손을 내미셨습니다. 날마다 QT 말씀을 통해, 또 수요예배 시간에 주의 음성을 들려주셨습니다. 더는 풍랑소리 말고 주의 말씀에만 귀 기울이라고, 그래야 네가 산다고 주님이 제게 외쳐주셨습니다.

그 음성 덕분이었습니다. 목요일 오후가 되자, 뿌연 안개 속을 걷는 듯했던 혼미함이 불현듯 사라지더니 제 마음이 어린아이처럼 단순하고 밝아졌습니다. 강권적 은혜였지요. 그날부터는 글에 속도도 붙어 제법 많은 분량을 쓸 수 있었습니다.

그래서인지 오늘 주일예배를 드리면서 한 주간을 되짚다가 왠지 모를 죄송함에 자꾸 눈물이 흘렀습니다. 왜 저는 종종 제 인생을 원통해하며, 사라지고 싶다는 생각을 반복하는지 모르겠습니다. 아무리 힘든 인생길이어도 옆에 계신 주님께 고개를 돌리면 주님과 눈맞추며 하루하루 행복하게 살아낼 수 있을 텐데, 왜 종종 반항하듯 주님의 시선을 애써 피한 채 자기연민에 휩싸이는지 모르겠습니다.

〈여호와의 유월절〉이란 찬양은 그런 저를 불쌍히 여기고 먼저 다가와 감싸주시는 주님의 사랑을 깨닫게 해주었습니다. 그런 후 주님은 설교를 통해 제가 왜 자주 낙심과 슬픔의 수렁에 빠지는지를 집중적으로 조명하시며, 모세에게 주신 이 말씀을 통해 제가 가야 할 길을 알려주셨습니다.

주께서 이르시되 네 발의 신을 벗으라 네가 서 있는 곳은 거룩한 땅이니라 행 7:33

모세는 40년 동안 광야 생활을 하며 아무것도 가진 것 없는 힘없는 늙은이로 변했습니다. 그런데 주님은 그런 모세에게 나타나 "네 발의 신을 벗으라" 명하십니다. 목사님은 신을 벗으라는 것은 종이 되라는 뜻이라고 알려줬습니다. 주인이신 하나님이 친히 모든 길을 인도할 것이므로 이제는 종으로서 아무것도 두려워하거나 염려하지 말고 오직 주인이신 하나님만 믿고 따라오라는 것이지요.

그러나 모세는 신발을 벗어 하나님을 영접했어도 '마음의 신'은 벗지 못했기에, 애굽에 가서 바로 왕 앞에 서라는 하나님의 명령에 불순종하며 온갖 변명을 늘어놓습니다.

"내가 애굽으로 가기엔 아무것도 가진 게 없습니다. 난 말도 잘하지 못합니다. 난 스펙도 없고 권력도 없습니다. 난 젊음도 없고 명예도 없습니다."

목사님은 "'내가 무엇을 갖지 못했기에 주님의 뜻을 이룰 수 없다'라는 생각 자체가 '세상의 신'을 벗지 못했다는 증거"라고 했습니다. 곧, 예수 그리스도께서 하늘 보좌를 버리고 이 땅에 오신 후에 십자가의 구원 사역을 이미 완성하셨다는 사실을 온전히 믿지 못한다는 뜻이며, 이걸 믿지 못하니 그동안 자랑으로 여겼던 모든 것을 배설물로 여기는 완전한 내려놓음과 '자기 십자가를 지고 주를 따르는' 성육신의 과정을 따르지 못한다는 것입니다.

이와 같은 내려놓음 없이는 주어진 사명을 결코 완성할 수 없다고 강조하는 설교를 들으면서, 비로소 제가 세상의 신을 벗지 못했음을 알았습니다. 세상의 신을 벗지 못하니 자꾸만 제게 없는 실력과 건강과 부와 명성에 시선을 빼앗기며 원통해하고 그토록 자기연민을 벗지 못해 낙심했던 것입니다. 설교를 통해 이런 제 모습을 비춰보니 회개의 눈물이 나왔습니다.

그러자 성령께서 놀라운 일을 행하셨습니다. 가슴 아프게 눈물, 콧물 흘리며 회개하고 난 후 마음 깊은 곳에서 알 수 없는 용기가 샘솟게 하시고 "저도 이제 세상의 신을 벗겠습니다"라는 고백을 하게 하셨습니다.

"하나님, 그 신을 벗지 않으면 거룩하신 주님의 임재를 감당할 수 없다 하니, 이제 저는 세상 무엇보다 소중한 주님과의 동행을 위해 제가 집착했던 세상의 신들을 벗겠습니다."

하나님, 세상의 신을 벗고 주님과 함께 걷다 보면 언젠가 반드시 보게 되리라 믿습니다. 제가 그저 주님만을 따라갈 때, 주인이신 예수님이 저를 대신해 "세상을 정복하라"라는 말씀을 제 삶 가운데 친히 이루시는 모습을 말입니다.

chapter

03

은혜일기

믿음의 뿌리를
견고히
내리는 일

지난 일기를 펼치기 전

나는 영적 세계를 발견하는 기쁨을 기록하기로 했다

사막을 걷는 심정이었다. 죽을힘을 다해 걸어도 달라지지 않는 주변 풍경에 내가 어디까지 왔고 어디로 가는지 알 수 없었다. 걸을수록 모래주머니가 얹어지는 느낌에 나중엔 걷는 법을 잊어버린 사람 같았다.

그제야 나는 "그다음엔 어떻게 발을 떼야 하나요? 제게 걷는 법을 알려주세요"라고, 갓 태어난 아이처럼 모든 것을 묻는 사람이 되었다. 기도가 간구이기 이전에 모든 것을 묻고 상의하는 일임을 광야는 내게 알려주었다.

그때 계속 걸을 수 있게 해준 은혜의 방편은 무엇이었을까? 길고 긴 고난의 행군이었기에, 내게는 나를 위로하고 격려해줄 달콤한 파이 한 조각이 필요했다. 자꾸만 감기는 눈을 번쩍 뜨게 해줄 기쁨 한 조각이 없다면, 나는 결국 쓰디쓴 그 길 어딘가에서 당이 떨어져 죽을 수밖에 없는 존재였다.

그런 내게 하나님은 세상 위로를 원천 차단하는 것으로 참된 은혜의 물꼬를 열어놓으셨다. 만약 가난하기만 한 내게 세상 위로가 어설프게 주어졌다면 나는 그곳에서 짜릿하고도 자극적인 그 맛에 중독되어 어떻게든 애굽으로 돌아가고 말았을 테니까.

남편과 아들이 아프고, 친구마저 암에 걸려 투병하고, 장애가 있는 조카를 돌보는 장애인 활동 보조교사 일을 시작했던 그 시절, 하나님은 내가 걷는 길 여기저기에 오직 하늘에서 오는 은혜의 값진 보화들을 숨겨 놓으셨다. 그러면 나는 보물찾기하듯 그걸 찾아내어 얼른 입 안에 털어 넣었는데 그 달기가 마치 꿀과 같았다(겔 3:3). 그 시절 나는 은혜의 보물찾기를 하며 영적 세계의 기쁨에 눈 떠가고 있었다.

물론 달콤한 은혜의 순간은 잠깐이었고 깨달은 은혜를 붙잡고 삶을 살아내는 시간은 고통의 연속이었다. 그러나 그 짧은 순간에 주어진 은혜를 영혼 깊이 새김으로써 내 삶에 하나님나라가 확장되기를 꿈꾸며 나는 날마다 하나님의 반짝이는 은혜를 일기장에 기록하기로 했다.

돌아보니 그 은혜를 기록하면서 내 영혼은 서서히 변화되어 갔다. 예배와 영적 독서, 하나님의 사람들을 통해 주신 은혜를 꾹꾹 새기는 동안, 원수 마귀가 흩트려 놓은 내 영혼의 질서들은 하나둘씩 제자리를 찾아가기 시작했다.

그 시절의 일기 속에 유독 '다시'라는 단어가 자주 나오는 것은 그 때문이었다. 멈추었다 다시 쓰고, 무너졌다 다시 결심하며 정비하는 일들 가운데, 하나님은 나를 새로운 피조물로 빚어가셨다.

광야 한복판! 거기에서 내 영혼은 고통만 받고 있었던 게 아니었다. 그 시절, 나는 하나님의 황홀한 은혜를 누리고 있었다.

2013. 02. 14. 목

다시 그 자리로

영성일기를 안 쓴 지 몇 달이 지났습니다. 하나님과 매일 함께 살고 있다고 말하지만 정말 하나님과 함께 사는 시간이 하루 중 얼마나 되는지 돌아보며 다시 일기장을 폈습니다.

어제 수요예배 설교 중, 하던 일들을 멈추고 나를 향하신 하나님의 생각에 가만히 귀 기울여보라는 말씀이 있었습니다. 나를 향하신 하나님의 생각, 우리 가정을 향하신 하나님의 마음, 교회를 향하신 하나님의 뜻…. 그 말씀대로, 내 관점이 아니라 하나님의 관점에 귀 기울이며 이 하루를 돌아봅니다.

오늘은 마음이 많이 지친 상태로 동네를 산책했습니다. 이것도 문제고 저것도 문제고, 이 사람도 문제고 저 사람도 문제고, 이것도 부족하고 저것도 부족하다 여기며 터벅터벅 걸었습니다.

그러나 수요예배를 드리며 말씀의 빛 앞에 서고 보니, 그 모든 문제에 앞서 나 자신이 가장 큰 문제라는 걸 깨닫게 되었습니다. 어느덧 하나님과 동행하던 손을 놓은 채 마르다처럼 분주하고 억울해하기만 하는 제 모습 말입니다.

제 눈에서 주님을 놓치면 모든 순간을 조급하게만 보낼 뿐 아무 열매도 거둘 수 없음을 예배 시간에야 깨달았습니다. 그간 저는 왜 그리 어리석게, 혼자 달음질하기를 멈추지 못했을까요? 주님의 손

을 다시 잡고 주님께로 시선을 고정하지 않으면 제겐 더 이상 달려
갈 힘도 의욕도 생겨나지 않습니다. 저 자신의 힘만으로는 도무지
이 길을 완주할 수가 없습니다. 성경에서 알려주는 대로 주님만이
나의 힘, 나의 생명, 나의 달려갈 길이 아니겠습니까.

주님의 말씀인 진리 앞에 다시 섭니다. 삶의 문맥마다 찾아드는
허무함과 상실감, 온갖 걱정과 염려를 벗어던질 수 있는 유일한 길
은 매 순간 주님과 함께 사는 것이라는 이 진리를 평생 붙들겠습
니다.

주님과 동행함이 실제가 되기 위해 오늘 저는 다시 일기를 쓰면서
기도의 자리로 돌아가기로 결단했습니다. 주님과 만나는 그 자리,
주님과 온전히 동행하는 그 자리, 그리하여 나를 나 되게 만들어주
는 그 자리로 돌아가는 게 인생 승리의 유일한 길임을 부인할 수 없
기 때문입니다.

이를 위해 오늘 주신 이 말씀이 제 마음과 생각 속에 깊게 뿌리 내
리기를 바랍니다. 그 소망을 안고 저는 이 말씀을 나지막이 읊조리
고 또 읊조리며 기도의 자리로 돌아갑니다.

아무것도 염려하지 말고 오직 모든 일에 기도와 간구로 너희 구할 것을
감사함으로 하나님께 아뢰라 그리하면 모든 지각에 뛰어난 하나님의
평강이 그리스도 예수 안에서 너희 마음과 생각을 지키시리라 빌 4:6,7

기도하기 위하여

E. M. 바운즈의 《기도하지 않으면 죽는다》(규장)를 읽기 시작했습니다. '기도의 선지자'라는 E. M. 바운즈답게 문체부터 강렬하고 내용 또한 핵심적이며 매우 단호합니다. 오늘 읽은 내용 중 이 두 가지가 특히나 제 마음을 두드렸습니다.

1. 하나님 앞에 마음을 쏟아놓으며 간구할 수 있는 조용한 시간을 얻기 위해 하루 종일 기회를 엿보아야 한다

하루 종일 기회를 엿본다는 게 무엇인지 저는 누구보다 잘 압니다. 주님도 아시지요? 제가 누군가의 자서전 쓰는 일을 직업적으로 감당하기 위해 글 쓰는 시간을 확보하려고 얼마나 치열하게 애쓰는지를요.

지난 십수 년간, 저는 그렇게 살았습니다. 바쁜 중에 이 일을 감당해보려고 친구들과의 만남도 포기하고, 때때로 청소도 포기하고, 때로는 세수하고 머리 감는 일조차 포기했었습니다. 그 많은 것을 포기할 수 있었던 이유는 단 하나, 오직 글 쓰는 시간을 확보하기 위해서였습니다.

그런데 이 책을 읽으면서, 그보다 훨씬 더 중요한 기도 시간을 확보하기 위해서는 그렇게까지 기회를 엿본 적이 없음을 깨달았습니다. 기도 시간을 확보하기 위해 노력하기보다 너무 바쁘면 기도하기를 포기해버리는 제 어리석음을 발견했습니다.

아, 주님. 저는 다시 기회를 엿보겠습니다. 오직 기도하는 시간을 확보하기 위해 매의 눈으로 하루라는 시간을 살피며 힘쓰겠습니다. 황폐해진 제 삶의 자리에 서고 보니 기도보다 중요한 건 아무것도 없음을 고백할 수밖에 없습니다.

2. 우리는 기도라는 외적 행위에서 실패하는 경우보다 기도를 위한 내적 소원에서 실패하는 경우가 많다

맞습니다, 주님. 기도할 때 저는 자주 습관처럼 웅얼거리며 나태하게 기도하곤 합니다. 창자가 찢어질 듯 주님 앞에 강렬한 열망으로 부르짖을 때가 별로 없습니다. 영적 소원이 깊고 강렬해야만 기도도 깊고 강렬할 텐데, 응답이 돼도 그만, 안 돼도 그만인 듯, 차지도 덥지도 않은 태도로 기도할 때가 많습니다. 모든 게 무너져 내린 제 삶의 환경 속에서도 여전히 제힘으로 이 모든 걸 해결할 수 있다고 여기는 것일까요?

하나님만이 구원자이심을 고백하는, 하나님에 대한 갈망이 뜨겁지 않다면 결코 기도의 내적 소원도 뜨거울 수 없다는 이 사실 앞에서 저의 내적 소원을 다시 정비해봅니다. 저는 이제 하나님의 응답, 하나님의 능력, 하나님의 은혜만을 바라며 주를 향해 목을 길게 뻗은 사슴이 되고 싶습니다(시 42:1).

무엇보다, 허공에 대고 그저 혼잣말하는 사람이 아니라 하나님을 향해(기도하는 대상을 분명히 하고) 뜨겁게 부르짖는 사람이 되고 싶습니다. 이제 더는 물에 물 탄 듯 술에 술 탄 듯 기도하지 않고, 전지전능하신 하나님을 향한 감탄과 열망으로 열렬히 부르짖는 사람이 되고 싶습니다.

정말이지, 맹인이 예수님의 목소리를 듣고 예수님 쪽을 향해 큰소리로 부르짖었듯이, 주님을 향해 큰소리로 외치는 자가 되고 싶습니다. 저야말로 아직도 주님의 세계에 분명하게 눈뜨지 못한 영적 맹인이 아니겠습니까?

2013. 05. 09. 목
실패처럼 보일지라도

어쩌면 나는 이 병에서 회복되지 못하고 이대로 반신불수로 살다가 죽을지 모른다. 하지만 나는 나 자신에게 말했다.

"그래? 그럴 수도 있겠지. 십자가도 패배처럼 보이는 승리였어."

그리스도의 십자가는 당시에는 실패로 보였지만, 하나님께서는 십자가를 통해 세상을 정복하셨고 완벽한 승리를 거두셨다. … 십자가는 패배가 아니었다. 우리는 패배처럼 보이는 것을 싫어하면 안 된다. 깨지는 것처럼 보이는 것을 기피하면 안 된다. 예수님이 패배처럼 보이는 바로 그 십자가를 통해 우리에게 하나님의 구속 방법을 보여주셨기 때문이다. 예수님은 십자가 고난을 통하여 선으로 악을, 사랑으로 미움을, 세상을 정복하셨다.

– 스탠리 존스, 《하나님의 예스》, 배응준 역(규장, 2013), p.38

하나님, 제 주변에 온통 실패처럼 보이는 일들이 많아서일까요, 아니면 실패처럼 보이는 일들 속에서 너무나 낙심했기 때문일까요? '가장 위대한 선교사'라 불리는 스탠리 존스 목사님의 이 고백이 저를 가던 길에서 멈춰 생각하게 했습니다. 그러자 며칠 전 동생이 "언니의 낙심하는 그 마음을 하나님께서 기뻐하지 않으실 것 같아"라고 한 말도 떠올랐습니다.

오후에는 다음과 같은 주님의 음성이 반복해 들려오는 듯도 했습니다.

"기쁘게 이 길을 가면 안 되겠니?"

"기꺼이 이 길을 갈 수 없겠니?"

하나님, 제 삶에는 일기장에조차 기록하기 싫은 실패들이 가득합니다. 그런 실패를 연속적으로 겪다 보니 기쁨이 다 사라진 것 같습니다. 아니, 기뻐해선 안 될 것 같아 스스로 낙심의 수렁 속에서 빠져나오지 못하는 것도 같습니다.

그러나 하나님은 스탠리 존스 목사님의 책을 읽게 하심으로써, 실패처럼 보이는 일들을 통해 하나님의 선하신 뜻을 이루신다는 놀라운 사실을 알려주셨습니다.

그럼에도 저는 이 시점에서, 그 고백의 의미를 정확히 알아듣지 못하겠습니다. 마음 깊이 동의하고 싶지 않은 건지 동의가 되지 않는 건지 잘 모르겠습니다. 제게는 하루빨리 이 수렁에서 벗어났으면 좋겠다는 바람이 있는데, "그 바람이 이루어져야 내 인생 성공한 것이다"라는 수준의 믿음을 저 자신 고집하고 있는 듯합니다.

그러나… 그러나 주님….

선교사님의 이 고백이 그 분 평생의 삶을 건 진실한 믿음의 고백일 거라는 데는 이의를 제기할 수 없습니다. 이 고백에 주님께서도 '맞다' 하시는 것 같았습니다.

결국 저는 이 밤을 맞으면서, 선교사님의 이 고백을 흉내라도 내야 한다는 결론에 도달했습니다. 삶의 환경이 달라지기만을 바라며 환경만을 골똘히 쳐다봤던 제 시선을 바꿔보기로, 아니 바꿔야 한다는 사실에 동의하기로 한 것입니다. 삶의 환경이 달라지기 전에 먼저 제 믿음의 시선이 달라져야 한다는 성령의 요청에 굴복했다고 해야 할까요.

그래서 먼저 제 삶의 실패한 스토리들을 주님 앞에 다 꺼내놓으며 이렇게 기도했습니다.

"주님, 이제 저는 제가 제 삶을 주도적으로 이끌어 가기보다 주님이 하시는 일들을 (끝까지) 보고 전하는 그리스도의 증인이 되길 원합니다. 제 삶의 (실패처럼 보이는) 이야기들이 주님과 관계되어 주님의 손에 들려질 때 어떻게 매듭지어지는지에 대한 증인 말입니다. 그것은 제가 제 삶의 주인 자리에서 증인의 자리로 옮겨가겠다는 뜻입니다. 제 삶을 주도적으로 이끄시는 주인이신 주님만을 바라보겠다는 뜻이기도 합니다.

이를 위해 이 가정, 교회, 사역, 사명 그 모든 것을 주님 손에 올려드립니다. 무엇보다 저 자신을 주님께 다시 한번 맡겨드립니다. '이제 다 끝났다'라는 생각도 내려놓고 주인이신 주님이 하실 일들을 기대하며 더욱 주님만을 앙망하겠습니다. 주님은 바로 저와 같이 실패한 것처럼 보이는 사람들을 붙잡고 일하시는 분이심을 믿겠습니다."

그러므로 하나님, 증인 된 제가 훗날 주님이 하신 일들을 전할 때 주님 외에 그 무엇도 자랑치 않는 자가 되게 하시길 기도합니다. 그렇게 주님만을 바라보고 주님만 자랑하는 그리스도의 증인이 되기 위해 저는 오늘도 내일도 주님만 바라보며 주님과 함께 살겠습니다.

기독교 복음의 본질은 그리스도께서 우리에게 건네시는 것들을 감사로 받아들이는 수용력이다. … 나는 그리스도인들이 걸어가는 길이 단지 천국에 이르기 위한 길이 아니라 지금 여기서 천국의 삶을 사는 길이라 굳게 믿는다. 이 땅에서 천국의 삶을 사는 것, 그것이야말로 자아중심적인 자랑이 아니라 하나님께서 우리를 위해 행하시는 일과 우리 각자의 모양대로 만지시고 빚어가시는 것에 대한 자랑을 낳는 고결함의 요체이다. 이것이 승리이다.

– 스탠리 존스, 같은 책, p.53

2015. 12. 01. 화
혼잣말을 관계의 언어로 바꾸면

어젯밤 김정 사모와 통화할 때만 해도 언제 퇴원할지 모르겠다고 하기에 오늘은 친구가 입원한 암 병동을 찾아가기로 했습니다. 그래서 아침 일찍 동생네 들러 조카 이삭을 참빛학교에 등교시키고 집에 돌아와 홈스쿨링 중인 큰아들의 점심을 미리 준비해 놓았습니다. 그리고는 샐러드를 만들어 집을 나서는데 친구의 전화가 걸려왔습니다.

"나 오늘 퇴원해도 된대. 퇴원 수속 중이야."

난소암 4기 진단을 받고 벌써 몇 번째 입원과 퇴원을 반복 중인 친구 김정 사모의 목소리가 얼마나 밝던지요.

"그래? 그럼 집으로 갈게."

항암 중이라 밥을 잘 먹지 못하는 친구를 위해 1주일에 한 번씩이라도 입맛 도는 밥상을 차려주려고 친구의 집을 드나든 지 벌써 몇 달이 되었습니다. '오늘은 퇴원하는 날이니 미역국에 샐러드를 해줘야지.'

1시간쯤 걸릴 것을 예상하고 바로 출발했는데 오늘따라 길이 막히지 않고 잘 뚫려서 출발한 지 25분 만에 도착했습니다. 굳게 닫힌 친구 집 철문 앞에 우두커니 서서 '뭐하며 기다리지?' 하고 잠시 고민하는 사이, 어제 읽었던 《프랭크 루박의 1분 게임》(더드림)의 책 내용이 떠올랐습니다.

'아, 교회 주변을 돌며 주님의 이름을 부르자. 1분에 한 번씩 주님의 이름을 부르며 기도하자.'

저는 2주 전부터 그동안 소홀했던 주님과의 일상 교제를 다시 이어가고 있습니다. 《프랭크 루박의 권능의 통로》(규장)를 읽고 난 뒤, 저도 모르게 일상에서 "주님!" 하고 주님의 이름을 자주 부르게 되었고, 그러다가 어느 때 저를 찾아오신 주의 임재를 느끼며 인격적인 만남을 갖고 있지요.

기도가 인격적이라는 것, 즉 주님과 나 사이에 마음과 생각과 의지를 교류하고 나누는 일임을 경험하면서 저는 일상에서 주님과의 교류를 더더욱 놓치고 싶지 않았습니다. 주님이 제게 말을 걸어오시고 제가 주님께 말을 걸기도 하며, 주의 음성을 경청하는 일이야말로 제 삶에 진정한 생명과 능력과 기쁨임을 알아가고 있습니다.

그런 시간이 하루 중 단 5분뿐일지라도, 그 5분간 주님과의 소통이 이루어지면 그 하루는 전과는 사뭇 달랐습니다. 복잡하고 무거웠던 제 영혼이 맑아지며 때때로 육체(몸)가 살아나는 경험까지도 하게 되었으니까요.

그래서 오늘도 퇴원한 친구를 기다리는 동안, 교회 한쪽 구석에 자리한 사택 문을 바라보며 주님의 이름을 부르는 '1분 게임'을 이어 갔습니다. 제 속에 머무른 혼자만의 생각을 주님과의 관계의 언어로 바꾸어 꺼내보는 것입니다.

"주님, 교회 사택이라 어쩔 수 없다지만 출입구인 쪽문조차 너무나 초라한 이곳에서 김정 사모가 투병해야 한다는 사실이 마음 아픕니다. 그에 비해 우리 집은 얼마나 궁궐 같은지요. 그래도 감사한 건, 이 친구가 환기도 잘 안 되고 독립생활도 보장이 안 되는 이곳에 살면서도 불평 한마디 없이 감사하게 지낸다는 것입니다.

김정 사모의 마음을 붙들어주시는 하나님, 이곳이 다른 요양소보다 좋은 환경은 아니지만, 이곳에서 친구가 매 순간 주님을 만나고 교제함으로 영혼이 살아나고 육체가 살아나는 전인적인 치유가 일어나길 기도합니다. 주님, 이곳에서 날마다 친구를 만나주세요."

만약 제 속에 떠도는 걱정이나 슬픔, 또 지루함과 근심을 그대로 놔두었다면, 제 마음의 풍경은 작은 사택 앞에서 급격히 어두워졌을 것입니다. 그러나 그 한 시간 동안 제 생각의 자리에 주님을 불러 주님께 기도하면서부터 제 안의 슬픔과 염려는 어느덧 소망의 색채로 바뀌었습니다.

주님께서 그 기도에 응답하셨던 걸까요? 1시간 뒤 도착한 김정 사모의 얼굴에선 슬픔이나 눌림의 그늘을 전혀 찾을 수 없었습니다. 저는 친구와 함께 사택 안으로 들어가 친정 언니가 보내준 미역을 풀어 미역국을 끓였고, 친구와 함께 식사 교제를 나누었습니다.

그리고 말했습니다. 그 옛날 로렌스 형제가 날마다 하나님의 임재 안에 거했던 것처럼 우리도 침실에서, 부엌에서, 일하는 현장에서 날마다 주님의 임재 안에 거하는 연습을 하자고요. 개척교회 사모인 우리에게 임재의 기쁨마저 없다면 무슨 낙으로 살겠냐고 하면서 한 가지를 권했습니다.

"이걸 위해 사모님도 영성일기를 써 봐. 너무 길게 쓰지 말고 짧게 두세 줄씩만 쓰면 돼. 그렇지 않으면 이 책에도 나와 있듯이 자유를 얻기 위해 영성일기를 쓰려다가 잘못하면 속박이 될 수도 있대."

투병하는 친구에게 영성일기를 권하는 게 혹 부담이 될까봐 그리 말하고 집으로 돌아왔습니다. 그런데 아뿔싸, 오늘 제 일기가 너무 길어졌네요. 담길 카페에 이 일기가 올라가면 친구가 이걸 보고 키득키득 웃을 듯합니다. 자기에게는 짧게 쓰라면서 본인은 길게 썼다고 말입니다. 하하.

2015. 12. 29. 화
부부싸움, 1분 게임으로 해결 받다

올해는 여러 의미로 특별한 성탄절을 보냈습니다. 우선은 성탄이브 발표회 때 처음으로 아동부에서 연극을 하기로 했는데, 이를 위해 제가 직접 대본을 쓰고 준비 상황을 점검해야 했습니다. 누구나 그렇듯, 책임을 맡다 보니 성탄이 가까울수록 부담이 가중되었습니다.

특히나 요즘 유행하는 열감기와 폐렴 등으로 아이들 한 명 한 명이 아플 때마다, 또 지체들에게 사정이 생겨 당일 참석 여부가 불투명해질 때마다, 만일의 상황에 대비해야 해서 부담감과 예민함이 커져만 갔습니다. 많지 않은 교회 식구 중 한두 명만 빠져도 전체 흐름이 틀어지기 때문입니다.

그런데 그런 저보다 더 심한 부담감에 시달리는 사람이 있었으니 바로 남편 조혁진 목사입니다. 그는 연말이나 수련회를 앞둘 때마다 교회 전체 상황을 그리면서도 세세한 일까지 하나하나 도맡아 해야 하는 사람입니다.

가령 행사 진행을 위해 누군가 남편에게 무얼 준비해달라거나 무대를 만들어달라고 요청하면 그 일에 모든 체력과 시간을 쓰며 응해야 하고, 그러다 보면 정작 목사인 본인의 말씀 준비에는 시간을 내지 못합니다. 더구나 지병이 있다 보니, 행사가 있을 때마다 영육 간의 컨디션 조절이 더 어려울 수밖에 없습니다. 그래서일까요. 남편의 그런 고통의 여파는 종종 제게 불똥처럼 튀어 저를 힘들게 하는 것 같습니다.

올해도 예외가 아니었습니다. 성탄 이브 행사를 앞둔 23일 수요일. 그 바쁜 오전, 오후 시간에도 남편은 제 부탁을 받고 아동부 뮤지컬을 위해 예배실에 커튼레일 다는 일에 몇 시간을 들여야 했습니다. 일반 천장이었으면 금세 끝냈을 텐데, 우리 교회 천장의 특수함 때문에, 일반 천장에 하듯 했다가는 공연 당일에 커튼이 떨어져 내릴 수도 있어서 하나하나 머리를 써가며 진행해야 했던 것입니다.

문제는 그 일이 생각처럼 잘되지 않으면서, 힘겨워하는 남편의 한숨 소리가 계속 들렸다는 데 있습니다. 나중엔 한숨을 넘어 신음 소리까지 내며 일하는 남편을 보자니, 저는 저대로 환자에게 일을 시킨 나쁜 사람이 된 것 같은 죄책감과 무거움에 짓눌렸습니다. 그 일을 옆에서 보조하는 동안 보이지 않는 피로감이 제게도 쌓여갔습니다.

그러기를 얼마나 했을까요. 주문했던 부품이 부족해 그날 일을 끝마칠 수 없다는 걸 알게 된 남편은 힘겨움이 폭발했는지 제 감정을 건드리는 말을 기어이 뱉고야 말았습니다.

"에이, 그러니까 내가 이거 안 된다 했잖아!"

그때 만약 큰아들과 친구들이 옆에서 발표회 연습을 하고 있지 않았더라면, 또 수요예배를 앞둔 상황이 아니었더라면 저 또한 "왜 나한테 짜증을 내? 이게 나를 위한 일이야?"라면서 발끈했겠지만, 조금 있으면 수요예배 설교자로 강단에 서야 할 남편을 배려해야 했기에 저는 그 상황에서도 제대로 된 의사 표현을 할 수 없었습니다.

고작해야, 감정을 억누르며 "그렇게 어려운 상황이면 커튼 달지 말자. 그거 없이 뮤지컬 해보지 뭐. 천장 무너지는 것보단 나을 테니까"라는 볼멘소리를 할 뿐이었습니다. 그러자 (남편이 아프면서부터)

늘 이런 식이었던 우리 관계에 대한 억울함과 피해의식이 한꺼번에 밀려오면서 제 내면은 그야말로 엉망진창이 되고 말았습니다.

예민한 남편은 아차 싶었는지 제 눈치를 살핍니다. "일단은 일을 시작했으니 마무리해볼게"라며 다시 천장을 두드렸다 나사를 조였다 했지만, 저는 엉망이 된 감정을 처리하지 못한 채 조카 이삭을 볼 시간이 되어 2시 30분쯤 교회를 나섰습니다.

뭔가 폭발할 듯 부정적 감정 상태를 안은 채 장애인 활동 보조교사 일을 하자니, 이번엔 제가 이삭에게 보이지 않는 짜증을 내게 되었습니다. 짜증을 냈다기보다 그 시간을 건성으로 보냈다는 게 정직한 표현일 겁니다(진심으로 일하지 않고 건성으로 일하는 게 얼마나 불행한 일인지요).

결국 힘겹게 일을 마치고 수요예배를 드리러 다시 교회로 가면서 이 모든 게 다 남편 탓이라는 생각이 들어 남편에게 더욱 화가 치밀었습니다.

그러나 그날도 남편은 부족한 부품을 인터넷으로 주문하고, 저녁에는 수요예배를 인도하고, 그 후에도 성탄 행사를 위해 다른 소소한 일들을 처리하느라 저녁도 못 먹은 채 밤 10시가 되어서야 집에 돌아왔습니다. 그러니 파김치가 된 남편에게 어떻게 "당신은 왜 번번이 나한테만 짜증을 내?"라며 시비를 걸 수 있겠습니까? 온종일 통증을 견디며 일했을 그에게 얼른 쉬라고밖에는 말할 수 없었습니다.

그런 현실이 결혼생활 내내 이어졌기 때문일까요. 함께 넘어온 큰 장벽에 비하면 오늘과 같은 일은 대수롭지 않게 지나갈 법도 한데, 나이 오십을 바라보는 요 근래의 제 감정은 사소한 사건 하나에도 종종 통제할 수 없는 상태가 되곤 합니다.

그런 감정이 찾아들면 온몸의 피로감은 더 심해지고, 평생 습관으로 정한 '1분 게임'(1분마다 주님을 바라보는 일)은 상상조차 되지 않습니다. 그럼 평소엔 그렇게 잘 맞는다고 생각했던 우리 부부에 대해서도 '우리는 정말 잘 안 맞아!'라는 확신마저 들게 되고, 하나님이 맺어주시고 함께 가게 하신다는 우리의 만남과 여정에 비관적인 관점이 생깁니다.

힘들었던 수요일 밤. 잠자리에 누워 제 상태를 되짚어 보는데 언젠가 교회 QT 나눔에서 제가 했던 말이 떠올랐습니다.

"그렇게 화가 날 때일수록, 다툼이 일어날 때일수록 주님을 바라보는 1분 게임을 멈추어선 안 돼. 특히나 사소한 일로 부부싸움을 하며 내 감정이 동요될 때, 화가 난 상태 그대로 주님께 말을 걸어서 주님 안에서 먼저 해결을 보는 게 1분 게임의 핵심이야."

그 기억이 떠오르니 '나는 그렇게 못하면서 남들에겐 잘도 말하고 있었구나' 싶어서 얼마나 민망하던지요.

그런데 순간, 기왕 한 말에 대해 '나도 한 번 해봐야 하지 않을까' 라는 생각이 들었습니다. 이 격앙된 감정 그대로 솔직하고 정직하게 주님께 아뢰되, 주님의 다스리심을 겸손하게 구하며 1분 게임을 해보자 싶어서 자리에 누운 채 원색적인 단어를 써가며 주님께 말을 걸었습니다.

"주님, 너무너무 신경질이 납니다. 이 인간은 왜 이렇게 행사를 앞둘 때마다 예민해지는 겁니까? 동역하기가 너무 힘들어요. 저는 왜 매번 애매하게 화살을 맞아야 하는 거예요? 게다가 남편은 수년 전부터 예배 전만큼은 자기를 건드리지 말아달라 하더라고요. 그래서 제가 그동안 할 말이 있어도 유야무야 넘어간 적이 얼마나 많은지 몰라요. 평소에는 아파서 잔소리를 못 하고, 예배를 앞두고는 예배 전이라 잔소리 한 번 못 하니 저는 언제 남편에게 바가지를 시원하게 긁어보나요?"

마치 바가지를 긁지 못해 환장한 사람마냥 저는 그렇게 한참 동안 주님께 마음을 털어놓았습니다.

그런데 시간이 지나며 신기한 일이 벌어졌습니다. 격앙된 감정 상태로 어쩔 수 없이 주님 앞에 제 마음을 털어놓았을 뿐인데 묘하게도 평안해지고 고요해지더니 얼마 뒤 그 고요해진 심령 안으로 주님의 음성이 들려왔습니다. 나를 사랑하시고, 그러면서도 남편을 사랑하시는 주님의 마음이 느껴지는 음성이었습니다.

"그래도 그 모습 그대로 사랑해줘라. 서로 그렇게 생겨먹은 걸 어쩌겠니?"

"그래…야겠지요. 그래도 화가 날 때가 있어요."

주님이 말씀하시면 순종해야 한다는 것쯤은 알고 있어서 그러겠다고 답하면서도 왠지 억울한 마음이 완전히 가시지는 않아 그렇게 답했습니다. 그런데 그 순간, 제 억울함을 다 풀어주시는 주님의 다독거림이 들려왔습니다.

"그래, 안다. 네 마음 내가 다 안다."

천지 만물을 다스리시는 하나님께서 나를 다 아신다는 이 사실을 곱씹자니, '내가 억울할 게 무엇이랴'라는 생각이 들었습니다. '그렇지. 하나님이 아시는데, 내 마음 한 조각까지 주님이 다 헤아려주시는데 누가 뭘 더 알아주길 바라겠어.'

그렇게 주님과 나눈 '1분 게임' 덕분에 이후 저는 평정심을 되찾고 일상의 사역을 담담히 감당할 수 있었습니다. 성탄 이브 준비와 성탄절 예배 준비에도 박차를 가해 성탄 이브 행사와 참빛문화예술학교에서 드린 성탄예배도 하나님의 은혜로 잘 마칠 수 있었습니다. 그러는 동안 남편과 그 일에 대해 구체적으로 말하진 못했지만, 서로를 다독이며 주일예배까지 다 마칠 수 있었습니다.

그리고는 이틀 전인 주일 밤에 그 모든 일을 남편과 나눌 때가 되었다 싶어 남편에게 차분히 말했습니다.

"여보, 할 말 있어. 안방으로 갑시다."

이 말에 남편은 긴장한 표정이 역력했으나 안방에서 제 말을 다 듣고는 평소의 그답게 진심 어린 사과를 해주었습니다. 그리고는 혼자서 감당해야 하는 여러 자잘한 사역의 버거움과 그럴 때마다 감정 처리가 미숙한 자신의 상태도 고백했습니다. 왜인지 모르게 일이 다 끝날 때까지 긴장과 당황을 멈추지 못하는 자기 모습의 돌아봄이었습니다.

그런 얘기 끝에 우리 부부가 함께 도달한 결론은 '1분 게임'이었습니다. 매 순간 하나님을 바라보며 도움을 구하고, 하나님을 바라보며 내려놓고, 하나님을 바라보며 감정을 정비해야만 이 여정을 완주할 수 있다는 데 우리 둘 다 동의가 되었던 것입니다. 참, 대화 끝에 이런 협박과 다짐도 있었습니다.

"앞으로 당신이 많은 일을 하며 아무리 압박을 받고, 그래서 감정 처리가 안 되어 그 짜증을 나한테 내면, 나는 이제 사람들이 있건 없건, 예배를 앞두었건 아니건 화를 낼 거야! 기억해 둬. 당신 아내도 깨지기 쉬운 연약한 그릇이라는 거."

"그래, 그럴 때 당신이 힘들다고 말을 해줘. 내가 정신 차릴 수 있게. 내가 멈출 수 있게."

그렇게 얘기를 잘 마치고 나니 저는 그날 잠자리에 들면서 며칠 전과 달리 이런 확신에 사로잡혔습니다. '역시 우리 부부는 너무 잘 맞아. 그래서 우리가 만난 거였어.'

제 생각을 아시는 주님께서 아마도 그 밤에 웃으셨을 듯합니다. 어느 날은 너무 잘 안 맞는다 했다가 어느 날은 너무 잘 맞는다 하는, 결혼생활 20년째에 접어든 변덕이 심한 저를 보시면서 말입니다.

나는 어떻게 변화되었을까

　2015년도 한 해를 보내고 2016년도 새해를 맞으면서, 이제 저는 예전의 제가 아님을 고백하게 됩니다.

　두란노서원에 근무하던 시절, 고 하용조 목사님이 "성령을 받은 사람은 본인이 압니다. 성령을 받기 이전과 받은 이후가 내적으로 달라도 너무 다르기 때문입니다"라고 하신 적이 있는데, 작년만큼 그 말씀의 뜻을 확실하게 알게 된 적은 없었던 것 같습니다.

　저는 2015년도를 보내면서 하나님의 전인적인 치유를 경험했습니다. 그래서 지금도 문득문득 예전의 저와 달라진 것에 대해 하나님께 감사하며 영광을 돌리게 됩니다.

　사람들이 대체 뭐가 그리 달라졌냐고 물으면 저는 그저 제 손을 가슴에 대고 "여기가 달라졌어요"라고 대답할 뿐이었습니다. 보이지 않는 제 내면이 달라졌다고 말하고 싶은 것입니다.

　그런데 이번 달 담길교회 추천도서인《뇌, 하나님 설계의 비밀》(티머시 R. 제닝스)을 읽다 보니, 지난 한 해 하나님께서 제 '뇌 회로'를 점진적이고도 지속적으로 변화시키셨음을 알게 됩니다. 저자 식으로 표현하자면 불안과 두려움의 회로인 편도체가 안정되었고, 이성, 생각, 판단력, 양심인 전전두피질이 발전했으며, 마음의 회로인 전두대상피질에 하나님의 평안이 속속 깃들었습니다.

그 시작은 작년 초반기, 성경을 하루에 1시간 이상(때로는 7-8시간씩) 쓰며 말씀 앞에 제 온몸과 마음과 관절과 골수가 온전히 지배당하면서부터였습니다.

오늘 설거지하다 문득 이 사실을 깨달았는데, 조금 전 이 책에서 서배너라는 15세 소녀와 저자인 정신의학자 티머시가 나눈 대화를 읽으며 깊이 공감되는 부분이 있어 이 일기장에 남기려 합니다. 이 대화에서는 말씀 묵상과 '1분 게임'의 유익이 참 잘 나타납니다. 또한 작년 한 해, 하나님께서 제게 베푸신 치유의 비밀까지도….

"평안을 얻고 싶어요. 그런데 어떻게 해야 하는 거죠? 그 방법을 잘 모르겠어요. 저는 기도할 줄도 몰라요."

"기도란 친구에게 하듯이 단순히 하나님과 대화하는 거란다. 그분께 마음을 열고 네 생각과 느낌과 소원을 있는 그대로 말씀드리는 거지. 기도는 네 삶의 가장 깊은 비밀, 즉 네 꿈과 두려움과 기쁨과 슬픔을 하나님과 함께 나누는 거야. 뇌 연구를 통해 밝혀졌듯이, 하루에 15분씩 묵상을 하거나 사랑의 하나님과 생각 깊은 교제를 나누면 전전두피질(논리, 이성, 양심을 관장하는 곳)과 특히 전두대상피질(마음)이 눈에 띄게 발달한단다. 우리가 사랑과 긍휼과 공감을 경험하는 부위가 바로 거기야. 전두대상피질(마음)이 건강할수록 편도체(경보중추)가 안정되어 두려움과 불안이 줄어든단다. 그야말로 사랑이 모든 두려움을 내쫓는 거지! 하나님께 치유 받고 싶거든 그분께 말씀드리기만 하면 돼. 그분의 임재와 용서와 은혜를 원한다면, 그분을 네 마음속에 모셔들이고 날마다 시간을 내서 그분과 생각 깊은 교제를 나누면 돼."

– 티머시 R. 제닝스, 《뇌, 하나님 설계의 비밀》, 윤종석 역(CUP, 2015), p.186

일상일기

주님의
흔적을 남기는
일

지난 일기를 펼치기 전

나는 변화된 시선으로 하루의 풍경을 기록하기로 했다

환경이 달라진 건 아니었다. 달라지기 시작한 건 내 내면세계였다. 더 솔직히 말하면 나는 이전과 달리, 보이는 환경을 골똘히 바라보지 않았다. 언제부턴가 내 눈은 보이지 않는 하나님, 그분의 생각과 섭리를 향하게 되었다.

그러자 아이러니하게도 보이는 세계에 임한 하루라는 일상에 더없이 충실해졌다. 그 하나의 증거가 날마다 내게 부여되는 일들을 더 이상 억지로 감당해야 하는 의무 조항이 아니라 하나님께서 맡겨주신 '사명'으로 받아들인 일이었다.

주일에 교회 점심 식사를 준비하는 일부터 몇 안 되는 주일학교 아이들에게 설교하는 일, 날마다 가족에게 삼시세끼 밥을 차려주는 일까지 감사함으로 감당하기 시작했다.

어느덧 나는 강하고 능하신 예수님과 함께 멍에를 메고 하루라는 일상의 밭을 함께 쟁기질하는 어린 소가 되어있었다(마 11:29). 그러자 하나님께서 내 삶에 그토록 바로잡고 싶으셨던 구조가 형태를 드러내기 시작했다.

내 인생의 역사를 써 내려가는 일의 주인 자리에, 약하고 악한 내가 아니라 강하고 선하신 하나님께서 자리하신 일이 그것이었다. 하나님께선 내 인생의 주인 자리에서 이 작은 내가 알지도 꿈꾸지도 못했던 히스토리를 친히 써 내려가시는 중이셨다.

"하나님의 뜻이 있을 거야. 그러니까 나는 이끄시는 대로 따라가기만 하면 돼. 끝까지 따라가기만 하면 돼."

수용하기 어려운 일로 숨이 턱 밑까지 차오를 때마다 습관처럼 이 말을 되뇌며 하나님이 내 인생의 목자 되심을 고백하곤 했다. 그러면 신기하게도 폭풍우 치던 마음 안으로 알 수 없는 평안이 깃들었고 나는 또 하루를 견뎌낼 수 있었다.

돌아보니 그 시절 하루하루가 숨 가빴기에 나는 그저 숨 가쁨 그대로를 기록하기로 했다. 그렇게나마 기록하지 않으면 이 작은 모퉁이 길에서 베푸시는 하나님의 놀라운 은혜를 나중엔 기억조차 못할 거라는 경각심에서였다. 그래서 이틀이 멀다 하고 몸져눕는 나의 육체적 연함도, 그런 중에도 힘주시며 나를 일으키시는 주님의 손길도 그대로 기록했다.

자주 방전되는 체력 탓에 일기 쓰기가 쉽지 않아, 하루의 많은 사건 중 일부만을 떼어 메모하듯 써 내려갔다. 문체를 평어체로 바꾸고 하루 일상의 한 조각이나마 붙들고 써 내려간 건 그 때문이었다.

폭풍의 한복판. 하나님께서는 내가 살아보지 않았던, 내가 견딜 수 없을 거라 여겼던 속도로 내 일상을 이끌어 가셨다.

2016. 05. 03. 화
돌아보시네

이삭의 등교를 도와주고 집으로 돌아가던 오전 9시, 갑자기 차창을 때리는 빗소리의 기세가 심상치 않았다. 그러자 어제 수학여행을 떠난 둘째 아들, 오늘 학생들을 인솔해 수학여행을 가는 막냇동생이 떠올라 "안전한 여행 되게 하소서"라는 기도가 저절로 나왔다.

그러다 마지막에 기도가 머문 대상은 다름 아닌 남편. 차 안에 울려 퍼지는 '시와 그림'의 〈돌아보시네〉라는 찬양의 가사 때문이었을 것이다. 작은 믿음으로 주님의 옷자락을 만지며 자신의 병든 몸을 고쳐달라고 나지막이 간구한다는 내용이었다.

아픈 이후로 십수 년 동안 편안한 잠을 자본 적이 거의 없었던 남편은 잠들기 전, 혹은 잠에서 깨어날 때 가장 극심한 통증에 시달린다. 그래도 어디가 아프니 주물러 달라거나 "왜 나만 겪는 고통이냐" 같은 엄살과 한탄을 한 번도 쏟아낸 적이 없다. 오히려 당연히 겪어야 할 일을 겪는 양 그 모든 걸 묵묵히 감내하며 아침과 저녁을 고요히 맞이할 뿐이었다.

나는 그런 모습에 마음이 아프다가도, 극심한 고통 속에서 모든 걸 혼자 감내하며 견디는 그의 고요한 몸부림이 때론 미련스럽게 느껴져 가끔 '사람이 왜 저럴까?'라며 그를 판단하기도 했다. 그런데 차 안에서 찬양을 듣다가 문득 남편이 이 노래 가사 속 화자로 상상이 되면서, 그가 어떻게 오늘까지 그런 고통을 견뎌낼 수 있었는지 그 서사가 그려졌다.

아내도 자식도 각자의 자리에서 고요하게 잠든 새벽, 비가 오나 눈이 오나 남편은 통증으로 눈이 뜨일 때마다 주님의 이름을 불렀을 것이다. 주님의 옷자락을 만지며 간절히 엎드려 은혜의 부스러기라도 구했을 것이고, 그러면 천지가 적막한 그 많은 날 새벽마다 주님께선 남편을 돌아보셨을 것이다. 그러면 주님 품 안에서 울며 그분과 말할 수 없는 친밀함을 누렸을 것이다.

비가 오나 눈이 오나 바람이 부나 햇빛이 비치나 남편이 십수 년간 보여준 고요한 견딤은 그가 남들보다 미련스럽기 때문이 아니라 주님께서 주시는 위로가 그만큼 넘쳐났기 때문이었다.

"돌아보시네. 주님 날 돌아보시네."

이 찬양을 듣다가 나도 모르게 '주님의 돌아보심'의 공간 속에 들어가게 되었던 아침 시간. 나는 문득 내 마음도 돌아봐 주시는 주님의 만지심을 경험했다.

뭐랄까, 그간 병약한 남편을 볼 때마다 차곡차곡 쌓여왔던 내 마음의 고통을 주께서 위로해주셨다고 해야 할까. 오늘 아침에도 통증으로 침대에 웅크려 있는 남편을 걱정하며 '괜찮을 거야, 괜찮아질 거야'라고 스스로에게 말하며 마음 졸였던 내게, 주님께서 그 시간 "안심하라" 하시는 것 같았다.

배가 난파당해 섬에 고립된 여자가 그곳에서 한 남자를 만나 참

된 사랑에 눈뜨면 그 사랑이 태풍이 부는 섬 생활에서도 위로가 되듯, 주님의 신부인 남편은 위태로운 병상에서도 돌아보시는 신랑 되신 주님의 사랑으로 인해 넘치는 위로를 받고 있었을 터였다(아침에 나는 비로소 그 사실이 믿어졌다).

그리스도의 고난이 우리에게 넘친 것같이 우리가 받는 위로도 그리스도로 말미암아 넘치는도다 고후 1:5

내가 누구에게도 위로받지 못할 때 나를 찾아와 위로하시는 나의 하나님은, 또한 아무도 남편을 돌아볼 수 없을 때 그를 찾아가 만나주시고 위로하시는, 남편의 하나님이시다. 나는 이제 그 사실을 믿는다!

2016. 05. 17. 화
날마다 더 좋은 아침

복층에 자리한 맏이의 방은 5월 초부터 더위 모드다. 침대 하나, 책상 하나 놓으니 자리가 꽉 찬 좁은 방이라 숨이 막힐 정도다. 출입문이라도 활짝 열어놓으면 좋으련만, 사춘기인 데다 종일 방 안에서 예술 작업을 하는 터라 그 문은 열려 있을 때가 거의 없다. 게다가 아침마다 동트는 햇살은 빌라 꼭대기 층에 자리한 아들 방의 창문 안으로 강렬하게 쳐들어온다.

볕을 조금이라도 차단하려고 오늘은 아들 방 창문 밖에 있는 조그만 테라스에 차양막 설치 작업을 하기로 했다. 차양막을 설치하기 위한 구조 자체가 매우 애매하고 어려운 공간이라 어떻게 지지대를 만들어 설치할지 그간 남편은 꽤나 고심했다. 그러나 오늘 끙끙대며 작업하는 그를 보니 '역시나'라는 감탄사가 절로 나왔다.

"나는 죽었다 깨어나도 이런 생각은 못 할 것 같아. 어떻게 이런 아이디어를 냈어?"

"말도 마. 이거 때문에 몇 날 며칠 얼마나 고민했는지 몰라."

남편은 지붕을 뚫어 차양막을 덧댈 수 없자 다이소에서 사온 행주걸이용 지지대 몇 개를 지붕 밑 철판에 나사로 고정하고 거기에 차양막을 비닐끈으로 고정시켜 작업을 진행했다. 늘 그랬듯, 저렴한 비용으로 아이디어가 돋보이는 기가 막힌 방법을 고안해 낸 것이다.

멋지게 완성된 테라스 차양막을 보니, 내일 아침부터는 큰아들이 좀 더 시원한 아침을 맞이할 수 있을 거란 기대에 마음이 흐뭇해졌다. 남편도 같은 생각인지 흐뭇한 미소로 완성된 차양막을 바라다본다.

'부모의 마음이 이런 거지' 생각하다 보니 우리를 보시는 아버지 하나님의 마음에 내 생각이 머물렀다. 내게 언제나 좋은 것을 주고 싶어 하시는 내 아버지의 마음….

그분이야말로 날마다 내게 더 좋은 아침을 맞이하게 해주고 싶어 얼마나 고심하실까? 오늘보다 내일이 더 낫기를 바라실 테고, 우리가 세워가는 가정의 미래가, 하나님께서 세우신 담길교회의 내일이 날이 갈수록 더 아름답고 순결하기를 바라시며 우리를 위해 무얼 더 해주실까 고심하실 것이다.

"너를 위해 무얼 해주랴. 널 위해 나는 뭐든 다 해주고 싶다."

오늘 밤엔 내 아버지이신 하나님께서 이렇게 말씀하시는 것 같다. 아버지의 그 마음을 잠잠히 묵상하자니 미래에 대한 염려도 어느덧 사라졌다. 아버지 하나님의 마음을 묵상하기만 했는데도 내 마음 안으로 소망과 평안이 찾아든 날이었다.

2016. 05. 24. 화
내 나이 여섯 살

오늘은 무슨 일인가를 하다가 연상 작용으로 어린 시절 헤엄치는 법을 처음 배울 때가 떠올랐다. 그때는 내 나이 여섯 살이었고 장소는 제주도 우리 집 앞바다였다. 말이 앞바다지, 세계에서 가장 큰 바다인 태평양의 일부이자, 태풍이 불 때면 고깃배도 삼켜버리는 무시무시한 바다였다. 그 큰 바닷물에서 어린 나는 자유롭게 수영할 수 있기를 얼마나 갈망했던지.

그래서 어느 여름날에는 물이 허리까지 차오르는 연안에서 무작정 팔다리를 휘저으며 수영을 했다. 물론 여지없이 물속으로 가라 앉고 말았지만, 팔다리를 개구리처럼 휘젓기를 멈추지 않았더니 혼자 수영 연습을 시작한 지 2, 3일 만에 드디어 물속 잠수가 가능해졌고 1주일쯤 지났을 때는 어느덧 몸이 수면 위로 떠 올라 물 위에서도 자유롭게 수영할 수 있게 되었다.

아무리 애써도 물 밑으로 꼬르륵 가라앉기만 했던 몸이 어떻게 1주일 만에 수면 위로 떠 올라 물을 휘젓게 되었을까. 수영을 배우고 말겠다는 집념으로 1주일 내내 물속 수영을 하다 보니 나도 모르게 바닷물에 내 몸을 맡기는 법을 터득하게 되었으리라.

여섯 살이면 우리 교회 민아보다 어린 나이다. 그 나이에 어떻게 겁도 없이 태평양 바다 물살을 가를 생각을 했는지 모르겠다. 일고여덟 살 때부터는 내 키보다 더 깊은 바다에서 파도를 타며 신나게 놀았었다.

돌아보니 나는 당시 드넓은 바다를 보고 "엄마야"라며 도망치지 않았다. 다만 그 바다를 내 놀이의 대상으로 봤을 뿐이었다. 집채만 한 파도가 몰아치기도 했던 태평양이 유일한 놀이터였기에 그 놀이터에 내 몸을 맡긴 채 어떻게든 노는 법을 터득하려 한 것이다.

오늘 문득 그때 일이 떠오르면서 주님을 알고 믿고 따른 지 이십 년이 넘어가는 내 영혼의 기백이 그때와 같았으면 좋겠다는 생각이 들었다. 인생의 고통과 힘겨움이 파도처럼 밀려오는 이때, 몸과 영혼을 하나님 손에 맡기고 두려움 없이 큰물을 넘어서려는 태도가 내 안에 가득 찬다면, 내게 주어진 고난이 아무리 커도 능히 그것을 넘어설 수 있을 텐데….

천국은 침노하는 자의 것(마 11:12)이라 했다. 큰물조차 놀이터로 여기는 어린아이의 담대함으로 내 온몸을 주님께 던져 이 고난의 바다에서 둥실둥실 헤엄쳐 다니며 마침내 천국을 누리는, 여섯 살 어린아이의 영적 기백을 회복하고 싶다.

2016. 06. 09. 목
내가 왜 아파야만 했을까(병상일기)

3개월 뒤, 친루를 감옥에 보내 하나님이 계획하셨던 역사가 모두 완성되었다. 하나님은 친루를 사형시키려는 당국의 계획을 무산하게 하셨다. 모두가 놀랍게도 친루는 사형을 당하지 않았다. 게다가 선고도 받지 않았다. 3개월 뒤 친루는 감옥에서 풀려났다.

– 단운, 《중국 가정 교회 이야기》, 송용자 역(부흥과개혁사, 2008), p.311

담길교회 이달의 추천도서인 《중국 가정 교회 이야기》를 읽다가 이런 생각이 들었다.

'인생의 어떤 일도 그냥 생기지 않는다. 인생의 모든 일은 그분의 섭리 속에서 일어난다. 그러니 내가 앓고 있는 폐렴도 나를 향하신 하나님의 뜻을 다 이루시면 깨끗이 나을 것이다. 친루의 3개월 감옥

살이를 통해 그를 향한 주님의 뜻을 다 이루시자 하나님께서 친루를 감옥에서 풀려나게 하셨듯이.'

이 생각으로 오늘은 내가 근래 왜 아파야 했는지를 여쭈었다. 하나님께서 굳이 나를 무기력하게 하심으로써 내 인생에 이루고자 하셨던 그분의 선하신 뜻을 찾고 싶어서였다.

1. 하나님께선 정말로 우리의 기도를 들으신다

3일부터 시작된 감기가 절정에 달했는지 이번 주일에는 최악의 컨디션이었다. 예배 후 일찍 집에 돌아와 쉬었지만 좋아지는 듯하다가 나빠지기를 반복, 결국 화요일 오전에 동네 병원에 가니 엑스레이를 찍어보지도 않고 '폐렴'이라고 확진한다.

폐렴 진단을 받으니 기분 탓인지 몸은 더 힘들어졌다. 오금이 저리고 오한이 심해져 한여름 대낮에도 이불을 두 개나 덮고 양말까지 신은 채 누워 지냈다.

의사는 무조건 2주는 쉬어야 한다고 했지만 날마다 출근해야 하는 장애인 보조교사로서 그럴 수 없는 형편이었다. 하루만 쉬자 결심하고는 "하루를 쉬어도 열흘 쉰 것 같은 효과가 나기를 소망합니다"라며 교회 단톡방에 기도 제목을 올렸다.

다음 날인 수요일 아침, 나를 위한 담길 가족의 기도가 하늘로 올라갔음을 확신할 수 있었다. 3,4일 동안 끈질기게 따라붙었던 고열이 싹 사라진 것이다. 폐렴으로 고생했던 몇몇 지체들을 지켜볼 때도 열이 하루 만에 잡히지는 않았던 것 같은데, 내 몸은 그때부터 다시 열이 오르지 않았다! 열이 잡힌 것만으로도 열흘을 쉰 것만큼 몸이 가벼웠다.

2. 우리 아이들이 달라졌어요

몸이 아프고 보니 엄마 의존도가 높은 우리 집 풍경이 눈에 들어와 마음이 불편했다. 누군가에게 뭔가를 가르치고 지시하기보다는 내가 다 해버리고 마는 나의 성격적 결함이 우리 아이들을 더 의존적으로 만들었다는 생각이 들었다.

그래서 아픈 동안은 아들들에게 집안일을 더 시켰는데(그럴 수밖에 없는 상황이었다. 남편도 같이 감기를 앓았고, 오른쪽 손을 다쳐 반깁스까지 한 상태였으니까) 아이들은 엄마가 아픈 이 상황에서 설거지, 빨래 널기, 음식물 쓰레기 버리기 등 시키는 대로 집안일을 곧잘 했다.

게다가 간밤에 찾아온 통증 때문에 오늘은 옆 동네 큰 병원에 가서 CT 촬영까지 하며 정밀검사를 받았는데, 생각보다 정도가 심한 폐렴이니 치료를 잘 받아야 한다는 진단 결과에 아들이 눈물을 글썽이며 이렇게 말하는 게 아닌가.

"그러니까 엄마, 엄마는 좀 쉬어야 해요. 이제부터라도 설거지며 빨래 너는 거, 이런 건 우리가 알아서 할 테니까 웬만하면 다 우리한테 시키세요. 꼭 그렇게 해요, 제발."

아, 이거였다는 생각에 눈물이 핑 돌았다. 아들들이 이제는 일을 시켜달라고 자발적으로 말할 줄 알게 되다니. 아이들이 많이 컸구나 싶어 안심이 되었다. 아닌 게 아니라 두 아들, 오늘은 더 일사불란하게 집안일을 돕는다. 당연히 자기들이 해야 할 일을 하는 사람처럼.

3. 우리가 의지할 분은 오직 예수님

지난주 초에는 몸은 아픈데 남편을 의지할 수 없는 속상함과 외로움이 있었다. 지병이 있는 사람이 감기까지 걸렸으니 남편이야말로 매우 힘든 상태였다. 현기증이 심해졌는지 계단을 오르다가도, 안방에서 부엌으로 오는 동안에도 걸음을 멈춰 잠시 앉아 몸을 추스르던 남편.

그러니 내가 아무리 아파도 직접 음식점에 가서 죽을 사오고, 병원에 혼자서 다녀와야 했다. 이제는 남편의 얼굴만 봐도 마음이 읽히기 때문에 아내에게 도움을 줄 수 없는 남편의 속상함이 고스란히 전해져 왔다. 그때 불현듯 하나님께서 말씀하시는 것 같았다.

"너희는 절대로 서로를 의지하지 마라. 누가 되었든 사람을 의지하면 망할 수밖에 없다."

그래서 하나님께 마음을 다잡고 고백했다.

"네, 주님. 남편을 의지하지 않겠습니다. 사랑하고 섬기기만 하겠습니다. 그 대신 주님을 의지하는 믿음을 더 키우겠습니다."

그러자 나약해졌던 마음이 굳세어졌다.

4. 내가 할 수 있는 것은 오직 감사와 기도

수요일 아침에는 열이 내려 한결 살 것 같았는데 밤 열 시부터 폐 쪽으로 칼에 베이는 듯한 통증이 찾아왔다. 아얏, 하고 움켜쥐면 괜찮았다가 몇 분 뒤 통증이 찾아오는 패턴이 계속됐다. 통증 자체가 극심한 건 아니지만 왠지 모를 불안함이 엄습했다.

주변에 아픈 이들이 많아서 그럴까? '폐렴이 아니고 더 큰 병이면 어쩌지'라는 상상에 온갖 염려가 찾아들었다. '우리 가정이 이 상황보다 더 나빠진다면?'이라는 가정을 하고 보니 몸속 장기가 어떤 신호를 보내는 것은 위험한 신호라 여겨져 두려움이 밀려왔다.

결국 자정을 넘긴 시간에 어둠 속에서 일어나 남편에게 "여보, 아무래도 이상해"라고 말하니 남편은 불을 켜고 앉아 한참 동안 내 아픈 부위에 손을 얹고 쓰다듬으며 간절히 기도해주었다.

그런 밤을 보냈기에 오늘은 처음 갔던 동네 의원 말고 좀 더 큰 병원을 찾았다. 의사 선생님은 어떻게 엑스레이도 안 찍고 폐렴으로 진단하는 의사가 있냐며 아마 단순감기였을 거라 했다. 촬영한 엑스레이를 보여주면서도 "보세요, 폐렴은 없어 보이잖아요. 이쪽 부분이 좀 이상하긴 하지만, 이거야 뭐 가슴 부분이라 이렇게 보일 수도 있거든요"라고 말했다. '그런가?' 하고 병원문을 나섰는데, 몇 분 후 그 의사에게서 전화가 걸려왔다.

"환자분 보내고 아무래도 찜찜해서 방사선과로 엑스레이 2차 판독을 보냈더니, 왼쪽 가슴에 뭐가 있다고 반드시 CT 촬영 요한다고 하네요. 큰 병원 가서 검사해보세요."

그렇게 해서 부랴부랴 만수동 전병원에 가서 혈액검사, 엑스레이와 CT 촬영을 했고 결과는 '폐렴'이었다. 정도가 약간 심하긴 하지만 2주 정도 약 잘 먹고 치료받으면 된다고 한다.

그렇게 정확한 진단을 받고 보니 얼마나 감사가 밀려오던지 "하나님, 감사합니다"라는 고백이 저절로 나왔다. 폐렴이라면 치료 잘 받고 다시 일상으로 돌아갈 수 있다는 얘기가 아닌가. 나는 치료 가능한 병을 앓고 있었다!

그제야 그동안 내가 보냈던 일상이 얼마나 소중하고 감사한 시간이었는지 느껴졌다. 이 병만 나으면 나는 다시 장애인 활동 보조교사로서 이삭을 돌볼 수 있고, 다시 우리 아이들에게 밥을 해줄 수 있으며, 남편도 챙겨줄 수 있다. 또한 담길교회 지체들에게 조금이라도 마음을 써줄 수 있다. 아, 이 생각을 하자니 감사가 물밀듯이 밀려왔다.

그러고 보니 폐렴을 앓았던 시간 동안 하나님께서 내 삶에 이루시려는 그분의 뜻은 이 '감사'의 회복이었는지도 모르겠다. 매일매일 "너무 힘들어요. 너무 바빠요"라고 말하는 동안 나도 모르게 일상의 눈부신 가치를 잊어버렸던 내게, 하나님은 주어진 모든 일상에 대한 감격과 감사를 회복하게 하셨다.

통증으로 잠 못 이뤘던 어젯밤, 나는 자칫 아무것도 못 하게 될 수도 있다는 극단적 상상 속에서 평소 내가 무언가를 할 수 있었음이 얼마나 큰 은혜였는지 깨달았다. 아프고 나니, 밥하고 빨래하고 일하고 누군가를 돌보는 나의 일상이 더없이 소중하게 다가온다. 감사, 감사, 모든 것이 감사다.

낮은 마음

요셉이 여름방학을 맞은 첫날이라, 오늘은 두 아들과 함께 산책 길에 올랐다. 나는 두 아들 뒤편에서 아들들의 얘기를 듣다가 혼자 상념에 잠겼다가를 반복하며 편하게 걸었다. 저희끼리 나누는 얘기가 꽤 심도 있고 재미도 있다.

"엄마, 'honor'와 'glory'의 차이가 뭔지 아세요?"

불시에 던지는 큰아들의 질문. 이런 질문에 멋있게 답해주면 좋으련만 영어가 짧은 나는 우물쭈물 말을 잘 못 했다. 자기들끼리의 결론은 "하나님께 영광을 돌린다" 등 '하나님의 광채'를 뜻할 때는 'glory'이고, "만나 뵙게 되어 우리 가문의 영광입니다" 등 '영예롭다' 라는 의미를 담을 때는 'honor'란다. 그러면서 이 '영광'과 '고통'이라는 단어를 사용해 노래를 만들어보겠단다.

"엄마, 어때요? 고통이 있어야 영광이 있다는 내용으로 예수님의 이야기와 우리 이야기를 중의적으로 표현해보고 싶어요."

"그거 좋은데? 'no cross, no crown' 그런 뜻이네?"

아이들과 이런 얘기를 나누어서 그럴까. 온종일, 나는 과연 '십자가 없는 면류관이 없음'을 진심으로 믿고 있는지 돌아보게 되었다. 밤에 수요예배를 드릴 때도 그 생각이 이어졌는데, "나의 가장 낮은 마음 주님께서 기뻐하시고"라는 찬양 가사가 특히나 마음에 와닿았다.

나의 가장 낮은 마음. 이 마음이 없다면 영광을 보는 그날까지 어떻게 십자가의 길을 걸어갈 수 있겠는가. 믿음의 길을 중도에 포기할 수밖에 없을 테고 그러면 종내에 영광의 면류관도 받을 수 없을 것이다. 그렇게 되면 인생의 스토리를 아무리 뒤져도 '영광'이란 단어는 찾아볼 수 없을 터.

찬양하다가 다다른 이 결론에 나는 갑자기 간절히 기도하게 되었다. 평소 가만히 놔두기만 해도 교만이 활개를 치는 내 마음이 이제라도 바닥에 엎드리는 자세로 낮아져서 주님이 가라 하신 십자가의 길을 기꺼이 갈 수 있기를 바란다고.

그런데 기도하는 도중 생각지도 못했던 한 장면이 불쑥 머릿속에 펼쳐졌다. 밭에서 일하던 어린 시절, 점심 도시락을 먹고 잠시 풀숲 바닥에 누워 낮잠을 즐기다 눈을 떴을 때 내 눈앞에 보이던, 높게 솟은 나무이파리들과 그 사이로 영광의 광채와 같은 햇살이 내비치던 장면이었다.

기도하다 말고 왜 갑자기 어린 날의 그 장면이 떠올랐을까. 생각을 더듬어 보니 오늘 산책길에 아들들의 사진을 찍어주다가 어

린 날에 경험했던 것과 비슷한 느낌을 가졌던 게 머릿속에 저장된 게
아닌가 싶었다. 아까도 내 몸을 어린 날의 그때처럼 바닥에 완전히
눕혀서 사진을 찍었더라면 더 찬란한 광경을 내 눈에 담을 수 있었
을 텐데, 라는 아쉬움이 남아 있었으니 말이다.

'다음번엔 정말 바닥에 누워 사진을 찍어보리라. 아니, 꼭 사진
찍을 때가 아니라도 매일의 삶에서 나 자신을 바닥에 두는 연습을
하리라. 낮은 자의 시선으로, 낮은 마음으로 살아가 보자. 그러면
언젠가 나도 영광의 광채를 볼 수 있겠지. 그래야 나를 통해 주님의
영광이 드러나겠지.'

이런저런 생각으로 마음이 뜨거웠던 수요예배 시간이었다.

2016. 07. 24. 주일
기쁨의 일상을 기록하라

주일 설교 중 "어린아이와 같이 되지 않으면 천국에 들어갈 수 없
다"(마 18:4)라는 성경 말씀이 우리 가족에게 깊은 인상을 남겼던가
보다. 예배 후 집으로 돌아오는 길, 아들들이 오늘 저녁은 뭘 먹냐
고 물었다. 내가 "오늘은 장을 봐둔 게 없으니 식당에 가서 (3,800원
짜리) 콩나물국밥 사 먹고 갈까?" 하자 아들들은 때를 놓치지 않고
이렇게 답하며 기세가 등등하다.

"안 돼요. 화덕피자를 먹든지 숯불갈비집을 가든지 해요."

이렇게 주장하는 이유인즉 자신들은 오늘 말씀처럼 어린아이와 같아서 돈 걱정을 안 한다는 것이다. 부모님을 믿기 때문에 자신들은 아무것도 염려하지 않고 먹고 싶은 거 먹으러 가자고 천진하게 말하는 사람이라고 했다.

그 얘기에 모두가 한바탕 웃었고 우리는 결국 장수동에 있는 고기국수집에 가서 냉면과 잔치국수를 먹기로 했다. 음식을 주문한 뒤 큰아들이 "아빠, 오늘 어린아이들이 고집불통에다 말을 안 듣는다고 말씀하실 때 뭔가 맺힌 게 많은 듯 말씀하시던데요?" 하자 작은아들도 맞장구를 친다.

"맞아요. 아빠, 그 부분에서 아빠의 톤이 평소보다 꽤 올라가신 거 알아요? 누구 들으라는 듯이."

아들들의 (장난 섞인) 공격에 남편은 고개를 저으며 결단코 아니라 답한다.

"아니지. 나는 맺힌 거 하나도 없지. 나는 그저 사람들이 졸지 말라고 좀 강하게 전했을 뿐이지."

진땀을 빼는 아빠의 대답에 요셉이 당당하게 요구한다.

"그렇다면 이거 먹고 빵집 들러서 팥빙수도 먹고 가요."

그렇게 해서 2차까지 가게 된 빵집에서 과일빙수 하나를 시켜다 같이 먹을 때도 두 아들의 장난은 계속되었다.

그러고 보니 언제부턴가 요셉은 형에게 하고 싶은 말을 유머를 섞어가며 쏟아놓고, 형은 함께 장난을 치며 그 말을 여유 있게 받아준다. 막내에게 유머가 늘고 큰애에게 동생의 장난을 받아치는 여유가 생겼다는 점에 감사가 밀려왔다. 두 아들의 이런 변화는 단순히 센스가 생긴 것을 넘어 인생을 경직되지 않게 바라보는 시야가 생겼다는 뜻일 테니까.

그런 생각을 하다 보니 아들들의 미래에 대한 걱정도 접게 되었다. 걱정하는 대신 하나님께 의뢰하며 기도해야 한다는 의지가 더 커진 까닭이다.

그렇게 저녁까지 해결하고 집에 돌아온 나는, 올여름 들어 어제 처음 켜본 거실 에어컨까지 켠 채 소파에 앉아 하루를 돌아보았다. 그러자 마음 가득 기쁨이 차오르면서 오늘 내가 얼마나 큰 은혜를 누렸는지 알 것 같았다.

주일 설교 말씀 중 우리를 향하신 하나님의 깊고 놀라운 경륜을 알게 됐고, 잠깐씩 스치는 교우들과의 만남 속에 서로에 대한 관심과 사랑이 느껴졌으며, QT 나눔 중에는 질그릇 같은 우리 속에 담긴 보배로우신 주님에 대해 감탄했다. 또한 집으로 돌아오는 길에 우리 가족에게 부어주신 화목함과 즐거움의 순간들…. 이 모두가 주님께서 우리에게 주신 놀라운 '은혜'다.

감사의 마음을 안고 〈모든 영광을 하나님께〉라는 찬양을 부르다 문득 이 하루 동안 있었던 기쁨과 감사의 순간들을 잘 기록해 둬야겠다는 생각이 사명처럼 찾아들었다.

살다 보면 내일 어떤 어려움이 찾아올지 알 수 없는 인생인데, 그런 때에 내가 혹시 "난 늘 힘들기만 했어. 하나님은 내게 당근은 안 주시고 채찍만 주셨어"라고 한탄만 하고 있어선 안 되기 때문이다. 그러한 때에도 이미 하나님 은혜를 충분히 받은 자로서 지난날들의 기록을 읽으며 다시 일어서기 위해서라도 나는 날마다의 은혜를 기록해야 한다.

하나님은 사망의 음침한 골짜기를 지나는 시절에도 날마다 일상에서 크고 작은 기쁨과 평안을 우리에게 주신다. 마치 어느 해도 빠짐없이 혹독한 겨울의 끝마다 길든 짧든 따뜻한 봄날을 주셨듯이. 이 은혜를 받은 자로서 나는 인생의 마지막 날에 "하나님 은혜로 살았습니다"라고 진실로 고백하는 사람이 되고 싶다. 오늘만 해도 나는 하나님께서 주시는 기쁨의 은혜로 이 하루를 살았다.

chapter

05

순종일기

인도하시는
주님을 따라가는
일

지난 일기를 펼치기 전

나는 사랑받는 주의 자녀로서의 삶을 기록하기로 했다

사방이 어둑한 늦은 밤, 전기등 불빛 아래 일기를 쓰다 보면 가보지 않았던 한 세계로 들어가는 듯했다. 이미 지나온 하루라는 시간을 기록할 뿐인데 기록하는 동안 또 다른 미지의 세계가 열려 어딘가로 가는 느낌이랄까.

그제야 대학 시절, 시 창작 동인 모임에서 들었던 한 선배의 말이 떠올랐다. 글이란 영감이 주어져야 쓸 수 있지만, 때로는 글을 쓰다가 새로운 영감이 부어져 생각지도 못했던 전개가 펼쳐진다는.

예수동행일기를 쓰면서 그 말의 뜻을 알았다. 하루를 살면서 '오늘은 이 일을 써야지'라고 작정했던 내용을 일기장에 옮기다 보면 불현듯 새로운 깨달음이 주어지거나 하나님의 새로운 음성을 듣게 되곤 했으니까.

일기 쓰기야말로 "경건에 이르도록 나 자신을 연단하는"(딤전 4:7) 훈련의 연속임을 그때 알았다. 그간 적잖은 사람들로부터 "나도 하나님의 음성을 듣고 싶어요"라는 말을 들어왔는데, 이제 그들에게 "일기를 쓰세요. 쓰다 보면 하나님의 음성 듣는 법을 알게 될 거예요"라고 말해주고 싶다.

물론 녹초가 된 시간에 일기를 쓴다는 건 연단 받는 일처럼 괴로운 일이었다. 하지만 그걸 견디며 일기를 쓰다 보면, 언덕도 넘고 사막도 건너 마침내 은혜의 푸른 물결에 배를 띄워 주님께로 힘차게 노 저어 갈 수 있었다(새찬송가 302장). 일기 쓰기는 그 자체가 순종이어서 순종하고 따를 때 말할 수 없는 은혜가 주어졌던 것이다.

하나님께서 태초부터 나를 향해 계획하신 일들. 그게 무언지는 모르지만, 그 시절 하나님께선 그 계획을 이루시려고 내게 일기를 쓰라 하시는 것 같았다. 그러면 나는 때로 비장한 마음으로 사력을 다해 일기를 쓰곤 했다.

돌아보면 나의 일기는 한 소자를 향한 하나님의 돌보심이 얼마나 지극하신지를 기록한 증거물이었다. 그렇기에 '그리스도의 증인'으로 부름받은 나는 사랑받는 주의 자녀로서의 내 삶을 기록하지 않을 수 없었다. 그 하루하루의 삶에는 나를 위해 죽으시고 부활하신 예수 그리스도의 피가 뚝뚝 떨어지고 있었다.

함께 가기 위하여

매주 금요일은 이삭을 데리고 언어치료실에 가는 날입니다. 치료실에 가면 손자를 데려오시는 할머니 두 분을 만나게 됩니다. 자폐장애를 가진 아이들이 치료실에서 공부하는 동안 그 두 분은 제게 이런저런 얘기를 항상 걸어오시지요. 그 시간에 성경을 읽고 싶어 애가 탔지만, 언제부턴가 성경을 덮고 할머니들과 교제하기로 순종했습니다. 오늘은 초등학교 6학년 손자를 둔 한 할머니가 이런 얘기를 들려주셨습니다.

"그 학교에선 우리 애기가 제일로 장애가 심혀. 아줌마네 조카는 말도 허고 글도 잘 쓰지만은 우리 애기는 아직 말을 한 마디도 못 허고 글도 모르니께. 근디 우리 애기 5학년 때 선생님이 천사표였는데 6학년 때 선생님은 더 천사라. 내가 그 선생님한테 천사할머니라고 할 정도였지. 친구들도 얼마나 착한지 우리 애기가 학교에서 정말로 사랑을 많이 받어.

지난 번 운동회 때는 우리 애기 반 아이들이 어떻게 했는지 알어? 달리기를 허는디 다른 조는 다 1등 할라고 뜀박질을 그렇게 열심히 허드라고. 근디 우리 애기가 속한 조 아이들은 땅 소리가 나니께 다 손을 잡고 우리 애기랑 다 같이 뛰는 거라.

그 어린 것들이 아무도 1등 할라고 안 허고 우리 애기랑 같이 들어간 거지. 그걸 보고 담임선생님도 울고 애기 엄마도 울고 나도 울었잖어. 그래서 중학교를 가도 우리 애기가 그 친구들하고 헤어질 수가 없는 거라. 내년에 우리 애기가 그 친구들이 입학하려는 중학교로 댕길라고 허는 것도 그 때문이여."

할머니의 얘기에 저도 모르게 눈물이 나왔습니다. 모두가 1등 하지 못해 혈안이 된 이 세상에서 속도를 늦춘 채 손을 잡고 함께 뛰는 아이들이라니요.

'나도 그럴 수 있을까? 나도 힘들어하는 누군가와 함께 들어가기 위해, 호흡도 정비하고 속도도 맞추며 달릴 수 있을까?' 이 생각이 종일 머릿속에서 떠나지 않았습니다. 집에 돌아와 큰아들에게 그 얘기를 했더니 아들은 환하게 웃으며 "멋지다. 정말 그런 세상이 왔으면 좋겠어요"라고 말합니다.

오늘 예수님도 할머니의 얘기를 들으셨을 테지요? 그리고 아마 제게 이렇게 말씀하셨을 듯합니다.

'너도 그랬으면 좋겠다. 함께 가기 위해 기꺼이 속도를 줄이고 1등의 선물도 포기하고 기쁘게 결승지점까지 함께 갔으면 좋겠다. 내가 그리했던 것처럼. 너를 사랑해서 하늘 보좌를 버리고 이 땅에 내려와 너와 모든 호흡을 같이했던 것처럼….'

무슨 말씀을 하시든지

연말에는 산부인과에서 자궁근종 시술을, 연초에는 정형외과에서 목과 허리디스크 시술을 받았습니다. 어느덧 제 몸 여기저기서 고쳐 쓰라는 신호를 보내오는 요즘이지만, 고쳐 쓸 수 있음이 감사하고 고침받을 기회를 주심에 감사했습니다. 무엇보다 치료를 받는 동안, 하나님께서 마치 간호라도 해주시려는 듯 제 곁에 찾아와 주심이 감사했습니다.

하나님의 임재였을까요. 시술 주사를 맞을 때, 또 시술 후 물리치료를 받을 때 제게 오셔서 "내가 여기 있다, 느낄 수 있지?" 하시던 하나님의 기척에, 저는 시술 후의 뻐근한 통증으로 밤새 잠을 뒤척이면서도 황홀한 충만을 경험했습니다.

그런데 퇴원 후 집에 오면서부터 사정이 달라졌습니다. 밀린 집안일을 하고, 할 일들을 점검하다 보니 순식간에 근심 걱정에 사로잡히는 듯했습니다. 또다시 찾아온 우리 가정의 난관들을 어떻게 헤쳐가야 할지, 이 일이 앞으로 어떻게 될지 고민하면서부터 저는 마치 큰 벽 앞에 놓인 듯 막막한 심정이 되었습니다.

고민 끝에 다다른 결론은 제 안에 해답이 하나도 없다는 사실이었습니다. 해답이 없다면 더 이상 고민을 붙잡고 있을 이유가 없겠지요? 결국 저는 답도 없는 저 자신을 붙잡고 씨름하기를 멈추고 길

되시는 예수님에게 가야겠다는 결론에, 오늘자 QT를 하려고 성경을 펼쳤습니다.

그의 어머니가 하인들에게 이르되 너희에게 무슨 말씀을 하시든지 그대로 하라 하니라 … 연회장은 물로 된 포도주를 맛보고도 어디서 났는지 알지 못하되 물 떠온 하인들은 알더라 요 2:5,9

이 말씀을 묵상하면서 정신이 차려졌습니다. 현재의 삶에서 제가 해야 할 일은 다른 게 아니라 오직 주의 말씀에 순종하는 일임이 깨달아졌던 것입니다.

순종! 그것은 하나님께서 내 삶을 어떻게 인도하시든 그대로 따라가겠다는 의지적 결단이 있을 때라야 가능합니다. 선한 목자 되신 주님께서 말씀하시는 대로 따라갈 의지가 주어졌다면 '혹시 내게 나쁜 일이 일어나면 어떡하지?'라는 예측으로 현재를 불행하게 살 필요가 없습니다. 우리가 주의 인도하심에 불순종해서 문제이지, 끝까지 순종할 수만 있다면 주님은 언제나 우리를 생명의 길로 인도하는 선한 목자가 아니십니까?

물 떠오라 하시면 물 떠오고, 엎드리라 하시면 엎드리며 현재를 살겠습니다. 말씀에 순종한 하인들만이 물이 포도주로 변하는 기적을 보았던 것처럼, 저 역시 주의 말씀을 따라 순종의 걸음을 내디딤으로 마침내 예수님이 행하시는 일들을 보게 될 줄 믿습니다.

2017년 키워드는 '순종'입니다! 제게 무슨 말씀을 하시든지 그대로 따르는 사람, 오직 그런 사람이 되는 것을 목표로 이 한 해를 살겠습니다. 말씀에 순종하며 달려갈 때, 물을 포도주로 바꾸시는 주님의 역사를 보게 될 것입니다.

2017. 02. 02. 목
불확실한 항해지만

오랜 추위 끝에 겨울 햇볕이 따뜻하게 내비치는 날처럼, 요즘 우리에게도 뭔지 모를 회복의 기쁨이 하얀 눈처럼 내리고 있습니다. 부부간, 부모와 자식 간의 관계가 좋아졌고, 질풍노도의 시기를 보내던 아들들의 내면에 따뜻하고 단단한 기운이 움트는 중입니다. 이 좋은 시간에, 상처투성이인 우리 가운데 찾아오신 하나님의 사랑을 노래하지 않을 수 없습니다.

그러나 여전히 우리는 파도 이는 바다 한복판을 항해 중입니다. 우리를 집어삼킬 듯했던 하나의 해일과 파도는 건너왔지만, 목적지까지 가려면 헤쳐가야 할 바닷길이 아직도 구만리이기 때문에, 하나의 폭풍을 넘어왔다고 자축하며 한없이 기쁨에 취해 있을 수만은 없는 게 현실입니다. 이 배가 어디로 갈지, 언제 어디서 바람이 불어와 우리를 위협할지 알 수 없습니다.

그래서인지 저는 이따금씩 보이는 회복의 조짐이 신기하고 놀라우면서도 섬찟 불안함을 느끼기도 합니다. 24시간 긴장 모드로 살아야 할 것 같은 강박도 여전히 남아 있습니다.

그런 제게 오늘 주님은 "네게 믿음이 있다면 이 모든 불확실함조차 감사함으로 받아들여야 한다"라고 말씀하시는 것 같았습니다. 항해 여정이 불확실하기에 주님을 찾고 의지하듯, 또한 불확실하기에 전지전능하신 주님께서 하실 일을 기대하며 기뻐하는 것이 주님을 믿는 자의 마땅한 태도라고 하셨습니다. 아, 믿음이란 단어 속에 내포된 이 신비를 어떻게 표현할 수 있을까요?

주님께 맡기고 가겠습니다. 어차피 내 힘과 뜻대로 갈 수 없는 항해이기에 날마다 더 절실하게 주님을 기대하고 의지하며 가겠습니다. 또한 주님이 하실 일을 기대하고 소망하며 기쁘게 가겠습니다.

그럴 수 있는 이유는 단 하나입니다. 이 배를 끌고 가시는 분이 제가 아니라 하나님이시기 때문입니다. 하나님이 이 배를 끌고 가시기에, 안심을 넘어 앞으로 무슨 일이 펼쳐질지 맘껏 기대하고 소망해도 되기 때문입니다.

그러므로 저는 이제 소망 가운데 기뻐하며 최선을 다해 일하고 구하며 맡기는 항해를 계속하겠습니다. 주님 품에 안기는 천국에 도달할 때까지 기쁨으로 이 항해를 이어가겠습니다.

마지막으로 말하노니 형제들아 기뻐하라 온전하게 되며 위로를 받으며 마음을 같이하며 평안할지어다… 고후 13:11

2017. 02. 13. 월

주의 음성만 좇아가기를

어제 주일 설교를 들으며 양인 저의 정체성과 목자이신 주님의 주인 되심에 대해 여러 생각을 했습니다.

양은 그의 음성을 듣나니 그가 자기 양의 이름을 각각 불러 인도하여 내느니라 자기 양을 다 내놓은 후에 앞서가면 양들이 그의 음성을 아는 고로 따라오되 타인의 음성은 알지 못하는 고로 타인을 따르지 아니하고 도리어 도망하느니라 요 10:3-5

하루에도 저는 마음에서부터 혹은 사람으로부터 수천 수백 가지의 음성을 듣습니다. 그중에는 목자이신 주님께서 저를 위해 들려주시는 음성도 있고, 악한 영이 환경이나 제 생각을 통해 들려주는 소리도 있습니다. 물론 분별력이 떨어질 때도 있지만, 많은 경우 저는 그 음성이 주님에게서 왔는지 아닌지를 구별할 수 있습니다.

문제는 그렇게 분별할 수 있는데도 제가 때로는 마귀의 음성을 취하여 그 말을 따를 때가 있다는 것입니다. 어제 설교를 들으며 그런 제 모습이 그려졌습니다. 저를 가장 많이 넘어뜨리는 소리는 미디어에서 들려오는 소리입니다.

양치할 때나 부엌을 오갈 때, 혹은 잠시 쉴 때 습관처럼 텔레비전을 켜서 그 앞에 앉아 경배하듯 TV 소리에 귀 기울입니다. 집중하여 일하다가도 그 흐름을 끊고는 몇 번씩 휴대폰을 열어 SNS나 포털 사이트에 들어가 뉴스를 검색하기도 합니다. 인터넷뉴스를 보며 방송사마다 시국 관련 소식을 어떻게 전하는지를 살피고, 그러다 홈쇼핑 채널도 한 번씩 훑어주고, 요즘 히트치는 드라마나 예능은 어떤 것이 있나 살펴보기도 합니다.

문제는 하루에 몇 번씩 이런 시간을 갖다 보면 제 생각이 사방팔방 흩어져서 주님의 음성을 주의 깊게 듣지 못한다는 데 있습니다. 주의 음성만을 듣고 따르려는 영적 열망 대신 의미 없는 호기심이나 견물생심이 제 안에 슬그머니 들어오기 일쑤입니다. 그러면 시간은 시간대로 낭비되고, 세속적 가치관이 알게 모르게 제게 스며듭니다. 원래도 혼돈이었던 제 내면이 혼돈 속으로 더 들어가게 되는 것입니다.

선한 목자이신 주님의 음성은 양이 자기 길을 잘 가도록 안내해주는 반면, 삯꾼 목자인 마귀의 음성은 양을 더 헤매게 한다지요? 그렇다면 양인 저는 당연히 주님의 음성을 듣는 데 집중해야 하는데, 왜 아직도 간간이 삯꾼의 음성에 귀를 열어놓는지 모르겠습니다.

타인의 음성을 아는 고로 타인을 따르지 않고 도리어 도망치는 양처럼, 저도 이제는 여러 소리를 한꺼번에 듣는 '혼합주의자'가 아니라, 삯꾼의 음성에는 귀를 닫고 그로부터 도망칠 줄 아는 지혜로운 자가 되기를 기도합니다.

세상에 대한 어리석은 기웃거림은 멈추고, 오직 목자이신 주님만 한결같이 좇아가며 주님과 날마다 동행하는 신실한 양이 되게 해주시옵소서.

십자가 군병으로서

아침에 눈을 뜨자마자 여러 사람, 여러 일이 생각났습니다. 중3 새 학기를 시작하는 요셉, 오늘부터 본격적인 입시 준비를 해야 하는 맏이, 젊지만은 않은 나이에 상담 코칭 공부로 첫발을 내딛는 막냇동생, 마냥 아기인 줄 알았는데 초등학교에 입학하는 담길교회의 민아, 새 학기 출근 전쟁을 치르고 있을 모 자매님, 예배당 이전을 위해 본격적으로 상가 건물을 알아보러 다녀야 하는 남편….

어젯밤에는 이들을 어떻게 도울지 고민하다 보니 저도 모르게 그들의 감정에 동화되어 덩달아 긴장이 되었습니다. 그들의 짐을 덜어주기 위해 제가 무언가를 시급히 해야 할 것 같은 고질적인 조급증도 튀어나왔습니다.

그러나 하나님의 은혜가 하룻밤 새에 저를 덮어 오늘 아침에는 QT 책을 펴다 저절로 이런 고백이 나왔습니다.

"하나님, 이제는 결코 제힘으로 무언가를 하려 하지 않겠습니다. 어차피 제힘으로는 아무것도 할 수 없고, 누군가를 도울 수도 없다는 걸 잊지 않겠습니다. 그러니 주님, 제 조급함으로 행동부터 하기보다는, 주님 말씀을 먼저 듣고 말씀대로 따르는 사람이 되게 해주십시오."

이 기도 후에 오늘 주시는 QT 말씀을 보니 민수기 본문에서는 이스라엘의 광야 출정에 앞서 각 진영의 군기를 정비하는 모습이 나오더군요. 애굽에서 나올 당시의 이스라엘이 그저 노예 집단에 불과했다면 이제 하나님은 그들을 광야 진군을 위한 군대로 부르십니다. 그 부르심에 이스라엘은 다음처럼 순종했습니다.

> 이스라엘 자손이 여호와께서 모세에게 명령하신 대로 다 준행하여 각기 종족과 조상의 가문에 따르며 자기들의 기를 따라 진 치기도 하며 행진하기도 하였더라 민 2:34

이 말씀을 묵상하다 보니, 지금 저를 향한 주님의 부르심도 이와 같다는 생각이 들었습니다. "이제 너는 십자가 군병이 되라!" 하시는 것 같았지요. 그것도 오늘 말씀처럼, 성막을 중심으로 행군하는 십자가 군대가 되라고 하시는 것 같았습니다.

그러나 '십자가 군병'이라니, 이 단어는 저와는 너무도 어울리지 않아 보입니다. 바람이 심하게 불거나 햇볕이 조금만 강렬해도 픽픽 쓰러지고 마는 어린 풀 같은 사람이 제가 아니겠습니까?

그래도 말씀을 묵상하다 보니, 제가 어떤 사람이냐에 상관없이 주님은 지금 저를 '십자가 군병'으로 부르신다는 생각이 들었습니다. 무엇보다 광야를 지나가려면 반드시 군대가 되어야 한다는 사실 앞에서, 저도 모르게 이런 고백이 나왔습니다.

"그래, 나라고 군사가 되지 말라는 법이 어디 있어?"

이 고백 뒤에 기도했습니다. 하나님 말씀에 순종하여 행군했던 이스라엘 군대의 이 모습이 광야를 지나는 동안의 '날마다의 제 모습'이기를요.

이를 위해 제가 더욱 힘써야 할 일은 하나님 말씀에 귀 기울이는 일일 겁니다. 군인에게 필요한 전투력은 하나님 말씀에 대한 순종에서 나오는 법이니까요. 이 전쟁의 총사령관이신 하나님께서 날마다 뭐라 하시는지를 잘 알아들을 때, 이 광야 전쟁에서 마침내 승리할 줄 믿습니다.

2017. 03. 16. 목
카페에 오신 주님

매주 목요일에는 모처럼 혼자만의 시간이 주어집니다. 여러 스케줄 사이에 주어지는 이 서너 시간 동안, 저는 카페에서 라떼 한 잔을 시켜놓고 한껏 여유를 즐겨봅니다. 평소 읽고 싶었던 책을 읽기도 하고, 쓰고 싶은 글이 떠오르면 몇 자 적어보기도 하는, 나만의 이 자유시간이야말로 올해 제게 주어진 특별한 휴가이자 선물입니다.

그런데 오늘은 그 시간에 자꾸 눈물이 나왔습니다. 양인 나를 찾아오신 목자 예수 그리스도에 관한 글을 읽다가 "그분이 우리와 같이 가신다"라는 문장에서, 실제로 나를 찾아와 함께하셨으며 길 잃은 나를 본향까지 인도하시는 목자 예수 그리스도의 모습이 눈앞에 펼쳐졌기 때문입니다.

임마누엘. 예수님은 이 이름에 책임지시기 위해, 많은 이름 중 목자라는 이름으로 제게 오셨습니다. 오늘 읽은 《양과 목자》(필립 켈러, 생명의 말씀사)라는 책은, 이스라엘 사회에서 목자야말로 사회의 밑바닥 인생으로 통하는 직업이었음을 알려주었습니다.

종일 양과 함께 살다시피 하니 정치, 사회, 종교 활동에서 배제되는 것은 물론, 사회적 위상이나 명예, 권력과는 동떨어진 직업이었다고 말해줍니다. 말하자면 목자 예수님은 자기 백성을 향한 전폭적 헌신의 개념으로 우리에게 오신 분이셨습니다.

그 개념을 이해하고 보니, 왜 예수님이 하늘 보좌의 모든 지위와 위엄을 내려놓고 초라한 인간의 모습으로 성육신하셨는지 깨달아졌습니다. 그분의 본질이 사랑이기 때문입니다. 길 잃은 양 한 마리를 찾기 위해 다른 모든 것을 버리고 맨발로 달려오시는 분, 그래서 양 한 마리를 찾으면 세상을 다 가진 듯한 미소로 양을 바라보시는 분, 그러기에 나 같은 자를 기꺼이 찾아오셔서 다친 상처를 싸매주시며 갈 길을 보여주시는 분이 바로 예수 그리스도이십니다.

그는 목자같이 양 떼를 먹이시며 어린 양을 그 팔로 모아 품에 안으시
며 젖먹이는 암컷들을 온순히 인도하시리로다 사 40:11

책을 읽다가 이 말씀을 묵상하다 보니 "주는 나를 기르시는 목자
요 나는 주님의 귀한 어린 양"이라는 찬양이 마음속에 흐르면서 뭐
라 표현 못 할 감동에 젖었습니다. 양을 보살피는 목자의 이미지가
막연한 관념이 아니라, 현실의 삶 속에 펼쳐지는 주님과 나와의 실
제적 관계의 그림임을 알게 된 것입니다.

그같은 감격에 젖어 눈을 감은 그 순간, 제 눈앞으로 불현듯 목
자의 옷을 입고 그 자리에 찾아오신 예수님이 보였습니다. 분명히
눈은 감았는데 제 맞은편에 앉아 저를 바라보며 웃으시는 목자 예
수님이 마치 활동사진처럼 보이면서, 주님이 지금 바로 여기에 오셨
음이 100퍼센트 믿어졌습니다.

그러자 저는 눈을 뜰 수도 없고 소리 지를 수도 없어 한참을 울기
만 했습니다. 이름 없는 한 마리 양인 제게 기꺼이 오실 수 있는 분,
그분이 바로 임마누엘 예수님이심에 대한 감격의 눈물이었습니다.

그렇게 1시간을 보냈을까요. 이윽고 저는 노트북을 펼치고는 앞
으로 언제 쓰게 될지도 모르는 제 책의 서문을 이렇게 써봤습니다.

"주님은 목자이고 나는 양이다. 방향 감각 없고 지독히 심한 근시안
인 나는 양처럼 길을 잃을 때가 얼마나 많은지 모른다. 그때마다 목

자이신 주님께선 먼저 나를 찾아와 집으로 가는 길을 안내해 주셨다. 인생이 무엇이고 삶이란 무엇인가? 그 대답은 명확하다. 길 잃은 나를 찾아오신 주님께서 나를 데리고 본향집으로 돌아가는 과정의 연속, 그리고 종내는 하나님이 계신 영원한 천국까지 안내받는 여정이 바로 인생이다. 이 책은 그런 시간들에 대한 사실적 기록이다."

하하. 조금 우습지요. 책은 단 한 줄도 쓰지 않았고 앞으로 어느 출판사에서 책을 내줄지 안 내줄지도 모르는데 오늘 그렇게 서문부터 쓰다니요. 그렇지만 이 서문을 쓰며 알았습니다. 만약 앞으로 제가 책을 써야 한다면 무엇에 대해 써야 하는지를요. 어쩌면 주님은 오늘 커피숍에서 그걸 알려주시려고 제 맞은편에 앉아 계셨던 것은 아닌지요.

"나의 양 근영아, 그걸 한번 써봐라. 내가 누구이며 네가 누구인지, 그리고 우리가 어떤 길을 걸어왔는지, 앞으로 어디로 가야 할지…."

2017. 04. 04. 화
언제부터

이삭을 볼 시간이 되어 길을 나섰습니다. 운전대를 잡고 코너를 도는데, 바람 부는 거리를 총총걸음으로 걷는 한 사람에게 눈길이 갔습니다. 마른 몸매에 긴 머리를 틀어 올린 40대 중반쯤의 여성이었습니다. 나름 신경을 쓴 듯한 복장이었지만 걸음걸이와 바람에 흩날리는 머리카락, 또 전체적인 분위기에서 왠지 모를 그 마음속 처연함이 느껴졌습니다.

그러자 문득, 바람 부는 이 거리를 그와 같은 모습으로 걸었던 지난날의 제 모습이 그려졌습니다. 지난 세월, 결혼 후 열 번의 이사를 하는 동안 저는 어느 동네, 어떤 거리를 걷더라도 저 자신을 늘 이방인으로 여기며 살았습니다. 그때는 장을 보기 위해 길을 나서든, 운동을 하기 위해 나서든, 제 마음은 늘 저 여인의 헝클어진 머리카락처럼 정처 없을 때가 많았습니다. 내 삶에 찾아온 고통이 혼돈이 되면서부터는 길을 걸을 때 늘 마음까지 휘청거렸습니다.

그런 제 영혼이 언제 고침을 받은 것일까요? 고통과 염려와 불안과 갈등으로 정처 없던 마음, 너무 오랫동안 그렇게 살아서 평생을 혼돈과 어둠 속에 사는 것이 숙명이 아닐까 싶었던 제 마음에 언제부터 이토록 다른 세계가 펼쳐지고 있었을까요?

오후 내내 이 질문을 주님께 드리다가 오후 서너 시쯤, 로마서 말씀을 1독 했다는 교회 청년의 카톡을 봤습니다. 어제 갑작스럽게 돌아가신 외할아버지의 장례에 갔다가 입관 예배를 마치고 직장으로 바쁜 걸음을 옮겼을 그 형제의 일정을 떠올려 보니 그 와중에 하나님 말씀을 대했다는 게 참 대견했습니다. 경황 중에 당한 일이라 낮에 통화할 때만 해도 엉엉 울던 청년이 어떻게 말씀 앞에 엎드릴 생각을 할 수 있었을까요?

장애인 활동 보조교사로서 이삭을 보면서도 그 생각은 내내 이어졌습니다. 하교 후 놀이터에서 놀다가 집에 오자마자 손을 씻은 후, 일정에 따라 컴퓨터 앞에 앉아 말씀을 쓰는 이삭의 모습이라니요. 말씀이 뭐길래, 도대체 하나님 말씀이 뭐길래, 이삭의 엄마는 매일 말씀 두 구절씩 쓰게 하려고 이 아이의 어린 날부터 타자 치는 법을 가르쳐주느라 그토록 씨름했던 것일까요.

그러고 보니 오늘 이삭은 참으로 즐겁게 성경 구절을 써 내려갔습니다. 중간에 꾀를 부리며 말씀을 안 쓴다던 어린 시절도 있었는데, 오늘은 야무지게 말씀 구절구절을 소리까지 내며 자판을 두드리더군요. 그 모습을 보니 잠언에 소개되는 '주의 명철'이 이 아이에게 임할 거라는 확신도 들었습니다.

그런 하루를 보내고 집으로 돌아오면서야 깨달아졌습니다. 그 오랜 세월 동안 혼돈으로 가득 찼던 나의 내면세계에 질서를 잡아주고 공허했던 내 마음을 이토록 충만히 채워준 것은 다름 아닌 로고스, 하나님의 말씀이었다는 것이 말입니다.

태초에 말씀(로고스)이 계시니라 이 말씀이 하나님과 함께 계셨으니 이 말씀은 곧 하나님이시니라 요 1:1

말씀이 '로고스'(논리)라는 단어에서 나왔음을 생각하니, 혼돈 그 자체일 수밖에 없는 인간 존재의 질서를 논리적으로 잡아주는 유일한 능력은 바로 말씀에서만 온다는 데 깊이 동의가 되었습니다. (죄와 고통과 한계로 뒤섞인) 인간 존재의 질서를 잡아주는 유일한 존재의 명령, 그것이 바로 말씀이었습니다!

제가 말씀 앞에 한 번씩 엎드릴 때마다, 말씀 앞에 제 존재를 담글 때마다, 휘청거렸던 제 걸음은 점점 꼿꼿해지고 바람결에 흩어지던 제 여린 시선도 어느덧 봐야 할 한 곳을 뚜렷이 응시하게 되었던 것입니다.

아, 어떻게 제가 그런 은혜를 받을 수 있었을까요? 어떻게 혼돈과 무질서와 죄악으로 가득 찬 제게 하나님의 거룩하신 말씀이 찾아올 수 있었을까요?

하루를 돌아보는 이 시간. 언제든 말씀을 대할 수 있음이 얼마나 놀라운 은혜인가를 깨달으며, 제가 그 은혜로 영생의 삶을 살고 있음에 대해 감사와 찬양을 드리지 않을 수 없습니다. 가지가 나무에 붙어있어 뿌리에서 오는 진액을 받아 사는 참 생명의 삶을 하나님께서는 제게 주셨습니다.

2017. 04. 08. 토
사랑이란

사랑초를 거실에만 두었던 이틀 사이, 밤낮 온도 차가 별로 없는 내실의 공기에 숨이 막혔는지 촉촉하던 이파리는 힘을 잃고 꽃잎은 피어나지 못했습니다. 보다 못해 어젯밤 이 아이를 시원한 베란다로 옮겨 밤의 찬 공기를 쐬게 해주자 하루 새에 이파리며 꽃잎이 생기 있게 살아났습니다.

사랑초. 이 아이는 실내에서도 비교적 잘 자라지만 며칠 통풍을 안 시켜주거나 물을 과하게 주면 이내 뿌리가 썩고 맙니다. 구근식물이라 뿌리 자체에 물을 많이 함유하고 있기 때문입니다.

그런 사랑초의 습성을 생각하다 보니, 사랑을 해도 내 중심적으로 사랑해서 내 사랑을 내 가까이에 두려고만 하는 것이야말로 얼마나 이기적인 자기 욕망의 발로인지가 깨달아졌습니다.

그러자 거실 창가 쪽에 있는 '페르시아'며 '더블임파챈스'라는 화초를 보는 제 마음에 민망함과 미안함이 찾아들었습니다. 야생에서 자라는 화초들을 키울 때는 햇볕 잘 드는 곳에 두는 것 이상의 주의가 필요하다는 것이 떠올랐기 때문입니다.

이 아이들을 키우는 포인트는 낮과 밤의 기온 차입니다. 낮에는 따뜻하고 밤에는 추운 이 기온 차가 이 화초들을 더 활력 있게 자라게 합니다. 따라서 야생초를 키우려면 거실보다는 마당에 두고, 그게 안 될 때는 베란다에 두고 항시 밤 창문을 열어줘야 하지요.

만약 이러한 생태적 특징을 무시한 채 이 아이들을 실내에 두면 서서히 말라가다가 결국 죽고 맙니다. 바람과 햇빛, 변화무쌍한 날씨를 온몸으로 받는 것이 야생화에겐 더없이 좋은 양분이 되기 때문이지요. 그러니 이 아이들을 기어이 내 곁에 두어 감상하려고 두 포트를 사 온 제 행위는 얼마나 경솔한 것이었는지요.

결국 저는 안방의 조그만 베란다 창문을 열어 페르시아와 더블임 파챈스를 에어컨 실외기 위로 올려놓았습니다. 거실 창가에 두어 이 아이들을 더 가까이 보려 했던 나의 의도는 화초들에 대한 사랑이 아니라 개인적 욕망에 불과했음을 인정하면서 말입니다. 사랑은 그 가 그 자신일 수 있게 하는 것, 그 자신으로 피어날 때 함께 기뻐하 는 것임을 생각해보았습니다.

오늘은 봄바람이 부니 베란다 밖 에어컨 실외기 위에 놓인 페르시 아며 더블임파챈스가 자유롭게 살랑입니다. 이 아이들은 보호막이 되어주는 창문 안쪽에서보다 하늘, 바람, 햇빛에 맨살로 노출될 때 진정한 안정감을 느끼는 화초들입니다. 하나님의 품에 안길 때야 비로소 맘껏 자유로운 우리처럼 말입니다.

2017. 04. 24. 월
시선

엊저녁에는 한 자매님이 담길교회 단톡방에 긴급하고도 간절한 기도 제목을 올렸고, 많은 지체가 답글을 올렸습니다. 누구는 비슷 한 처지에서 만나주신 하나님을 고백하기도 했고, 누구는 그저 사 랑의 고백을 함으로써 그 분에게 위로가 되고 싶은 마음을 전하기 도 했습니다.

저 역시 자매님의 고백에 마음이 아팠지만, 한편으로는 이 일을 통해 하나님께서 하실 일들을 소망했습니다. 눈물 골짜기를 걷는 지체야말로 교회를 진정한 믿음의 공동체로 만들어주는 귀한 사람이 아니겠습니까.

우리는 모두 힘든 길을 걷고 있지만 교회는 그중에서도 유독 힘든 시기를 보내는 이들(그래서 공동체의 특별한 배려와 돌봄이 시급한 이들)로 인해, 세상살이 중 잃어버렸던 '하나님의 마음'을 회복하는 것 같습니다. 또한 그 지체로 인해, 세상에 분산되었던 시선을 능력의 주님께로 집중할 수도 있게 됩니다.

따라서 특별한 어려움을 겪는 이들이야말로 하나님께도, 교회에도 귀하고 귀한 존재입니다. 그들은 지독히도 기도하지 않는 우리를 기도하게 하고, 하나님께서 하시는 일들을 집중하여 볼 수 있게 하는 사람들이니까요. 하나님은 바로 그런 지체들 가운데 함께하셔서 하나님의 메시지를 알려주십니다.

돌아보면 제게도 눈물 마를 날이 없던 시절이 있었습니다. '나는 왜 이렇게밖에 살지 못할까, 왜 내 삶엔 하루도 풍파가 그치지 않을까'라는 생각이 끊임없이 밀려들던 시절이었습니다. 그때 저는 저를 삼킬 것 같은 풍파의 기세에 너무나도 위축된 나머지 어딜 가든 숨고만 싶었습니다.

그럴 때 특히나 저를 쪼그라들게 한 것은 저를 한없이 초라하고 불쌍하게만 바라보는 시선이었습니다. '쯧쯧, 정말 안 됐어, 지지리도 복도 없지, 정말 불쌍해'라고 하는 평범한 사람들의 평범한 시선이 내게 와 닿을 때, 저 역시도 스스로를 '불쌍하고 초라한 인생'으로 규정지을 수밖에 없었습니다.

그러던 어느 날, 그런 저를 한없이 기대에 찬 눈으로 바라보시는 주님의 시선이 느껴졌습니다. "너는 복 있는 자야, 너는 나의 보배란다. 이 고난의 골짜기를 걸어가는 네가 나는 한없이 자랑스럽다"라고 하시며 저를 격려하시던 주님의 시선은 그간 누구에게서도 받아보지 못한 눈빛이었습니다.

그 빛을 받고 비로소 제 어깨가 펴졌습니다. 그리고 확실히 알았습니다. 주님은 세상 사람들처럼 고난에 처한 이들을 '지지리도 복 없는 자'로 보지 않으신다는 것을요. 오히려 그런 이들을 '고난의 풀무불 가운데 정금처럼 단련되어 나올 존재'로 미리 보시며, 세상 누구보다 복 있는 자라 말씀하십니다.

그래서 저는 그 후로 누군가를 보는 시선을 달리하게 되었습니다. 고난을 겪는 지체들을 볼 때마다 마음은 많이 아팠지만, 그 사람을 향한 하나님의 기대를 안고 바라보게 되었습니다. 하나님께서 그 가운데 계시고, 그래서 그를 통해 가정과 교회를 믿음의 공동체로 세우실 것이 믿어졌습니다. 또한 하나님께서 마침내 그 사람에게 빛나는 면류관을 씌워주실 것도 확신하게 되었습니다.

믿음의 여정이란 새로운 땅을 찾아 떠나는 여행이 아니라 새로운 눈으로 살아가는 여행이라지요? 이 새로운 눈, 즉 보이는 대로만 보는 게 아니라, 하나님의 눈으로 인식하는 눈을 저는 고난의 골짜기에서 갖게 되었습니다. 이 새로운 눈이야말로 얼마나 귀한 하나님의 선물이고 축복인지요.

행복한 이유

마리아 수도회 소속 수녀님들이 오갈 데 없는 아이들의 엄마가 되어 살아가는 모습을 TV에서 보았습니다. 아이들 엄마로 사는 수녀님들의 모습은 검박하다 못해 초라해 보일 정도였지요. 다들 흰머리가 듬성듬성 보이고 화장기 하나 없는 얼굴에는 깊은 주름과 기미가 보였습니다.

잠깐 보는 것으로 그 삶을 다 헤아릴 순 없지만, 평균 열다섯 명정도의 아이들 엄마로 사는 그 삶이 참 녹록지 않아 보였습니다. 어린아이부터 사춘기 아이들까지 뒷수발해야 하는 수고가 만만치 않을 테고, 주고 또 줘도 배고프다며 손 벌리는 아이들의 애정결핍을 채우려는 시도도 너무나 고단할 것 같았습니다.

그럼에도 누군가를 돌보는 엄마로 산다는 것이야말로 가슴 벅차도록 감사한 일이라는 걸 이 프로를 보며 공감할 수 있었습니다. 특히나 이 다큐의 마지막 부분에 나온 어느 노수녀님의 인터뷰를 듣다가 눈물이 왈칵 쏟아졌습니다.

이마뿐 아니라 입술, 양 볼, 눈가에 자리잡은 수녀님의 주름살은 살아온 세월의 굴곡을 말해주고 있었습니다. PD가 "행복하세요?"라고 질문을 던지자 그 분은 "행복이요? 제 얼굴 보면 행복한 게 안 느껴지나요? 행복하니까 이렇게 살 수 있었지요"라고 답하고는 함박웃음을 활짝 지어 보였습니다.

그 모습을 보다 왜 저는 그리도 눈물이 쏟아졌는지 모르겠습니다. 그 수녀님 말의 진위 여부를 다 알 수는 없지만 주름진 얼굴 위로 피어나는 환하고 소박한 웃음 속에서 저는 얼핏 '기쁨의 빛'을 보았던 것도 같습니다.

하나님을 모시고 사는 자의 숨길 수 없는 증거 중 하나는 '기쁨'일 것입니다. 주님을 만나고 주님의 지도와 돌봄을 받는 은혜의 삶에는 반드시 가슴 벅찬 기쁨이 따르기 마련이지요. 이 비밀스런 기쁨 때문에 그리스도인들은 무엇을 하든 행복하다고 말할 수 있는 것 같습니다.

언제부턴가 저도 그랬습니다. 누군가 제게 "행복하세요?"라고 물으면 "내 얼굴에서 행복하다고 말하고 있지 않아요?"라고 되묻고 싶었습니다. 저를 둘러싼 상황은 여전히 어렵고 찌질하지만 그래도 언제부턴가(그리 오래 되진 않았습니다) 제 마음 안에선 기쁨 같은 게 솟구치고 있었습니다.

수녀님의 인터뷰를 보다가 눈물이 쏟아졌던 건, 저 분도 나와 같은 기쁨을 마음에 소유했다는 동지의식과 그런 기쁨을 우리에게 선물로 주시는 하나님에 대한 감격 때문이었습니다.

그리고 보면 우리가 주어진 사명의 길을 행복하게 갈 수 있는 것도 하나님의 은혜입니다. 그분이 주시는 기쁨, 마르지 않는 그 샘의 축복이 있어 그 길을 갈 수 있으니까요.

크리스마스를 이틀 앞둔 오늘은 이 생각 끝에, 저뿐 아니라 사랑하는 모든 이에게 이와 같은 기쁨이 크리스마스 선물로 부어지기를 간절히 기도했습니다. 오늘 내가 살아있어 누군가에게 하나님 사랑을 전할 수 있다는 사실에 감격하고 기뻐하는 우리 모두가 되었으면 좋겠습니다.

2017. 12. 25. 월
예수는 역사다

성탄절 밤, 온 가족이 함께 〈예수는 역사다〉라는 픽션 영화를 봤습니다. 남편밖에 모르던 아내가 어느 날부터 예수님을 믿기 시작하더니 무신론자인 남편 리 스트로벨에게 "내가 교회 가서 하나님을 불렀을 때 그분이 나를 찾아오신 그 느낌은 이제껏 내가 경험한 어떤 것보다 생생한 거였어요!"라고 말합니다.

이 말에 유능한 기자 출신인 남편 리 스트로벨은 아내를 빼앗길지도 모른다는 위기의식으로 아내와 잦은 다툼을 벌이고, 그와 동시에 기독교가 사기라는 증거를 찾기 위해 혈안이 됩니다. 그러자 아내는 기독교를 혐오하는 남편의 영적 변화를 위해 매일 기도하기를 멈추지 않지요.

그 기도에 대한 응답이었을까요. 남편은 예수님의 십자가와 부활 사건이 사기였음을 입증하기 위해 심리학적, 신학적, 의학적 증거들을 찾아 나설수록 예수 사건이 '팩트'(fact, 사실)였다는 결론에 도달하게 됩니다.

결국 리 스트로벨은 예수가 하나님의 아들이라는 역사적 증거 앞에서, 또한 삶의 정황 가운데 말씀하시는 하나님의 은혜로, 자신이 그간 무신론자로서 확신했던 바가 틀릴 수도 있다는 것을 처음으로 인지합니다. 하나님을 믿지 못하는 것은 기독교가 진리임을 몰라서가 아니라 참된 진리가 무엇인지에 대해 외면하려 하기 때문임을 알게 된 것입니다.

그와 같은 과정 끝에 마침내 리 스트로벨은 "하나님, 당신이 이겼습니다"라고 고백합니다. 아내에게는 "당신이 믿는 게 전부 사기라는 증거를 찾아내려 했는데 내가 찾은 증거는 당신의 믿음이 사실이라는 거였소"라고 말하고 이렇게 덧붙입니다.

"하지만 그게 다가 아니오. 당신의 사랑. 당신을 힘들게 하는 나를 여전히 사랑하는 당신 때문에 내가 하나님을 믿기로 했소."

아, 이 말을 들을 때 제 눈에서도 눈물이 하염없이 흘렀습니다. 하나님을 부인하던 한 사람이 하나님께 돌아오는 모습만큼 감동적이고 아름다운 장면이 이 세상에 또 있을까요?

영화를 보고 나자 제 안에는 2018년도에 대한 소망이 뜨겁게 타올라 기도하지 않을 수 없었습니다. 내년에는 이와 같은 영혼 구원의 역사가 담길교회에 뜨겁게 나타나기를 바라는 기도였습니다. 믿음과 사랑의 기도로 인한 한 영혼의 회심! 이 회심의 대열이 성령으로 인해 줄줄이 이어지기를 꿈꾸게 된 성탄절이었습니다.

회개일기

삶의 방향을
돌이키는
성장촉진제

나는 예수님에게로 돌아가는 순간을 기록하기로 했다

언제부턴가 하나님은 나를 다루는 방식을 달리하셨다. 쓰러진 내게 다가와 무조건 위로하시던 주님께서, 이제는 내 등을 떠밀며 어딘가로 갈 것을 명하시는 듯했다.

"너는 더 이상 아이가 아니란다."

나를 향하신 하나님의 목표는 분명했다. 그리스도의 장성한 분량까지 자라나는 것(엡 4:13).

"나에게까지 자라나거라. 그게 너를 향한 나의 계획이고 뜻이란다."

이 놀라운 말씀이 믿기지 않으면서도 한편으로는 가슴 벅차게 감사했다. 양 무리 가운데서도 가장 약한 양이라 툭 하면 넘어지는 나 같은 사람도 그리스도의 충만하심의 경지에까지 다다를 수 있다고 하시다니… 이 비전이야말로 인생을 향하신 하나님의 그림이 얼마나 크신지를 알려주는 증표였다.

그 그림이 그려지기 위한 수순이었을까. 그때와 맞물려 내 골방 기도의 주된 내용은 회개가 되었다. 골방에 가서 앉기만 하면 타락한 내 영혼의 실상이 보여 견딜 수가 없었다. "주여 주여" 하고 하나님을 부르며 살았지만 나는 여태 나 자신을 왕으로 추켜세우며 살아왔음을 부인할 수 없었다. 나는 겉으로만 '하나님 뜻'을 외치고 있었을 뿐, 실상은 '내 뜻대로' 살아온 자아숭배자였던 것이다.

인간의 전적 타락. 그게 바로 내 영혼의 모습임을 알게 되면서 나는 불에 덴 심정을 안고 엉엉 울며 주인이신 주님께로 돌아가곤 했다. 내가 주인 되어 살아가던 자리에서 돌이켜 진정한 주인이신 하나님께로 달려가는 일, 그게 바로 회개다!

구체적인 한 예가 날마다 말씀으로 돌아가는 일이었다. 어린 시절부터 나도 모르게 내 안에 형성된 세속적 세계관으로 사건을 바라보고 해석하며 선택하던 모습에서 돌이켜, 성경적 세계관, 즉 말씀으로 사건을 해석하며 어떻게 행동할 것인가를 선택하는 일이 드디어 날마다 순간마다 이루어졌다.

돌아보니 성장의 시작점에서는 내가 얼마나 악한 존재인지를 인식함으로써 예수님에게로 힘껏 돌이켜 달려가는 일들이 반복되고 있었다. 또한 그렇게 달려갈 때마다 예수님은 말씀의 능력으로 내 삶을 새롭게 하셨다.

그렇게 나는 말씀을 붙잡고 묵상할 뿐 아니라, 그 말씀을 적용하며 사는 날들의 기쁨을 기록하기로 했다. 회개하면서, 말씀을 묵상하고 적용하면서, 또한 일기를 기록하면서 내 안에는 비로소 그리스도의 새 생명이 자라기 시작했다.

2018. 01. 22. 월

고통의 시기 후에 찾아오는 것

"생명은 고통 없이 태어날 수 없다."

요즘 다시 읽는 《구속의 심리학》(오스왈드 챔버스, 토기장이)에서 저자가 강조하는 내용이다. 이 문장을 읽으니, 복음을 들을 때 내 안에 찾아오신 그리스도의 새 생명이 내 안의 자연적 세계관과 충돌하며 대혼돈이 빚어졌던 시기가 떠올랐다. (얼마 전까지도 계속되었던) 그 혼란의 시기에 나는 내가 얼마나 흉악한 죄인인지가 깨달아져 얼마나 자주 울었는지 모른다.

돌아보면, 그 시기를 보낸 후에야 주님의 새 생명이 내 안의 죄 된 본성을 이기고 힘차게 움 돋았음을 알게 된다. 칼이 내 마음을 찌르는 듯한 고난의 시기를 보내고서야 나는 그리스도인으로 진정 거듭난 것이다.

그래서인지 그 시절의 나처럼 고통 속에 처한 누군가를 보면 나도 모르게 눈물이 난다. 그 고통이 얼마나 아픈지 너무도 생생하기 때문이다. 동시에 내 마음 깊은 곳에서는 소망의 기쁨 같은 게 올라온다. 형제, 자매가 감내하는 지금의 이 아픔은 주님의 참된 생명, 즉 성령께서 우리를 완전히 장악하시는 과정에서 찾아드는 고통이란 것을 잘 알기 때문이다.

오스왈드의 표현대로, 생명은 고통 없이 찾아들지 않는다. 더구나 영원한 생명이신 주님의 성령이 우리를 찾아오시면 그 생명은 우리의 세포 하나하나에 깃들었던 죄악 된 본성과 충돌할 수밖에 없다. 땅의 것들에 매여 있던 우리의 애착이 하늘의 것들로 바뀌기까지(이 역시 한꺼번에 바뀌지 않기에), 하나님의 메스로 악의 세포들을 도려내시는 작업이 선행되어야 할 테니까.

그러나 그 진통의 끝에서 결국, 이제 내 안에 내가 아니라 참 생명이신 그리스도께서 사심을 고백하게 된다. 그 생명이 내 안에 충만할 때 우리는 그전까지 몰랐던 참된 삶을 살 수 있고 이렇게 사는 게 진정한 인생임을 알게 된다.

내가 그렇게 살고 있다. 그렇게 살아보니 알겠다. 단 하루를 살아도 이렇게 사는 게 참된 인생임을 말하지 않을 수 없다.

내가 그리스도와 함께 십자가에 못 박혔나니 그런즉 이제는 내가 사는 것이 아니요 오직 내 안에 그리스도께서 사시는 것이라 이제 내가 육체 가운데 사는 것은 나를 사랑하사 나를 위하여 자기 자신을 버리신 하나님의 아들을 믿는 믿음 안에서 사는 것이라 갈 2:20

2018. 02. 22. 목
Who is Jesus?

월요일 저녁부터 이상하게 몸과 마음이 안 좋았다. 아마도 한 달에 한 번씩 찾아오는 생리 현상에다 쉰을 앞두고 슬슬 모종의 호르 몬 변화를 경험하는 게 아닌가 싶다. 제2의 사춘기라는 갱년기가 바야흐로 내게 찾아오고 있다.

그 때문에 화요일에는 온종일 침대에 누워 지냈다. 무엇보다 갑 자기 찾아온 의욕 상실에 맥을 못 추는 게 가장 힘들었다. 지난주까 지 무얼 해도 믿음 충천하던 내가 갑자기 왜 이러나 싶을 정도로 아 무것도, 정말 아무것도 하기 싫었다.

이제 비로소 주님과 동행하는 삶의 기쁨이 무엇인지를 알고 누리 던 내가 한 발짝도 떼기 싫은 무력감에 사로잡혀 꼼짝을 못하다니. 나는 마치 하룻밤 사이에 무기력과 나태함의 사슬에 묶인 사람과도 같았다.

그러다 수요일부터 우리 교회의 이번 달 추천도서인 《예수님은 누구신가》(그렉 길버트, 규장)를 다시 펴서 읽었다. 2주 전에 이미 한 번 읽은 책이지만 왠지 한 번 더 읽고 싶어서 이번에도 밑줄을 그어 가며 정독했다.

역시나 책은 두 번째 읽을 때 감동이 더 크다. 처음 읽을 때는 예 수님에 관한 상식적인 내용을 새삼 언급한다는 느낌을 받았는데 문 장 하나하나를 다시 곱씹으면서, 예수님을 그저 인류 역사의 특별 한 한 사람이 아니라 하나님께서 나를 위해 보내신 바로 그 사람, 바로 그 하나님의 아들로 알게 되고 만나게 되었다.

그날 밤은 그렇게 예수님을 더 깊이 알아가는 기쁨에 취해 편안히 잠자리에 들 수 있었는데 오늘, 점심을 먹은 후부터 또다시 내 육체는 의욕 상실 상태에 들어섰다. 그러자 이삭을 보러 나가야 하는 일정이 부담스러워지기 시작했다.

너무도 꼼짝을 하기가 싫어 침대로 가서 잠을 자다 깨다를 반복했고, 2시 30분쯤 일어나 앉으니 막 울고 싶었다. 겨우 마음을 추슬러 이삭의 집으로 가 이삭을 데리고 언어치료실로 향했다.

오늘 이삭의 일정은 언어 수업 한 시간과 미술 수업 한 시간이다. 이삭이 언어 수업을 받는 동안 나는 눕고 싶은 마음을 겨우 다잡으며 휴게실에서 《예수님은 누구신가》를 폈다. 그런 중에도 머릿속에선 '하기 싫다, 하기 싫다, 하기 싫다'라는 말이 계속 떠돌아다녔다. 팔다리도 계속 힘없이 처졌다. 몸에 어디 통증이 있는 것도 아닌데 내가 왜 이러는지 돌아볼수록 괴로웠다.

'예전에 비해 내가 어느 정도 살 만하니 내 마음이 나태해진 걸까, 나는 왜 이 자리에 이리 억지로 앉아 있는 기분이 드는 걸까.' 여러 생각으로 마음이 복잡하던 중에 이삭의 언어수업 선생님이 내게 들어오라고 손짓하신다.

"오늘은요, 이삭이 수업을 거의 못 했어요."

"아, 왜요?"

"이삭이 요즘 의욕이 없잖아요. 전에 말씀드린 대로 이제 사춘기에 접어들어서 그럴 때이기도 하고요. 이럴 땐 억지로 뭘 하기는 힘들어요. 오늘은 아예 수업 안 하겠다고 해서 이렇게 그림을 그렸어요. 그럼 그리다가 수업을 조금 했는데 글씨를 보면 정말 하기 싫은 티가 나지요?"

아무 의욕이 없는 채로 수업 시간을 보냈을 이삭의 고통이 고스란히 전해져 왔다. 아무것도 하기 싫은데 해야만 하는 고통을 나는 어제오늘 사이에 절감하지 않았던가. 평소 누구보다 성실했던 이삭도 어쩌면 불쑥 찾아든 의욕 상실의 고통으로 울고 있는지도 모른다. 본인도 조절하기 힘든 의욕 제로 상태에서 뭔가를 해야만 하는 고통이 그를 괴롭힌 것이다.

짧은 면담을 마치고 다시 휴게실로 와서, 미술 수업을 하는 이삭을 기다리며 책을 다시 폈다. '당신은 예수님을 누구라고 생각하는가?'에 관한 부분이었다. 책 전반을 통해 저자는 예수님을 다음과 같이 말하고 있었다.

"그분은 그저 특별한 사람이 아니고, 이스라엘의 왕이며 만왕의 왕으로 오신 분이다. 스스로 있는 자, 삼위일체의 하나님이시며, 우리 가운데 하나로 오셔서 우리를 대표하고 우리를 대신할 존재가 되신 분이시다. 그리고 마지막 아담이 되시어 첫째 아담의 실패를 광야에서, 그리고 십자가에서 완전한 승리로 바꾸셨다."

읽는 동안에도 머릿속에선 이삭의 사춘기와 나의 갱년기에 관한 생각이 떠나지 않았다. 왜 사람은 그 시기에 폭풍 같은 호르몬 변화를 겪으며 의욕 상실, 분노, 흔들림을 경험해야 하는지 모를 일이었다. '이건 정말 어쩔 수 없는 것인가. 이걸 해결할 길은 어디에도 없는 걸까?'

이 생각을 하며 페이지를 넘기는데 누군가 불현듯 '지나간 페이지를 다시 펼쳐보라' 하는 것 같았다. 생각에 몰두하느라 눈으로만 훑고 지나가 버린 페이지에서 내가 뭔가 반짝, 하는 느낌을 받았던 것도 같았다. '어디였지? 뭐였지?'

서너 페이지 앞으로 넘기니 162페이지에 밑줄을 그은 게 눈에 띄었다. 출애굽기 17장을 해석해 놓은, 얼핏 보면 이미 우리가 잘 아는 내용을 풀어놓은 듯한 평범한 문장이었다.

심판의 지팡이가 무엇을 쳤는가? 바로 반석이다. 그런데 그 반석에 누가 있는가? 하나님이 계신다. 하나님께서는 "내가 호렙산에 있는 그 반석 위 거기서 네 앞에 서리니 너는 그 반석을 치라"라고 말씀하신다. 바꾸어 말하면, 하나님께서는 이렇게 주장하시는 것이다. "본래 투덜대고 범죄하며 불성실한 내 백성을 쳐야 마땅한 심판의 지팡이로, 너희가 나를 쳐라."

그래서 모세는 그렇게 했다. 결과는 어땠는가? 생명이 터져 나왔다. 반석에서 물이 쏟아졌다! 수준이 전혀 다른 놀라운 대속의 원리였다. 하나님의 백성이 받아야 마땅한 심판과 저주를 이제 짐승이 아니라 하나님께서 친히 받으셨다. 이 때문에 하나님의 백성은 죽지 않고 살게 되었다.

- 그렉 길버트, 같은 책, p.162

모세가 지팡이로 친 반석은 십자가에서 죽으신 예수 그리스도를 상징한다. 불성실하고 불평만 가득했던 이스라엘 백성들은 죄의 대가로 심판과 저주를 받아 마땅했지만, 모세가 하나님을 내리침으로써, 즉 예수님이 십자가에서 우리를 대신해 죽으심으로써 그 모든 형벌을 면할 수 있었다.

아, 주님⋯. 휴게실 소파에 거의 반쯤 누워 책을 읽던 나는 갑자기 벌떡 일어나 앉았다.

"이거였군요. 주님, 이걸 말씀하고 싶으셨군요."

저자가 이 책 전체를 통해 말하고자 하는 핵심이 무엇인지, 주님께서 내 삶의 정황 속에서 지금 들려주시려는 메시지가 무엇인지 그 순간 섬광처럼 깨달아졌다.

"십자가에서 흘리신 예수님의 피만이 우리의 의욕 상실로 인한 저주를 해결할 수 있는 유일한 길이다!"

사춘기에 접어든 이삭이 의욕 저하 상태에 빠진 것, 생리 주기의 호르몬 불균형으로 내가 나태함의 사슬에 걸려 괴로워하는 것은 어찌 보면 지극히 자연스러운 현상이다. 의학적으로도 설명이 분명하다. 그러나 영적으로 보면, 그것은 아담으로부터 나와 이삭이 물려받은 원죄적 죄의 형질로 인한 현상이다.

그래서 인간은 사춘기와 갱년기에 접어들면 저주처럼 분노나 나태, 의욕 상실, 불성실 등 형벌의 지배 아래 놓이게 된다. 본질적으로 죄인인 인간은 그 흐름을 거스를 수가 없다는 뜻이다.

사탄이 아담에게 죄를 짓게 할 때 노린 것은 바로 그것이다. 본질적으로 죄의 지배하에 살아갈 수밖에 없도록 인간의 유전자 속에 죄의 DNA를 심어 놓는 것.

그러나 그렉 길버트 목사님은 예수님이 바로 그 문제를 해결하기 위해 오신 유일한 분이심을 이 책을 통해 말하고 있다. 하나님께서는 이미 출애굽기 17장에서 모세가 반석을 친 사건을 통해, 하나님을 쳐야만 인간이 그 모든 형벌의 고통에서 벗어날 수 있음을 알려 주셨다는 것이다.

예수님은 이를 위해 인간의 대표자로서 인간의 몸을 입고 이 땅에 오셨다. 이 땅에 오셔서 첫째 아담이 처참하게 패배했던 사탄과의 전쟁에서 이기셨을(광야에서) 뿐 아니라, 하나님으로서 친히 십자가를 지고 죽으시어 부활하셨다. 그래서 마침내 죄로 죽어 마땅한 인생의 순리를 바꿔 놓으셨다.

예수님의 피는 분노와 태만, 시기, 악독의 사슬 아래 놓일 수밖에 없는 인간 삶의 흐름을 끊고 바꿀 수 있는 유일한 길이 되셨다! 예수님이 인간의 대표자로서, 마땅히 받아야 할 우리의 형벌을 대신 받으셨기 때문이다.

162페이지를 읽고 불과 1,2분 사이에 생각이 이렇게 정리되자 내 마음을 무겁게 짓눌렀던 안개가 삽시간에 걷히는 것 같았다. 이제 이삭을 위해 뭘 기도해야 할지도 알 것 같았다.

사춘기의 폭풍 같은 변화 속에서 뒤어나오는 저주와 같은 사슬을 끊을 수 있는 것은 오직 예수의 십자가다. 예수님은 이를 위해 이 땅에 오신 하나님이시지 않은가.

그러므로 사춘기 자녀를 둔 부모는 그들을 따뜻하게 보듬는 동시에, 영적으로는 그들을 위해 예수의 십자가를 붙잡고 기도해야 한다. 아담으로부터 온 유전적 죄의 형질을 예수의 피로 끊어내는 기도를 골방에서 드려야 한다.

이 생각을 하는 사이 내 얼굴이 거짓말처럼 환하게 밝아짐을 스스로도 느낄 수 있었다. 그때, 점토 만들기 수업을 재미있게 마친 이삭 또한 밝은 얼굴로 교실에서 나왔다. 그런 이삭을 데리고 집으로 오는 길, 나는 차 안에서 운전하며 말했다.

"이삭, 우리 기도하자."

"네에~."

"나사렛 예수 이름으로 명하노니, 이삭에게 찾아드는 모든 의욕 상실과 태만은 떠나갈지어다! 이삭, '아멘' 해야지."

"아멘!"

"이삭, 예수님이 너의 모든 죄를 지고 십자가에서 죽으시고 부활하셨어."

"네에~."

"예수님이 너의 모든 죗값을 다 치르셨기 때문에 너는 이제 더 이상 고통당하지 않아도 돼."

"네에~."

"이삭, 너는 이제 해방되었어. 너는 이제 너의 몸과 영과 혼이 온전히 보전되길 바라시는 주님의 뜻을 따라서 잘 자라기만 하면 돼. 알겠지?"

"네에~."

오늘따라 이삭의 얼굴이 유독 평안해 보였다. 그런 이삭을 보며 생각했다. 그의 영혼은 오늘 내가 한 말의 의미를 다 알아들었을 거라고. 또한 기도를 들으신 하나님께서 이삭을 잘 자라게 하심으로 마침내 그분의 영광을 드러내실 거라고.

집으로 돌아온 뒤에도 나는 의욕 상실을 벗어던진 채 저녁 식사를 준비하며 예수님의 보혈을 힘차게 찬양했다. 앞으로도 갱년기 증세가 찾아올 때마다 나는 예수님의 보혈을 찬송하며 이겨낼 것이다. 아니, 나를 위해 죽으시고 부활하신 예수님이 우리를 그 모든 수렁에서 이겨내게 하실 것이다.

| 2018. 02. 26. 월

최고의 선물

하나님 아버지, 예수님을 믿고 따르기 시작하던 청춘의 때에, 저는 인간이 당하는 모든 고통이 죄의 문제와 연결된다는 말이 믿기지 않았습니다. 인간사 모든 고통은 죄로 오염된 인간이 죄로 오염된 세상에 살기 때문에 벌어진다는 말이 실감나지 않았습니다.

특히나 아담의 범죄로 인간이 원죄의 유전자를 갖고 태어나는 '본질적 죄인'이라는 말을 이해할 수 없었습니다. 한 번도 본 적도 만난 적도 없는 아담의 범죄가 내 인생의 바다를 오염시킨 방사선 같은 역할을 한다니요. 더구나 그로 인해 인간이라면 누구나 '오염된 바다에서 사는 자'라는 낙인이 찍힌 채 살아가야 한다니 불합리한 일이라 느껴졌습니다.

그러나 주님, 살아가는 날들이 한 해 두 해 쌓일수록, 제 안에서 얼마나 많은 악이 본성적으로 들끓는지 봐야만 했습니다. 로마서 1장에 나온 대로, 저는 제 마음에 하나님 두기를 싫어해서 모든 불의와 추악, 탐욕, 악의가 가득할 뿐 아니라 살인, 분쟁, 사기, 악독을 품은 자이고, 수군수군하며 비방하며 능욕하며 교만하며 자신을 자랑하며 악을 도모하며 부모를 거역하며 우매하며 배약하며 무정하며 무자비한 자였습니다.

그와 같은 죄의 지배 아래 놓일 때, 제 인생엔 고통이 가득했습니다. 탐심이 올라와 그 물을 꿀꺽 마시면 제 영혼은 탐심이라는 죄의 영향력 아래 묶여 많은 시간을 복통에 시달려야 했습니다. 안목의 정욕, 이생의 자랑, 육신의 정욕을 붙잡을 때는 끝없는 공허와 열등감과 상실감의 고통 아래 살아야 했습니다.

인간이란 사탄이 아담에게 심어놓은 죄 된 본성의 지배하에 살 수밖에 없고, 그 저주스러운 생의 고통을 자기 힘으로는 이겨낼 수 없음을 보고 듣고 실감한 시간이었습니다.

《예수님은 누구신가》라는 책을 읽으며 이삭을 돌보던 지난 목요일에도, 제 안에선 태만과 불성실, 주어진 사명을 외면하려는 죄악이 끝없이 들끓었습니다. 이 죄악은 표면적으로는 '생리적 현상'이라는 이름을 달고 나타났기에, 저는 몸이 한없이 땅으로 꺼지려는 현상과 주님이 맡기신 일을 회피하려는 제 마음을 '그럴 수밖에 없는 일'로 치부하려 했습니다.

그러나 그때 주님은 출애굽기 17장 사건을 기술한 책을 통해, 이삭과 저에게서 나타나는 '태만'의 모습이 우리가 도저히 어찌할 수 없는 자연 현상이 아니라, 첫 아담의 범죄로부터 전해진, 본질적 죄의 형태임을 깨닫게 해주셨습니다.

동시에 인간의 대표자로 오신 둘째 아담 예수님이 그 모든 죄악의 영향력을 십자가에서 끊으셨음을 알려주셨습니다. 네, 주님. 저는 그때부터 "예수님이 누구신가?"라는 질문에 이렇게 답할 수 있게 되었습니다.

"그분은 인류의 대표자로 오셔서, 첫째 아담이 저지른 모든 죄악과 저주의 사슬을 십자가에서 해결하신 하나님이십니다."

그리고 이제 로마서 말씀을 확실히 믿게 되었습니다.

한 사람의 범죄로 말미암아 사망이 그 한 사람을 통하여 왕 노릇 하였
은즉 더욱 은혜와 의의 선물을 넘치게 받는 자들은 한 분 예수 그리스
도를 통하여 생명 안에서 왕 노릇 하리로다 그런즉 한 범죄로 많은 사
람이 정죄에 이른 것같이 한 의로운 행위로 말미암아 많은 사람이 의롭
다 하심을 받아 생명에 이르렀느니라 한 사람이 순종하지 아니함으로
많은 사람이 죄인 된 것같이 한 사람이 순종하심으로 많은 사람이 의인
이 되리라 **롬 5:17-19**

이 말씀대로, 인간사의 모든 고통이 첫 아담의 범죄로 인해 주어
졌다는 것과, 예수님이 십자가에서 죗값을 지불하심으로 죄의 지배
속에 살아갈 수밖에 없는 인생의 흐름이 완전히 반전되었다는 사실
을 저는 이제 믿습니다.

믿음의 신비가 이런 걸까요? 믿음이 제 안에 들어오던 그 1,2초의
순간에 제 몸도 반응해, 땅으로 꺼질 듯 무겁던 몸이 구름을 탄 듯
가벼워졌지요. 내 안에 무너졌던 모든 소망이 다 회복되리라는 믿
음도 그 순간 제게 찾아들었습니다(오직 예수님으로 인해)!

그런데 금요일, 토요일, 주일까지 보내고 난 오늘 아침. 7시간을
내리 잤는데도 아침을 여는 제 몸은 또다시 이불 속에서 나오기 싫
어하는 눈치였습니다. 아무것도 안 하고 싶은 게으름의 본성이 다
시 저를 지배하려 든 것입니다(물론 이게 제 안의 호르몬 변화 때문인 것
도 압니다). 그 순간 떠오른 이름, 바로 예수님이었습니다.

"예수의 피로 명하노니, 생명 같은 하루하루를 게으름의 늪 속에 빠지게 하는 악한 본성은 끊어질지어다!"

예수의 피를 힘입어 결단하는 믿음의 기도에, 물 먹은 스펀지 같던 제 몸이 그 즉시 반응했습니다. 부러 그렇게 느끼려고 해서 그런 게 아니라, 마치 눈에 있던 눈곱을 치웠더니 눈망울이 금세 깨끗해진 것처럼 제 몸도 기도와 동시에 맑고 가벼워짐을 느낄 수 있었습니다.

주님, 오늘은 그렇게 하루를 보냈습니다. 저도 모르게 죄악의 지배 아래 묶여 살던 삶의 요소들을 찾아내어 예수의 피로 끊고 대적하며 기도하는 시간의 반복이었습니다. 나도 모르게 누군가를 판단하는 생각이 올라올 때도, 염려와 걱정이 밀려올 때도 예수의 피로 불신앙을 대적하며 끊는 기도를 했습니다. 아마도 한동안 이런 기도가 계속 이어질 듯싶습니다. 그리고 믿음으로 그렇게 기도하는 만큼 제 삶은 자유로워지고 충만해질 것입니다.

물론 그렇게 기도한 후에는 주님이 주신 선물 같은 시간을 성실하고 기쁘게 보내려 했습니다. 아니, 살아가려 했다기보다 그렇게 살아졌다는 표현이 좀 더 정확할 것입니다.

가족을 위해 삼시세끼 식사를 정성껏 준비했고, 준비하는 동안 하나님을 찬양하며 춤도 추었습니다. 식사 후에는 커피를 마시며 책을 읽는 기쁨도 누렸습니다.

남편과 걸으면서는 예수님을 단순히 정보로서 아는 게 아니라 믿음으로 만나고 경험하게 되는 놀라움에 대해서도 나누었습니다. 같은 예수님을 같은 믿음의 눈으로 함께 바라보니 은혜가 더 풍성해졌습니다.

참, 오늘 읽은 김유비 목사님의 책에 이런 글이 있었습니다.

감정에서 한 걸음 떨어져야 감정을 바꿀 수 있다.
우울한 감정을 느낀다고 해서
우울한 사람이 되는 건 아니다.
그런 감정을 느끼는 것뿐이다.
감정은 얼마든지 바꿀 수 있다.

– 김유비, 《아프면 아프다고 힘들면 힘들다고 외로우면 외롭다고 말하라》,
(규장, 2018), p.216

그 부분을 읽으며 저는 이렇게 메모했습니다.

"죄성에서 한 걸음 떨어져야 죄성을 이길 수 있다. 죄성이 올라온다고 해서 죄인으로 살아야 하는 건 아니다. 십자가의 예수님에게 달려가 예수의 피로 그 죄성을 덮어주시길 기도하라. 그러면 죄성이 끊어지고 우리는 의인으로 살 수 있을 것이다."

하나님, 오늘은 하나님께서 저를 얼마나 사랑하시는지, 하나님이 우리 인생을 자유롭고 풍성하게 하기 위하여 무엇을 주셨는지를 알게 되었습니다.

예수 그리스도. 그분이 바로 하나님께서 제게 주신 최고의 선물입니다. 옛사람의 속성, 죄악 된 본성을 벗어나 참자유의 삶을 살 수 있게 하신 예수님. 그 예수님을 의지하여 사니 제 삶이 온통 행복입니다. 저는 모든 걸 받은 사람입니다.

우리가 알거니와 우리의 옛사람이 예수와 함께 십자가에 못 박힌 것은 죄의 몸이 죽어 다시는 우리가 죄에게 종노릇하지 아니하려 함이니 이는 죽은 자가 죄에서 벗어나 의롭다 하심을 얻었음이라 롬 6:6,7

2018. 06. 15. 금
온전한 헌신

아프가니스탄 피랍 사건으로 한국 교회 순교자로 우리 가슴에 남은 고(故) 배형규 목사님의 아내, 김희연 사모를 만나고 왔다. 초등학교 친구인 희연이와는 이 사건이 있기 10년 전에 분당샘물교회에서 잠깐 만났던 게 마지막이다. 이번에 급하게 연락이 닿아 친구가 일하고 있는 분당으로 가면서 여러 생각이 들었다.

'만약 내가 화려하고 평탄하기만 한 삶을 살아왔다면 순교자 남편을 둔 친구를 만나러 가면서 나 자신이 얼마나 부끄러웠을까. 친구에게 가서 무슨 할 말이 있을까?'

그 생각에 골몰해서인지 생각은 내가 주님 품에 안기게 될 미래의 시간 속으로 뻗어나갔다.

'나를 위해 십자가를 지신 예수님 앞에 갔을 때 만약 내가 주님 때문에 고난받은 흔적 하나 없이, 자기 십자가를 지라는 주님의 당부에 순종한 흔적 하나 없이 그저 곱게만 살다 곱게 죽어서 온 거라면 얼마나 부끄러울까? 주님과 나의 대화 속에 얼마나 공감되지 않는 말들이 가득할까?'

다시 10여 년 전으로 돌아가 친구의 마음을 헤아려봤다.

'10여 년 전, 정부의 허가와 안내 속에 합법적으로 봉사활동을 갔다가 억울하게 피랍되었는데도, 가지 말라는 데를 갔다가 납치됐다는 잘못된 뉴스로 전 국민에게 온갖 질타를 받으며, 남편과 선교팀의 무사 귀환을 고대했던 이 친구의 가슴은 얼마나 타들어 갔을까? 그러다 결국은 싸늘한 주검으로 돌아온 남편의 시신 앞에 섰을 때 어린 딸아이 손을 잡은 이 친구는 얼마나 고통스러웠을까?'

이런저런 생각 탓인지 10년 만에 친구를 만나는 마음이 편치만은 않았다. 그러나 막상 희연이를 만났을 때 그 얼굴에서 무언지 모를 평안의 미소를 발견하고는 적잖이 놀랄 수밖에 없었다.

함께 점심을 먹고 찻집으로 가서 내 얘기부터 풀어놓았다. 십수 년째 투병 중인 남편, 또 오랫동안 힘겨웠던 아들, 장애인 활동 보조교사로서 조카 이삭을 돌보는 나의 근황과 암 투병 중인 친구 김정 사모의 이야기까지 내 주변을 둘러싼 아픔과 고통에 관한 얘기가 주를 이뤘지만 나는 말했다.

"사람들이 나를 보면 '쟤는 왜 예수 믿고 저렇게 힘든 삶을 살아가는 걸까?'라고 생각할 것 같아. 하지만 정작 나는 내 삶의 의미를 예수님 안에서 발견했기 때문에 지금이야말로 천국을 누리며 사는 것 같아."

이 말에 친구가 빙그레 웃고 남편과 자신의 이야기를 들려주었다. 하나하나 다 잊을 수 없는 이야기, 결코 잊어선 안 되는 이야기들이었다. 그중 하나가 이것이었다.

"나는 생각보다 잘 지내고 있어. 나는 평소 하나님께서 남편을 얼마나 사랑하시는지를 생생하게 느꼈었거든. 그래서 남편의 생일날 하나님의 부르심을 받고 떠난 걸 보면서 그런 생각을 했어. '아, 하나님이 가장 좋은 것을 남편에게 생일선물처럼 주셨구나. 그렇게 예수님을 사랑했는데 주님을 가까이 보게 하셨구나.' 남편의 죽음에 대해 하나님께선 그렇게 의심할 여지 없는 명쾌한 답을 주셨어.

남편의 죽음 앞에서 '그럼 나는 뭔가?'라는 생각이 들 수도 있잖아? 그런데 남편 장례식이 우리 결혼기념일이었어. 이 땅에서 남편과 살았던 시간이 딱 10년. 하나님이 남편과 나의 결혼생활 10년을 허락하시고 하필이면 우리 결혼기념일에 장례를 치르게 하심으로 이 땅에서의 결혼생활을 마무리 지으셨다 생각하니까 남편을 주님께로 떠나보낼 수 있겠더라.

물론 지금도 해결되지 않는 어려움(그리움 같은)은 있지만, 하나님이 남편을 통해 너무나 좋은 것을 많이 남겨주셨기 때문에 그것으로 감사해. 딸아이도 아빠에 대한 너무 좋은 기억을 갖고 잘 자라 주었고."

이 외에도 주일학교 교사로 봉사하고, 사별한 홀사모들의 모임을 섬기는 지금의 삶을 담담하게 풀어놓는 친구의 얘기를 듣고 있자니 내가 오늘 희연이를 만나야 했던 이유를 알 수 있었다. 내 평생의 길이 순탄하든지 잔잔하든지 그에 상관없이 내 영혼이 늘 평안하다는 찬송 가사의 진정한 의미도 알 것 같았다. 주님을 진정 모시고 살아가는 자만이 가질 수 있는, 세상이 줄 수 없는 평안을 오늘 이 친구에게서 보았다.

근래 《알라를 찾다가 예수를 만나다》(나빌 쿠레쉬, 새물결플러스)의 저자 나빌 쿠레쉬의 급작스런 사망 소식을 듣고는, '남겨진 그의 아내와 딸은 어떻게 살아가고 있을까, 하나님께서 이런 문제를 어떻게 수습하실까' 하는 의문이 있었는데 오늘 희연이를 만나고 오니 더는 그 부분에 대해 고민하지 않아도 될 것 같았다.

나빌 쿠레쉬의 아내는 아마도, "하나님을 믿고 온갖 핍박도 다 견뎠는데 결국 이렇게 허무하게 죽음으로 끝을 맺으십니까?"라는, 세상 사람들 모두가 하는 일차원적 생각을 뛰어넘어 천국의 평안과 소망 속에 살아가고 있을 터였다. 희연이가 그러하듯 그녀 역시도 영생을 믿고 그 나라를 향해 뚜벅뚜벅 걸어가고 있을 거라 소망하게 되었다.

오늘 만난 희연이가 그렇게 살고 있었다. 언젠가 우리 모두 도달할 영원한 하나님나라를 바라보며 특별한 평안과 은혜 안에 잠겨 있었다. 그게 내게는 큰 소망이 되었다. 이 힘들고 고단한 삶의 끝에는 완전한 평안이 예비되어 있음을 나도 더욱 믿게 되었으니까.

"온전한 헌신은 마지막 것을 드리는 것이다."
– 배형규 목사의 책상 위에 마지막까지 붙어있던 글귀

2018. 11. 03. 토
둔감함을 벗어버리고

어제 금요기도회를 드리러 교회로 가면서 이상할 정도로 둔감해진 내 마음 상태에 어리둥절했다. 기도회를 위해 교회로 갈 때마다 "주님" 하고 부르면 "그래, 말해보거라" 하시는 하나님과 늘 친밀한 교제를 나누었었다. 삶의 자리에서 여전히 헤매고 있긴 해도 주님과 나의 가까운 관계만큼은 의심의 여지가 없다고 확신했다. 그런데 어제는 "주님" 하고 불러지지도 않고, 나를 다정히 바라보시는 하나님의 표정도 보이지 않는 듯했다.

예배실에 앉아 찬양을 부르며 '내가 왜 이럴까' 싶었다. 필요 이상의 옷을 껴입은 듯 마음이 갑갑하다고 해야 할까. 마치 설거지할 때 양손에 목장갑 두 개를 낀 후 거기에 고무장갑 두 개 정도를 더 낀 것만 같았다. 그러면 그릇을 만지는 손의 느낌이 너무 둔탁해서 설거지를 제대로 할 수가 없다.

마찬가지로 하나님을 보는 내 영혼의 눈이 둔감해지니 찬양을 불러도 아무 감흥이 없고, 예배 자리에 앉아 있는 게 어색하기까지 했다.

성령께서 그런 내 상태를 정확하게 진단하신 것일까. 설교 후 개인기도 시간에 목사님이 오늘은 다른 무엇을 구하지 말고 예수 그리스도 그분을 구하라고, 형제, 자매들을 위해 중보기도할 때도 '예수님이 그를 찾아가 만나주시길' 기도하라고 하셨다.

성령의 인도를 따라 기도를 시작했다. 처음엔 기도줄이 안 잡혀서 하나님과 나 사이에 막힌 담의 원인을 알려달라고 부르짖었다. 회개의 심령이 되었고 드디어 며칠간의 내 생활이 조명되었다.

나는 그저 요 며칠, 하루 1시간 성경 읽기에 대충 임했을 뿐이었다. 그저 요 며칠, 하루 1시간 기도 시간에 졸면서 그 시간을 때웠더랬다. 그리고 그저 며칠 동안 텔레비전 앞에 넋 놓고 앉아 헤헤거리고, '이제 겨울 준비 해야겠다' 생각해 웹쇼핑에 많은 시간을 투자했을 뿐이었다.

돌아보니 아무것도 아닌 것 같은 그런 일들이 내 마음과 정신을 쏙 빼놓고 있었다. TV에서 본 드라마 내용과 웹쇼핑으로 본 소소한 물건 몇 가지가 내 내면을 장악한 것이다. '이럴 수도 있구나!' 내 안에 자리하신 위대하고 크신 하나님이 그런 별것 아닌 것들에 가려질 수 있다는 사실에 경악을 금할 수 없었다.

자복하고 회개했다. 하나님이 계셔야 할 자리에 아무것도 아닌 것들을 하나둘 쌓아놓음으로 하나님을 밀어내는 내 어리석음과 미련함에서 벗어나고 싶었다. 영적 둔감함을 자초한 모습에서 돌이켜 성령님과 친밀한 삶을 살고 싶다고 고백했다.

그리스도인에게 영적 둔감함이란 얼마나 위험한 것인가. 영적으로 둔감해지면 사탄이 우는 사자처럼 달려들어 삼키려 할 때도 "평안하다" 말하며 안일하게 살다가 봉변을 당하기도 한다. 또한 하나님께서 나를 향해 "사랑한다. 사랑한다" 하고 아무리 애타게 말씀하셔도 스스로를 사생자 취급하며 평생 외롭게 살아가기도 한다. 그러니 우리 삶을 답답하게 하는 이 둔감함의 옷을 하루속히 벗어야만 한다.

하나님께선 나의 기도에 신속히 응답하셨다. 교회로 갈 때와 달리 기도회가 끝나고 집으로 돌아오는 길에는 마음 안으로 벌써 성령의 상쾌한 바람이 불어왔으니까. 그리고 오늘 내내 텔레비전도, 웹쇼핑도 가까이하고 싶은 마음이 들지 않았다.

'네가 이렇게라도 쉬어야지, 안 그러면 무슨 낙에 살겠어?'라는 마귀의 속삭임을 단호히 물리치고 주의 음성에만 반응하겠다고 다짐했다. 그러자 다시, 시간만 있으면 말씀을 펼쳐 읽고 싶어졌고 시간만 있으면 기도하고 싶어졌다(진실로 기도하고 싶은 마음이 든다는 게 얼마나 큰 은혜인지!)

하루를 마감하는 이 시간에도, 오늘 저녁을 준비할 때 들었던 유기성 목사님의 설교를 떠올리며 나는 분연히 골방기도의 자리로 가련다.

"하루 1시간 기도가 되지 않는 건 기도하라는 하나님 음성이 천둥소리처럼 들리지 않기 때문입니다. '이제는 기도할 때다. 한 시도 깨어 있을 수 없더냐?'라는 주님의 음성이 부디 여러분에게 천둥처럼 들리기를 바랍니다."

2018. 11. 09. 금
기도의 능력

저녁 준비를 하는 동안 유기성 목사님의 "매일 기도로 살자"라는 설교를 들었다. 내가 주목해서 들은 부분은 "무엇이 기도의 능력인가?"라는 내용이다. 결론부터 말하자면 기도의 능력이란 기도만 하면 뭔가를 보고, 응답을 받고, 기도함으로써 목소리마저 근엄해지는 그런 게 아니란다.

참된 기도의 능력이란 응답이 없어도 계속 기도할 수 있는 능력, 응답 될 때까지 평생을 기도할 수 있는 능력이라 하신다. 한 시간을 기도하는데 5분 기도하다 쉬고, 다시 10분 기도하다가 딴생각을 하면서 시계를 보는 게 아니라 자신도 모르게 1시간을 매일 기도할 수 있는 능력이 바로 참된 기도의 능력이라는 것이다.

"이 기도의 능력은 나 자신에게서 나올 수 있는 게 아닙니다. 성령께서 주시는 것이지요. 그러니 내가 독하게 마음먹고 한 시간은 기도해야겠다 생각하면 절대 기도를 이어갈 수가 없습니다. 성령님을 온전히 의지하는 사람만이 이 기도의 능력을 가질 수 있습니다."

야채를 썰다가 '아, 그렇구나' 싶어 한참을 그 자리에서 생각에 잠겼다. 날마다 나의 결연한 의지를 바탕으로 기도를 이어가려 했던 내 모습이 객관적으로 보였다. 목사님 말씀대로, 기도생활의 진정한 주체이자 주관자는 성령이시다. 기도야말로 내 힘으로가 아니라 성령의 흐름대로 흘러가도록 하는 일에 나를 맡기는 일이다!

오늘 밤에도 기도할 것이 참 많지만 이 모든 기도 제목도 성령께 내맡긴 채 성령의 인도하심을 따라 기도하는 1시간이길 기도한다. 내가 주인이 되어 기도하는 게 아니라 기도의 영이신 주님께서 이끌어 가시는 기도 속에 나를 던지고 싶다.

2018. 11. 24. 토
만나고 나야 알게 되는 것

그제, 아들들의 겨울옷을 꺼냈는데 작년에 산 큰아들의 오리털 파카가 보이지 않았다. 아들의 외투 중 가장 값도 나가고 보온성도 좋은 옷이라 큰아들의 행거와 창고를 몇 번이나 뒤져보았으나 소용이 없었다. 혹시 지난겨울에 세탁소에 맡기고 안 찾아온 건가 싶어 어제는 세탁소까지 다녀왔다.

'아, 도대체 그 옷이 어디로 실종됐단 말인가?'

그런데 첫눈이 내린 오늘 아침, 작은아들의 겨울옷을 정리해주려고 그 방의 5단 서랍장을 열었더니 그토록 애타게 찾던 큰아들의 오리털 파카가 서랍 맨 밑에 떡하니 개켜져 있는 게 아닌가!

"아니, 이게 왜?"

그제야 작년 겨울의 끝자락에 그 옷을 돌돌 말아 거기 놔둔 것이 떠올랐다. '어차피 물세탁이 가능한 옷이니까 겨울옷을 꺼낼 때 세탁기에 돌려 깨끗하게 입혀야지'라고 생각하면서….

기억이란 참 이상하다. 그토록 기억해내려 할 때는 전혀 생각나지 않다가 물건을 찾고 나면 그게 단서가 되어 거짓말처럼 그때의 일들이 떠오른다.

하나님을 만나는 일도 비슷한 것 같다. 하나님을 만나 내 마음이 그분의 충만으로 가득 차면, 그제야 하나님을 모르던 5년 전에 내가 왜 그토록 외로움에 사무쳐 몸부림쳤는지, 10년 전에는 왜 그토록 인생의 허망함에 견딜 수 없어 했는지가 보인다. 그때에도 이미 내 영혼이 하나님을 필요로 하고 있었다는 것을 그제야 깨닫는 것이다.

친정어머니가 아프다는 소식이 들려왔던 요 며칠, 어머니를 생각하면서 자꾸 눈물이 났다. 유독 불안과 두려움이 많은 어머니의 연약함이 느껴져서다. 그러나 오늘 저녁엔 어머니의 영혼을 하나님께 맡기고 기도하며 이렇게 고백해봤다.

"하나님, 하나님이 엄마를 찾아가 만나주세요. 아무리 하나님을 찾으려 해도 하나님이 어디 계신지, 하나님을 어떻게 만나는 건지 우리의 작은 머리로는 알 수도 없고 생각해낼 수도 없어요. 하나님이 먼저 다가가서서 '나 여기 있다' 말씀해 주시고 안아주실 때 하나님의 사랑을 엄마가 알고 믿게 해주세요. 엄마가 언젠간 이렇게 고백할 수 있게 말이에요. '하나님을 만나고 보니 그제야 알았습니다. 내가 왜 평생 그토록 불안해했는지, 왜 하나님 없는 심령은 공허한 것들만 찾게 되는지. 하나님이 내 안에 가득 차니 이제서야 제 마음을 알겠습니다. 제 진짜 속마음은 하나님을 간절히 원하고 있었다는 것을요'라고요."

믿음일기

전신갑주를
입고 싸우는
분투

나는 믿음이 무엇인가를 찾아 기록하기로 했다

나는 그저 살아남기 위해 기도한다 여겼다. 그들이 아프면 나도 아팠으므로 어떤 면에서 나는 나 살자고 기도하는 사람 같았다. 내 기도의 대상은 내 남편, 내 아들, 내 조카, 내 친구들이 아닌가. 그들을 위해 눈물과 통곡으로 드리는 이 기도가 하나님께서 보실 땐 특별할 게 없어 보였다.그러나 하나님께서는 두 가지 이유로 내 생각이 틀렸음을 알려주셨다.

첫째, 내가 기도하는 대상은 나의 소유가 아니라 하나님의 소유라는 사실이었다. 그들은 모두 '나의 무엇'이기 전에 '하나님의 영원한 자녀'였다. 그러므로 이제 그들에 대해 '내 것'이 아니라 '하나님의 것'으로 소유권을 옮겨 기도하라 하셨다.

둘째는, 나를 포함한 그들 모두 하나님의 소유이기에 나는 그간 나 살자고 기도해왔던 게 아니라 하셨다. 나를 위한 기도든 너를 위한 기도든, 기도는 하나님의 백성들을 향한 하나님의 선하신 뜻을 이루기 위한 하나님과의 아름다운 동역이라 하셨다.

이 개념 안에서 보니, 그저 지지고 볶고 싸우는 듯한 나의 생활 현장은 하나님나라와 연결된 거룩한 선교지였다. 이 기가 막힐 웅덩이와 수렁에서 벗어나게 해달라는 내 오랜 기도 또한 살아남겠다는 개인적 아우성이 아니라 하나님의 이름이 걸린, 하나님나라 확장을 위한 거룩한 부르짖음이었다.

이 개념으로 기도에 접근하면서, 고난을 바라보는 내 마음의 태도가 달라졌다. 왜 내게 이런 일이 찾아왔냐는 한탄과 슬픔보다는 "우리가 무엇이길래"라는 감격의 고백이 먼저 나왔다.

그냥 내버려두면 결국엔 한 줌 잿더미로 변해버릴 우리 인생 가운데 찾아오셔서 언제나 나와 함께하시며 나를 위해 싸우시는 예수님을 기도 속에서 만났기 때문이었다. 하나님께서는 우리의 이 타는 듯한 고통 속에서 선하신 무언가를 빚어가고 계셨다. 우리가 무엇이길래, 도대체 내가 무엇이길래….

그러고 보니 내 삶의 모든 순간이 더없이 소중했다. 소중했기에 나는 모든 순간을 기록하기로 했다. 내 삶에 해결되지 않은 문제들은 여전히 많았지만, 그 속에서 내 영혼을 소생시키시고 하나님의 이름을 위해 나를 어딘가로 인도하시는(시 23:3) 하나님의 은혜를 나는 날마다 일기장에, 또한 한 권의 책으로 엮어 기록하기로 했다 (2020년에 규장에서 《나는 같이 살기로 했다》라는 제목으로 출간되었다).

"너 많이 아프구나? 나도 많이 아팠어. 그런데 정말로 아팠던 분이 우리와 함께 계시고 그분이 우리의 목자이셔."

그 해, 나는 이 얘기를 할 양으로 한 자 한 자, 내 이야기를 적어나갔다.

사막의 오아시스, 교회

담길교회의 이번 달 추천도서인 《광야를 읽다》에서는 "인생이란 광야를 통과하는 것"이라고 말합니다. 특히 오늘 읽은 7장 '오아시스' 편은 광야를 지날 때 교회의 역할이 얼마나 중요한지 알려줍니다. 이를 위해 저자는, 광야로 도망간 모세가 이드로의 집에 초청받아 십보라와 함께 춤추며 노래할 때의 가사(영화 〈이집트 왕자〉의 대사)를 소개해줍니다.

"사막에서는 많은 황금보다 작은 생수가 더 귀하고,
길 잃은 양에게는 왕보다 목자가 더 필요하다."

맞습니다. 우리 인생이 광야를 통과하는 여정이라면, 번쩍이는 황금은 무겁기만 할 뿐 현실에선 별 의미가 없습니다. 대신 목마름을 채워줄 오아시스가 사막에서의 생존 여부를 결정짓습니다. 다음 내용은 그걸 확인시켜 줬습니다.

광야에서 살아남기 위해서는 지켜야 할 수칙이 있다. 그것은 반드시 오아시스를 만날 때마다 들렀다 가야 한다는 것이다. 지금 괜찮다고 그냥 지나치면 얼마 가지 못해서 쓰러지고 만다. 오아시스에 들러서 충분히 생수를 마시고 쉬었다 가는 사람이 더 빨리 광야를 벗어날 수 있다. … 우리에게 교회가 오아시스라면, 주일이 오아시스라면, 교회 가는 날이 기다려질 것이다. 주일이 기다려질 것이다. 아이들이 소풍 가는 날을 기다리듯이 그렇게 교회 가는 날을 기다리게 될 것이다. … 오아시스를 더 많이 들르는 사람이, 오아시스에 더 오래 머무는 사람이 더 빨리 광야를 통과할 수 있다.

– 이진희, 《광야를 읽다》, (두란노, 2015), p.106–107

여기까지 읽었을 때 오늘 받은 한 통의 전화가 생각났습니다.

"사모님, 오늘 담길교회에 왔다가 지금 집에 가요."

"아니, 오늘 왜 교회에 가셨어요?"

"이번 주일에 우리 딸이 지방을 가야 해서 주일에 교회에 못 가잖아요? 그래서 겸사겸사 오늘 담길교회에 들러 화초 정리도 하고, 교회에 남아 있는 찬밥 돌려서 밥도 해먹고 뜨끈한 데서 쉬기도 하고 그랬어요. 다 먹고 설거지하는데 교회 부엌이 어쩜 그리도 편한지, 담길교회가 너무너무 좋아요."

"아고, 힘드시게 그 먼 길을 일부러 왔다 가셨군요."

"아니에요, 담길교회 왔다 가면 저는 힘을 얻는 걸요? 교회가 있어 너무너무 감사해요."

담길교회 교인도 아니고 다만 따님이 우리 교회를 다닌다는 이유로 이 권사님은 이따금 담길교회에 들러 기도하다 가시곤 합니다.

담길교회가 너무 좋다는 이유로 먼 거리(전철로 2시간)를 마다 않고 들르는 것입니다. '오아시스에 들러 생수를 마시며 힘을 얻는 사람'이란 바로 이런 분이 아닐까 싶었습니다.

지난주 수요예배 때는 우리 교회에 등록만 해놓고 청소업체 일을 하느라 주일에는 나오지 못하는 어느 부부가 음식을 잔뜩 싸 들고 오셨습니다. 덕분에 우리는 예배 후 삼겹살에 곱창에 푸짐한 점심을 먹을 수 있었습니다.

'모처럼 쉬는 날, 남들 같으면 대자로 뻗어 자든지 아니면 재미난 놀거리를 찾아다니든지 할 텐데, 새벽부터 일어나 음식을 장만해서 교회로 나오는 그 마음은 어디서 온 것일까?'

상을 차리고 고기를 굽는 그 분들을 보며 그런 생각을 하고 있을 때 남자 성도님이 그러십니다.

"전 아직 믿음이 없지만 이상하게 담길교회에 오면 마음이 편해요. 그래서 오늘 새벽 눈 뜨자마자 교회 가야겠다는 생각이 들어서 교회로 왔어요."

그러고 보니 그 분들도 책에서 말하는 사람들이었습니다. 오아시스 곁을 지날 때 외면하지 않고 그곳에 들러 생수를 마실 줄 아는 그리스도인, 그곳에서 쉼을 얻고 갈 줄 아는 진정한 지혜자들 말입니다. 이들이야말로 이 거칠고 메마른 광야 길을 반드시 성공적으로 통과할 자가 아니겠습니까?

책을 읽다 이런저런 생각을 이어가게 된 오늘, 하나님은 오늘 밤

골방기도에서 기도할 내용을 자연스럽게 알려주셨습니다.

"하나님, 더 많은 이들이 오아시스인 교회를 사랑하여 들르게 하시고, 거기서 예수님이 주신 생수를 마심으로 몸과 영혼이 살아나게 하소서. 담길교회가 정말 사막의 오아시스 같은 교회 되게 하소서."

2019. 03. 15. 금
내가 할 수 있는 최선

하나님, 근래 들어 고통에 처한 사람들을 바라보다가 저 자신이 직격타를 입은 걸까요? 그저께 오후부터 왠지 울적해지는가 싶더니 어제는 마음이 바닥으로 곤두박질치려 했습니다. 그간 의욕적으로 해오던 일들에 손끝 하나 대기가 싫어지면서 저 자신 또 한 번, 사라지고 싶은 충동에 휘말렸습니다.

'아, 내가 이러면 안 되는데….' 남편이 아프면 저도 같이 몸져눕고, 아들이 힘들어하면 저도 같이 쓰러지던 그간의 모습에서 아직도 탈피하지 못한 저 자신이 부끄러웠습니다. 폭풍우 치는 날에도 배의 고물에서 주무시던 예수님처럼 저도 환경에 휘둘리지 않는 굳센 믿음으로, 자야 할 때 자고 일해야 할 때 일하는 자가 되기를 기도해왔건만 왜 여태 이러는지 모를 일이었습니다.

정신을 차리려고 밖에 나가 차에 기름도 채우고, 그 옆 화원에 들러 잠시 화초들을 구경하며 마음 환기도 시켜보았습니다. 그리고는 집 근처에 차를 대고 '내가 왜 이럴까? 왜 이렇게 마음이 힘들까?' 하며 생각을 정리해보았습니다. 주님의 이름을 불렀습니다.

'주님, 그간 잘 견뎌오던 제 마음이 왜 이렇게 무너져 내릴까요?'

그 순간 근래 책에서 읽었던 내용이 떠올랐습니다. 단 한 순간도 쉬지 않고 우리를 공격할 틈을 노리는 악한 영에게 어떻게 대처해야 하는가에 대한 것이었습니다.

> 상황이 우리를 위협할 때 우리는 "사탄아, 나는 네가 오늘과 이 순간을 차지하지 않도록 하겠다. 그리고 나는 네가 나의 기쁨을 앗아가지 못하게 하겠다"라고 말해야 한다.
>
> – 딘 셔만, 《영적전쟁》, 이상신 역(예수전도단, 2010), p.51

책을 더 읽으면 뭔가 답을 찾을 것 같아서 얼른 집으로 돌아와 서둘러 책을 펴보니 "마음을 괴롭게 하는 모든 잘못된 태도가 마귀에게는 공격의 기회로 작용한다"라는 내용이 나왔습니다. 그제야 저는, 그날 평소보다 컨디션이 떨어진 아들을 보다가 '걱정과 염려'에 휩쓸렸던 일을 돌아보며, 어둠의 영이 그 틈을 타고 제게 들어와 삽시간에 제 마음을 장악했다는 사실이 깨달아졌습니다.

'아, 내가 또 염려의 늪에 빠졌었구나' 하며 고개를 드는데, 랙(lag) 걸려 화면 정지상태가 된 노트북이 눈에 들어왔습니다. 강제종료를 하고 재부팅 한 다음 카카오톡도 다시 로그인했습니다. 그러자 일렬로 나열된 지인들의 사진과 문구가 한눈에 들어왔는데, 그 순간, 어느 자매의 카톡 메인 문구가 눈에 확 띄었습니다.

"내가 할 수 있는 것은 그저 감사뿐~"

아, 그 문구를 보는 순간, 마치 머리를 한 대 맞은 듯 생각의 전환이 이루어졌습니다. '아 맞다! 내가 지금 뭘 하고 있지? 내가 할 수 있는 건 걱정이 아니라 기도와 감사인 것을!' 그 생각으로 저는 "내가 할 수 있는 것은 감사와 기도뿐"이라는 내용의 찬양을 나지막이 불렀습니다.

그래서 어젯밤에는 잠자기 전에도 남편에게 말했습니다.

"오늘 주신 하나님의 단어는 '감사'였어. 내가 할 수 있는 최선은 감사하는 거래."

그런 뒤에 맞이한 오늘…. 오전까지도 비교적 잘 지냈는데 오후에 또 한 번 마음이 휘청거렸습니다. 우리 가정 형편을 하나하나 짚어보다가 제 마음이 또다시 어두워졌던 것입니다.

그런 상태에 빠지면 저는 늘 의욕이 저하되어버립니다. 그제 하나님께서 주셨던 "감사해라, 감사를 선포해라"라는 메시지도 잊은 채 안방 침대로 가서 누웠다가 깼었다가 하며 주님께 고백했습니다.

"주님, 살아갈 힘이 없습니다. 나쁜 생각들이 자꾸 밀려옵니다. 손가락 하나 까딱하기 싫고, 산다는 일에 자신이 없어집니다. 이러면 안 되는데 아무것도 하기 싫습니다."

그러던 중 다가오는 주일 아동부예배 시간에 해야 할 일이 생각나 교회 자매에게 전화를 걸었는데 통화 도중 그 자매가 문득 이런 말을 하는 겁니다.

"사모님, 오늘 저는 우리 아이가 살아있다는 사실만으로도 감사가 나오더라고요."

아, 그 말을 듣는 순간, 저는 하나님께서 오늘도 그 자매를 통해 어제와 똑같은 메시지를 제게 다시 한번 들려주셨다는 것을 알았습니다.

하나님, 제게 주어진 환경 자체로 인해 감사해야 한다는 사실을 한동안 잊고 살았습니다. 감사보다는 '더 좋아져야 하는데, 지금쯤이면 더 회복되어야 하는데'라는 생각에 골몰한 나머지 회복되지 않은 현실에 불평하고 있었습니다. 감사를 잊으니 미래에 대한 염려와 걱정이 일순간에 밀려들어 저는 두 번이나 넘어졌습니다.

감사로 다시 일어서겠습니다. 오늘 그 자매의 고백처럼 존재 자체로도 무한 감사를 이어가겠습니다.

놀라운 것은 '감사'라는 단어만 몇 번 말했는데도, 바위처럼 굳어가던 제 마음이 한결 부드러워졌다는 사실입니다. 놀라우신 하나님, 감사합니다. 카톡 문구를 통해서도, 한 자매의 고백을 통해서도 저를 향한 하나님의 뜻을 구체적으로 알려주시고 말씀해주시는 아버지, 감사합니다. 그렇게 저와 함께 사시며 말씀하시는 하나님은 영원토록 감사와 찬양을 받기에 합당하신 분입니다.

2019. 03. 23. 토

용사로의 부르심

《영적 전쟁》을 다 읽은 후 제 가슴에 남은 단어는 '부르심'이었습니다. 책의 마지막 챕터에서 저자는 이렇게 말합니다.

영적 전쟁은 삶이다. 그것은 진리를 품으면서 원수를 분별하고 하나님께 헌신하는 매일의 삶이다. 그것은 하나님께서 우리 손에 처분을 맡기셨다는 사실을 아는 것이다. 우리가 어둠의 세력을 몰아내지 않는다면 어둠의 세력은 물러가지 않는다. 우리가 원수 마귀를 질책하지 않는다면 마귀는 질책당하지 않는다. 만일 우리가 세상에 있는 악을 제거하지 않는다면 악은 계속 성장할 것이다. 영적 전쟁은 기독교의 어느 한 부분이 아니다. 그것은 그리스도인의 모든 경험 가운데 있다. 우리가 하는 모든 일을 다 포괄한다. 그리스도인이 되는 것은 곧 영적 전쟁의 용사가 된다는 말이다. 영적 전쟁의 용사가 된다는 것은 그리스도와 더불어 지속적인 승리의 삶을 사는 것이다.

– 딘 셔만, 같은 책, p.271

이 부분을 읽으며 저를 향한 '영적 군사로의 부르심'을 재확인했습니다. 그러나 생각하면 할수록 이것은 충격적입니다. 저 같은 사람에게 무려 용사가 되라니요!

저는 그간 그 자리만큼은 내 자리가 아니라고 생각했었습니다. 약할 뿐만 아니라 너무나 인간적이어서 겁쟁이 중의 겁쟁이가 바로 저 아니겠습니까? 그러나 그런 저를 향해 하나님께선 단호히 말씀하십니다.

너희는 보습을 쳐서 칼을 만들지어다 낫을 쳐서 창을 만들지어다 약한 자도 이르기를 나는 강하다 할지어다 사면의 민족들아 너희는 속히 와서 모일지어다 여호와여 주의 용사들로 그리로 내려오게 하옵소서 욜 3:10,11

이 말씀을 통해 스스로를 더 이상 약한 자라 말하지 말라시는 주님의 당부에 사사기 말씀이 떠올라 6장을 폈습니다. 곡식을 거둘 때마다 미디안 민족에게 기습당해 모든 것을 빼앗겨야만 했던 그 시절, 미디안 사람을 피해 포도주 틀에 숨어 밀을 타작하는 겁쟁이 기드온 앞에 여호와의 사자가 나타나 말합니다.

"큰 용사여, 여호와께서 너와 함께 계신다."

"여호와께서 우리와 함께 계시면 어떻게 이런 일들이 일어났겠습니까?"

하나님은 그런 말에 요동 없이 기드온에게 다시 명하십니다.

"너는 가서 이스라엘을 미디안으로부터 구원하라."

기드온이 얼마나 어이가 없었을지 짐작이 되고도 남습니다. 기드온의 고백처럼 그는 보잘것없는 가문의 가장 작은 자가 아니었습니까? 그럼에도 하나님께선 기드온을 용사로 부르셨다는 사실을 재차 확인해주십니다.

마침내 기드온은 자신을 용사로 부르시는 분이 하나님이심을 알고 자신이 곧 죽을 거라며 슬퍼합니다. 여호와의 얼굴을 직접 봤다면 일반적으로는 죽을 수밖에 없었으니 그 슬픔은 당연한 일이었습니다. 그러나 하나님은 단호히 말씀하십니다.

"안심하라, 두려워하지 말라. 너는 죽지 않는다."

그래서 기드온은 거기서 여호와를 위하여 제단을 쌓고 그 제단을 "여호와 샬롬"이라 불렀습니다(삿 6:24).

용사로 부르심을 들었을 때 저는 '하나님이 나를 이 전쟁터에서 죽게 하시려나 보다' 싶어 두려웠습니다. 그러나 하나님은 제 생각과는 다르게 말씀하십니다. 우리가 이 전쟁의 용사로 살면 이제야말로 우리 삶에 평안의 시대가 도래할 거라고, 그때부터는 제 삶이 '여호와 샬롬'이 될 거라고 하십니다!

그러니 영적 전쟁의 용사로 부름받은 게 얼마나 감사한 일인지요. 하나님은 우리에게 마귀를 대적할 권세와 능력을 주셨고, 이를 위해 '중보기도, 감사기도, 간구와 도고'라는 영적 무기도 주셨습니다. 이 무기를 가지고, 우는 사자같이 달려드는 원수 마귀를 방어하고 공격하며 끈질기게 싸울 때, 하나님은 우리에게 여호와 샬롬을 허락하실 것입니다.

2019. 04. 22. 월

예수를 믿는다는 것

말씀을 읽으라는 하나님의 음성에 순종해 오늘부터 마태복음을 읽기 시작한 큰아들이 아침에 아빠에게 질문합니다.

"마태복음 한 장을 읽는데도 질문거리가 많아요. 우선 '그의 남편 요셉은 의로운 사람이라 그를 드러내지 아니하고 가만히 끊고자 하여'(마 1:19)라고 했잖아요? 여기서 요셉을 의롭다고 한 근거가 무엇이냐는 거예요. 가만히 끊고자 했다는 걸로 봐서는 율법을 지킴으로 의롭다는 말로 들릴 수 있지만, 로마서에 '예수 믿는 자를 의롭다 하려 하심이라'(3:26)라고 나와요. 그러니 요셉도 예수를 믿음으로 의롭게 되는 것인데 그렇다면 '신약성경이 기록되기 전 사람들에게 예수를 믿는다는 건 무엇일까?' 이런 질문이 나오거든요. 예수님 탄생 이전의 노아에게도 의인이라 말한 이유가 무엇일까요?"

그 말에 남편이 이렇게 말합니다.

"예수를 믿는다는 건 하나님의 약속을 믿는다는 뜻이야. '예수'라는 이름이 구약에는 나오지 않잖아? 예수님 탄생 이전이었으니까. 그렇지만 하나님께선 창세기부터 예수님에 대한 예언을 계속하셨어. 메시아를 보내실 거고, 이 메시아로 인해 나는 너의 하나님이 되고 너는 나의 백성이 될 거라 말씀하셨어. 그 약속을 믿는 게 예수님을 믿는다는 거야.

구약성경에는 '예수'라는 이름이 등장하지 않지만, 구약성경에는 예수님에 대한 상징들이 넘쳐나거든. 그 예수님을 믿는 믿음이 있으면 이미 약속이 성취된 것처럼 살게 되지. 시공을 초월하시는 하나님께서 이미 약속을 성취하신 것으로 믿고 살아가는 사람을 하나님께서 의롭다 여기신다는 거야. 그래서 구약의 노아나 아브라함도 예수님 이전의 사람들이지만 의롭게 여김을 받았던 거지."

옆에서 얘기를 듣자니 어젯밤 올렸던 기도가 떠올랐습니다.

"하나님, 저는 하나님께 특별히 내세울 게 아무것도 없습니다. 무언가를 내세우며 '하나님, 제 기도를 들어주세요'라고 말씀드릴 만한 근거가 아무것도 없습니다.

남들은 제게 고생한다고들 말하지만 저만큼 고생하며 사는 이들도 천지에 널렸고, 저보다 고생하며 사는 이도 너무나 많습니다. 하나님을 향한 헌신도 특별할 게 없습니다. 그저 남들이 하는 만큼, 아니, 그 이하일지도 모릅니다. 그래서 남들보다 더 고생하니까, 남들보다 더 헌신하니까 제 기도를 들어달라고 말할 수가 없습니다. '제 기도를 들어주시면 이렇게 하겠습니다'라고 서원할 것도 없습니다. 제가 주님을 위해 무얼 한들 모든 걸 가지신 주님께 그게 무엇이 보탬이 되겠습니까?

다만 제가 주님 앞에 내보일 수 있는 특별함은 하나님의 약속 말씀에 근거해 제가 바랄 수 없는 중에 바라고 있다는 점입니다. 아브라함처럼 저 역시도 기대할 수 없고 바랄 수 없는 처지에 있지만,

'하나님이시라면 능히 하실 수 있어'라며 구하고 있다는 사실입니다. '주께서는 못하실 일이 없사오니 무슨 계획이든지 못 이루실 것이 없는 줄 압니다'(욥 42:2)라며 날마다 고백합니다. 인간의 눈으로 보면 머릿속이 하얘질 만큼 절망적인 상황에서, 우리에게 회복과 구원을 약속하신 주님을 바라고 구하오니 제 기도에 응답해주십시오."

저는 어젯밤 마치 아브라함처럼 구했습니다. 주를 의뢰하는 사람을 주께서 외면하지 않으신다는 약속의 말씀을 붙잡고, 주님의 일하심을 바라며 기도했습니다. 하나님께선 그런 저를 기뻐하셨을 거라 믿습니다. 예수님을 믿는다는 것은 오늘 남편의 말대로, 그분의 약속을 믿는다는 것이니까요.

약속하신 그것을 또한 능히 이루실 줄을 확신하였으니 그러므로 그것이 그에게 의로 여겨졌느니라 롬 4:21,22

2019. 08. 30. 금
모든 것에는 하나님의 뜻이 있다

오늘부터 본격적으로 제 책 《나는 같이 살기로 했다》를 쓰려는데 마음이 잡히지 않았습니다. 지난 3개월간 집에 틀어박혀 다른 책 쓰는 일에 몰두했더니 체력이 고갈된 듯 입술에도 물집이 생기고 피로

감이 몰려와 눕고만 싶었습니다.

아무래도 안 되겠다 싶어 노트북을 들고 집을 나섰습니다. 카페에 가서 일하면 정신이 좀 들 것 같아서였습니다. 노트북에 성경책까지 넣은 가방을 들고 버스에 오르니 벌써 기력이 딸립니다. 그래도 저에겐 형제, 자매들이 준 2만 원짜리 카페이용권이 있으니 며칠 동안 시원한 곳에서 글쓰기에 집중해 보기로 마음을 다잡았습니다.

카페에 도착해 자리에 앉았는데 아뿔싸! 노트북 충전기를 빠뜨렸지 뭡니까. 잠시 한숨을 쉬었지만 어쩔 수 없습니다. 집에 돌아가 충전기를 들고 다시 와야만 한다는 결론이 났습니다.

카페에서 나와 약국에 들러 입술 물집에 바르는 약을 사고 버스 정류장까지 걸어갔습니다. 버스를 타고 와 서창중학교 앞에 내리고는 엘리베이터가 없는 빌라 5층 우리 집까지 다시 걸어 올라갔습니다. 계단을 오르며 주님께 물었습니다.

"주님, 왜 이런 일이 일어난 걸까요?"

예전엔 그런 질문을 던지는 크리스천들을 보면서 피식 웃곤 했습니다. 교통체증으로 차가 막힐 때 "교통체증이 일어나는 건 주님의 무슨 뜻이 있어서일까?"라는 선배 언니에게 "무슨 뜻은? 이건 그냥 차가 막히는 것일 뿐이라고요"라고 말했던 사람입니다.

그런데 이제는 제가 저지른 실수 때문에 집으로 충전기를 가지러 가면서 그 옛날의 선배 언니처럼 말합니다. "주님, 제가 충전기를 놓고 온 데에는 주님의 어떤 뜻이 있는 걸까요?"라고요.

혼자 걸을 때, 그저 주님께 이런저런 말을 걸어보는 게 습관이 되어 그리 질문을 드렸는데, 집 현관문 앞에서 뜻하지 않게 이런 음성이 들리는 것 같았습니다.

"이렇게라도 운동을 해서 좋지 않니? 너에겐 지금 걷는 게 필요하단다."

아, 그 순간 "그러네요. 맞아요, 주님"이란 말이 뒤어나왔습니다. 요즘 가뜩이나 기력이 떨어진 터라 걷는 운동조차 하기 싫어했던 제게 주님께선 이렇게라도 운동을 시키고 싶어 하셨던 게 아닐는지요.

그리 생각하니 충전기를 챙겨 다시 버스 정류장까지 걸어가서 버스를 타고, 버스에서 내려 카페로 걸어가는 그 모든 과정이 감사했습니다. 무더위 속에서 이렇게 왔다 갔다 움직이는 게 땀 흘려 운동하는 시간을 대체하는 거라 여기니, 더 열심히 계단을 오르내리게도 되었습니다. 그 덕분이었을까요. 몇 달 동안 멈췄던 글을 다시 보며 수정하는데 웬일인지 집중이 잘 되었습니다.

이제 날도 더 선선해질 테니 글 쓰는 동안 걷기 운동도 더 열심히 해야겠습니다. 어쩌면 주님께선 오늘, 이 책 쓰기를 마치려면 운동도 열심히 해야 한다는 사실을 제게 알려주고 싶으셨는지도 모르겠습니다.

흉년의 때를 사는 법

출근 전 아침을 먹는 남편 옆에 앉아 말했습니다.

"오늘부터 본격적으로 책 뒷부분을 마저 쓸 거야."

"그래. 열심히 써 봐."

"그저께 규장 출판사에 갔을 때 최팀장님한테 내 원고 전반부를 읽은 소감을 솔직하게 말해달라 했거든. 그랬더니 아브라함이 길을 나섰을 때 흉년을 맞았던 일이 떠올랐다고 하시더라. 원고를 보면서 '이 분은 큰 흉년을 만났구나, 그런데 거기서 하나님을 만났구나. 이 얘기는 진짜다'라고 생각하셨대.

그 얘기를 들으면서 속으로 조금 놀랐어. 내가 말하려는 의도를 이 분이 콕 집어 말하는 거 같더라고. 실은 어제 아침 운전하는 동안 하나님께서 같은 맥락으로 내게 말씀하셨거든. 이 책에서 내가 '인생의 흉년을 사는 법'에 대해 써야 한다는 것과, 앞으로 내가 어디 가서 강의하더라도 그 내용을 말하라는 거였어."

고개를 끄덕이던 남편이 뭔가 할 말이 있는 듯, 출근하려다 말고 자리에 앉아 성경책을 펼칩니다. 평소 말수가 적은 남편이라 오늘처럼 무언가를 진지하게 말할 때는 귀 기울여 듣지 않을 수 없습니다.

"맞아, 당신이 어디에 서더라도 흉년에 대한 성경의 메시지를 더 정확히 말해주면 좋겠어. 성경을 보면 하나님은 흉년 다음에 풍년이 들게 하신 게 아니라, 먼저 풍년을 주신 후 그다음에 흉년을 맞게 하시거든. 그러니까 풍년의 때에 흉년을 준비하게 하셨다는 거야. 그리고 그 험악한 흉년 중에 형통케 하시는 은혜를 주셨지.

아브라함 얘기가 나왔지만, 아브라함은 흉년을 피해 애굽으로 가서 아내 사라를 누이라고 속이는 등의 거짓말을 하잖아? 그럼에도 아브라함은 거기서 거부가 되어 돌아오게 돼.

이삭도 마찬가지야. 부자였던 이삭이 그랄 땅에서 심각한 흉년을 맞아 위기에 처하지만 이삭은 결국 하나님의 형통케 하시는 은혜로 거부가 되거든. 야곱도 그래. 형 에서를 피해 도망자가 되어야 했지. 말하자면 흉년을 맞이한 거야. 그런데 야곱 역시도 밧단아람에서 거부가 되어 돌아오게 돼.

요셉은 형들에 의해 애굽에 팔려가지. 흉년도 이런 흉년이 없는 거야. 그런데 팔려간 애굽 땅에서 총리가 될 뿐 아니라, 그 요셉 때문에 애굽까지 번창하게 되잖아. 이집트가 그때 막강한 나라가 될 수 있었던 건 이집트를 포함한 주변 모든 국가에 흉년이 들었고 요셉이 그에 대해 잘 준비했기 때문이었어.

아브라함, 이삭, 야곱, 요셉…. 그 모두가 흉년 중에 형통케 하시는 하나님의 약속을 믿은 사람들이라 할 수 있지. 그러니까 하나님의 사람들은 이 약속을 믿고 사는 사람들인 거야."

남편의 말에 제가 격하게 고개를 끄덕였습니다.

"맞아, 이 책을 통해 내가 하려는 얘기도 그거였어. 고난, 고통만 계속되는 게 우리 인생인 것 같지만, 성경은 어두운 후에 빛이 온다는 약속을 주었으니까 그 약속대로 이루시는 하나님을 말하고 싶은 거지. 그런데 문제는 오랫동안 지독한 흉년이 계속될 때 믿음으로 한 발을 떼기가 너무 어렵다는 거지. 우리도 오랫동안 많이 헤맸잖아? 그렇지만 고통이 더한 곳에 은혜를 더하시는 하나님의 은혜로 여기까지 왔음을 있는 그대로 고백해보려고 해."

그렇게 잠깐 동안 나눈 남편과의 얘기가 온종일 마음에서 떠나지 않았습니다.

"그러니까 말씀을 믿는다는 건 이 약속을 믿고 사는 일이라 할 수 있어. 흉년 중에도 형통케 하신다는 하나님의 약속."

돌아보면, 저는 이 약속을 100퍼센트 확신하며 구하지 못할 때가 많았습니다. 지금도 하나님의 약속에 대한 제 확신과 믿음이 어느 정도인지 모르겠습니다. 그러나 한 가지만은 확실합니다. 제가 이 약속의 말씀을 확고하게 믿든 희미하게 믿든 상관없이 하나님께서는 우리에게 하신 약속을 반드시 이루신다는 사실입니다.

아, 이 얼마나 감사한 일입니까! 그 사실을 떠올리니 제 마음 어느덧 두둥실 떠올라 기쁨으로 이사야서 말씀을 찾아 자꾸만 읊조렸습니다.

이는 비와 눈이 하늘로부터 내려서 그리로 되돌아가지 아니하고 땅을 적셔서 소출이 나게 하며 싹이 나게 하여 파종하는 자에게는 종자를 주며 먹는 자에게는 양식을 줌과 같이 내 입에서 나가는 말도 이와 같이 헛되이 내게로 되돌아오지 아니하고 나의 기뻐하는 뜻을 이루며 내가 보낸 일에 형통함이니라 사 55:10,11

2019. 11. 21. 목
주님께는 Yes, 악에게는 No

겨울은 확실히 힘든 사람들이 더 힘들어지는 계절입니다. 몸 아픈 사람들은 면역력이 떨어져 더 아프고, 가난한 사람들은 그 가난함이 더욱 실감 날 수밖에 없는 시간이지요.

오늘 장을 보다가, 돈 걱정 없이 싱싱한 식재료 사서 사랑하는 이들에게 맛있는 밥 차려주고, 따뜻하고 예쁜 외투들을 사다가 "이거 선물~" 하고 건네줄 수 있으면 얼마나 좋을까 생각했습니다. 해주고 싶어도 나이 오십 넘어서까지 늘 빈약한 제 주머니 사정에 오늘은 조금 쓸쓸했습니다. 추워하는 사람들, 아파하는 사람들 몇몇이 자꾸만 생각나는 날이었으니까요.

그래서 이 밤에 QT 책을 자꾸 뒤적거렸습니다. 아침에 QT 하면서 영적 도전을 받았던 일이 떠올랐기 때문입니다. '뭐였더라? 뭔가 정신이 번쩍 났었는데?'

책을 펼쳐보니 오늘부터 시작되는 요한계시록 말씀에 대한 전반적인 설명 부분이었습니다.

'내 백성은 반드시 승리하리라'

이 제목에서부터 '맞아'라고 맞장구를 치며 다시 읽어보았습니다. 제가 밑줄을 그으며 동의했던 부분은 요한계시록의 세 가지 저술 의도 중 "둘째, 교회로 하여금 저항 공동체로 살아갈 것을 독려하기 위함이다"라는 내용이었습니다.

이 부분을 읽는 동안, 참된 그리스도인으로 살려면 선하신 주님께서는 항상 "Yes"라고 답하지만, 악한 존재와 사상과 생각에 대해서는 "No"라고 저항할 줄 알아야 함을 다시 깨달았습니다. 아무리 선한 삶에 대한 갈망이 있어도 악한 것에 대한 저항이 없다면 진정한 승리는 얻을 수 없기 때문입니다.

그렇다면 오늘 제가 저항해야 할 '악'은 무엇일까요?

단연코 '물질주의'입니다. 물질의 유무로만 사랑을 표현할 수 있는 것도 아니고 그것으로 제 삶의 가치가 평가되는 것도 아닌데, 물질적인 가치관으로 삶을 평가하는 악의 소리에 저항하지 못한 채 기가 팍 죽어버리는 오늘과 같은 모습이지요.

오늘 다시 읽은 《래디컬》(데이비드 플랫, 두란노)도 교회가 물질주의에 정면으로 저항해야 함을 알려줬습니다. 하나님의 권능은 인간의 힘과는 비교할 수 없이 크고 위대하므로, 교회 안에 재능 있는 사람이 없고 재정이 터무니없이 모자란다 해도, 누군가 성령님의 권능에 사로잡힌다면 그 교회가 주님의 영광을 위해 세상을 뒤엎을 수 있다는 것입니다. 저자는 우리가 그와 같은 성령님의 능력에 기댈 수 있다면 단 한 달 만에라도, 백 년 동안 인간의 힘으로 쌓아 올린 것보다 훨씬 더 많은 일을 이루어 낼 수 있다고 강조했습니다.

그런 내용을 곱씹다 보니 '믿음으로 산다는 것'이 무엇인지 확실히 정리되어 또 한 번 마음을 다잡았습니다. 추워지기 때문에 마음 약해지는 이 계절, 오직 주님의 말씀 안에만 거하고, 악에 대해서는 분연히 저항하는 용사로 살아가겠다는 다짐입니다.

"예수 이름으로 명하노니 내 안에 들어와 나를 넘어지게 하려는 나쁜 생각들은 썩 꺼져라!"라고 저항하며 일어서지 않는다면 이 계절, 승리는커녕 또 한 번 나자빠질 수 있음을 기억하겠습니다.

감사합니다. 주님, 찬 바람이 불어오는 이 계절에 주님은 또 한 번 저를 용사로 불러주셨습니다. 부디 제가 주님께는 "Yes", 악에 대해서는 "No"라고 말하는 멋진 용사가 되도록 붙들어주시길 기도합니다.

2019. 11. 23. 토
믿습니다

토요일이라 늦잠을 자려 했는데 아침 7시쯤 눈이 떠졌습니다. 일어나자마자 곧바로 작업실로 가서 성경을 펼쳤습니다. 예전엔 남편을 보면서 '저렇게 성경 읽는 게 즐거울까?' 생각했는데, 어느덧 제가 그렇게 변했습니다. 시간만 주어지면 성경을 보고 싶고, 성경 볼 시간이 주어질 때 가장 행복합니다.

　오늘은 로마서 6-10장 읽을 차례였지요. 말씀을 읽는 동안 로마서 말씀이 믿어지면서 복음의 은혜에 가슴이 벅차고 말할 수 없는 행복감이 밀려왔습니다. 하나님 안에 잠길 때, 저는 이렇게 가장 행복한 사람입니다.

　오후 2시 반쯤, 이번 주 교회 식사 당번이라 시장에 가서 장을 보는데 갑자기 힘이 쭉 빠지며 기운이 달렸습니다. 장을 본 식재료들을 들고 차로 가면서, 점심식사 후의 식곤증인가, 아니면 단순한 피곤함인가 생각해봤는데 둘 다 아니었습니다. 장을 보다가 밀려온 낙심 같은 것, 몸보다는 마음의 힘이 쭉 빠진 것이었습니다.

　교회로 가면서 기도했습니다. 먼저는 누군가 지금 나처럼 힘이 빠진 이가 있을지 모른다는 생각에, 떠오르는 몇몇 사람들을 회복시켜 달라고 기도했습니다. 그리고 저를 위해서도 기도했습니다.

　"주님, 믿음이 없이는 주님을 기쁘시게 못 한다는 말씀을 떠올립니다. 삶은 언제나 힘듦의 연속인데 생각이 불현듯 고통의 상황에 빠져들면 낙심되어 이렇게 나자빠져 버립니다. 그러나 믿음의 눈으로 인생을 보면, 주께서 그의 백성들을 고통 중에도 돌보며 인도하신다는 사실을 알게 됩니다. 부디 제 눈이 열려서 모든 걸 믿음으로 보고 믿음으로 생각하게 하시며, 믿음의 걸음을 내딛게 해주십시오. 주님이 우리를 일으키시고, 회복시키시며, 이기게 하실 것을 믿겠습니다."

그렇게 주님을 바라보게 해달라고 간구하고 찬양을 들으며 가다 보니 낙심했던 마음이 차츰 괜찮아지고, 죽을 듯 피곤했던 몸도 차츰 살아났습니다.

교회에 와서 음식 준비를 하는 동안에는 "주님과 동행하라"라는 유기성 목사님의 설교를 들었습니다. "고난받는 걸 이상한 일 당한 것처럼 여기지 마십시오. 주님과 동행하려면 고난도 함께 받아야 한다는 걸 당연하게 여기세요"라는 설교 말씀을 듣자니 아침에 읽은 로마서 말씀이 떠올랐습니다.

> 자녀이면 또한 상속자 곧 하나님의 상속자요 그리스도와 함께한 상속자니 우리가 그와 함께 영광을 받기 위하여 고난도 함께 받아야 할 것이니라 생각하건대 현재의 고난은 장차 우리에게 나타날 영광과 비교할 수 없도다 롬 8:17,18

그 말씀까지 떠올려 보니 제가 잠시 낙심했던 원인은 '현재의 고난이 고난으로만 끝나지 않을까?'라는 염려 때문이었음이 비로소 깨달아졌습니다. 그러나 성경은 제 생각과는 전혀 다르게 말씀합니다. 현재의 고난은 장차 우리에게 나타날 영광과 비교할 수가 없고, 고난은 반드시 영광으로 이어진다고 주님은 우리에게 약속하셨습니다.

성경이 그렇다고 하니 저는 그 말씀 그대로 믿겠다고 고백했고,

그렇게 고백하고 보니 거짓말처럼 제 컨디션도 괜찮아져 주일 식사 준비까지 무사히 마칠 수 있었습니다.

집으로 돌아와 저녁 준비를 하는 동안에도 '갓피플TV'에 들어가 조지훈 목사님의 설교를 들었습니다. 전에 들어본 적 없던 목사님의 설교인데, 오늘따라 왜 그런지 이분의 설교가 듣고 싶었습니다.

"모든 걸 감사하게 될 날이 반드시 옵니다. 그때가 되면 하나님께서 작은 일에 충성한 자에게 열 고을 권세를 맡기실 것입니다. 아무도 눈여겨보지 않는 일을 믿음으로 지켜온 사람을 칭찬하실 것입니다. 고통이 끝나는 날은 반드시 옵니다."

아, 주님의 약속 말씀은 얼마나 힘이 되고 위로가 되는지요. 이 설교도 제게 주시는 약속의 말씀으로 받았습니다. 그러자 제 안의 낙심과 번뇌가 사라졌습니다.

고단한 인생을 영광으로 인도하시는 하나님, 저같이 작은 자들을 사랑하시는 하나님의 사랑이 밀려와서 한참을 울었습니다. 요즘 왜 이렇게 하나님을 생각하면 눈물이 나는지 모르겠습니다. 슬퍼서 우는 눈물은 아닌데 눈물이 좀체 마르질 않습니다. 아무래도 하나님의 세계엔 이 세상 세계보다 눈물이 훨씬 더 많은 듯합니다.

감사일기

소망의 삶을
가능케 하는
은혜의 문

나는 내게 주어진 모든 것을 기뻐하며 기록하기로 했다

언제부턴가 나는 내 삶에 이렇다 할 기적이 없어도 감사하기로 했다. 내 평생 이 처지를 벗어나지 못한다 해도 영원을 향해 걸어가는 여정을 멈추지 않기로 했다. 끝없이 넘어지지만 다시 일어나게 되는 삶, 어쩌면 그 자체가 가장 큰 기적이 아니겠는가.

그즈음 나는 내 능력이 제로(zero)가 된 자리에서 벌어지는 놀라운 소생의 은혜를 경험하며 살고 있었다. 덕분에 하늘을 두루마리 삼고 바다를 먹물 삼아도 기록하지 못할 은혜가 이미 내 삶을 에워쌌음을 보게 되었다. 그것은 곧, 여기에 무언가를 더 주시든 안 주시든 하나님께 감사하며 찬양할 뿐이라는 욥의 고백에 나도 이젠 전심으로 동의해야 한다는 뜻이었다.

"모태에서 빈손으로 태어났으니, 죽을 때에도 빈손으로 돌아갈 것입니다. 주신 분도 주님이시요, 가져가신 분도 주님이시니, 주님의 이름을 찬양할 뿐입니다." 욥 1:21 새번역

내가 받은 가장 큰 은혜 중 하나는 내 삶의 끝이 해피엔딩이라는 사실이다. 예수님으로 인해 내 인생의 끝에 천국이 예비되어 있다는 이 완벽한 미래 보장이야말로 모든 현재적 삶을 감사로 달려갈

수 있는 이유가 아닌가. 그렇다면 나는 언제나 안심한 채 현재를 기쁘게 살아도 되는 사람이다!

내 인생의 처음과 끝에 대한 성경의 확실한 약속을 믿게 된 뒤로 내게는 진정한 안정감이 찾아들었다. 그러자 내 삶에 위대한 일들이 일어나길 바라며 스스로 애쓰던 모습에서 벗어나 그저 주님 품 안에서 누리는 은혜에 만족하게 되었다.

삶의 환경은 파도가 뒤엉킨 듯 여전히 복잡했지만, 주님께서 그 가운데 함께하시며 내 필요를 채워주셨기에 "내게 부족함이 없으리로다"라는 다윗의 고백도 따라 하게 되었다. 나는 다만 그런 고백 속에서 바라고 소원하는 바를 매일 기도로 아뢰며 기다리는 사람이 되어갔다.

그러자 하나님께선 내게 기적을 꿈꾸게 하셨다. 아니, 성도라면 기적을 꿈꾸는 게 당연하다 하셨다. 기적이 없어도 감사를 고백하던 그 시점에서, 또한 감사함으로 구하는 것들을 끊임없이 아뢰던 그때, 하나님은 내게 그분의 능하신 일들을 바라보게 하셨다.

나는 그 모든 과정을 감사하며 기록하기로 했다. 나로 하나님을 믿게 하시고 사랑하게 하신 하나님께서 이번엔 하나님을 소망케 하심에 대한 기록이었다.

기적을 꿈꾸게 하시는 하나님

태초에 하나님이 천지를 창조하시니라 **창 1:1**

새해 첫날인 어제, 하나님께서 주신 창세기 1장 1절 말씀을 보며 얼마나 가슴이 벅차올랐는지요. 마침 《기적인가 우연인가》(리 스트로벨, 두란노)라는 책을 읽고 있어 더 그랬는지도 모르겠습니다. 저자는 이 책에서 과연 기적이 있는지를 마이클 셔먼 등의 무신론자는 물론, 크레이그 키너, 마이클 스트라우스 등 신학자들과의 인터뷰를 통해 객관적이고도 합리적으로 펼쳐 보입니다.

그는 기적도 없고 하나님도 없다고 확신하는 회의론자들이 하나님의 실존을 부인하지 못할 강력한 증거 하나를 제시합니다. 바로 하나의 우주가 시작점이 있을 뿐더러 자연주의적 설명을 일체 따돌릴 만큼 기막히게 조정되어 있다는 사실입니다(미세조정). "태초에 하나님이 천지를 창조하시니라"(창 1:1)라는 말씀대로, 이 기가 막힌 우주가 무에서 창조되었다면 그것이야말로 사상 최고의 비범한 기적이고, 이로써 신의 존재가 설득력 있게 입증될 뿐 아니라 여타의 다른 기적이 일어날 가능성은 더 개연성을 얻게 됩니다.

어제 아침, QT를 하다가 또 이 책을 읽다가 새삼 무릎을 치며 "맞아!" 하고 감탄사를 연발했습니다. 예수님을 믿는다는 것은 "태초에 하나님이 천지를 창조하셨다"라는 성경의 이 첫 구절부터 온전히 믿는다는 것이니, 기도하며 기적을 구하지 못할 이유가 하나도 없음을 깨달았습니다. 그런 면에서 어제는 올 한 해 제가 달려가야 할 방향과 영적인 목표가 정해진 것 같아 이렇게 메모했습니다.

"하나님의 지혜와 영광이 올 한 해 제 삶 가운데 나타나기를 소망합니다. 하나님의 약속이 이루어짐으로 날마다 기적이 나타나 하나님의 영광을 목격하고 증언하는 한 해 되게 하옵소서."

오래전부터 제가 주님께 구하는 성령의 은사는 '믿음의 은사'입니다. 이 은사를 사모하는 것은 지난 50여 년의 제 삶을 통해, 인생은 결코 사람의 힘으로 완주할 수 없다는 걸 실감하기 때문입니다.

하나님, 저는 꿈꿉니다. 믿음으로 살고 믿음으로 구하고 믿음의 눈으로 날마다 하나님을 바라볼 때 마침내 하나님의 초자연적 개입을 경험함으로 그것을 기록하는 한 해 되게 하옵소서.

2020. 01. 05. 주일
응답의 기회

시아버님의 위암 수술이 갑자기 앞당겨져 오늘 일산암센터에 입원하셔야 했습니다. 그래서 아버님이 오늘 새벽 울산에서 서울역으로 오시기로 했는데, 주일 사역으로 갈 수 없는 남편을 대신해 제가 모시러 가기로 했습니다.

일산으로 운전해서 가는 길. 친구 김정 사모로 인해 자주 오갔던 그 길 위에 서니 가는 도중 내내 감사기도가 나왔습니다. 우선은 본래 한 달 이상 대기해야 했는데 수술 날짜가 갑자기 1월 7일로 바뀌었다는 것이었고, 두 번째는 아버님을 살펴드려야 하는 이 일이 부담에서 소망으로 바뀐 것에 대한 감사였습니다.

처음에는 솔직히 '시간에 쫓기고 체력 부담에 시달리는 내가 또 이 일을 해야 한다'라는 생각에 마음이 부대꼈습니다. 그러나 성령께서는 이 일이 그동안 시댁을 위해 기도해온 것에 대한 응답의 시작이 될 수 있음을 떠올리게 하셨습니다.

몇 년 전부터 교회만 다니실 뿐, 아직 하나님을 만나지 못한 아버님이 예수님을 믿고 따르는 삶을 사실 기회가 될지도 모르기 때문입니다. 그렇다면 저의 작은 수고를 보태는 이 시간이 얼마나 소중한 기회이겠습니까? 마땅히 하나님께서 하실 일에 대한 기대와 감사의 자세로 감당해야 한다는 생각이 들면서 제 마음에 평안과 소망이 깃들었습니다.

병원에 도착해 입원 수속을 밟는데, 병원에선 아버님이 지방에 사시기 때문인지 입원실을 간호통합서비스 병동으로 배치해줬습니다. 간호사가 모든 걸 해주기 때문에 보호자나 간병인이 따로 필요 없는 병동이었습니다. 덕분에 제가 24시간 아버님 곁에서 간호하지 않아도 된다는 걸 알게 되어 세 번째 감사기도가 나왔습니다.

예전에 김정 사모가 입원했을 때 친구를 위해 딱 하룻밤을 병원에서 간병하고서는 3, 4일을 끙끙 앓았던 터라, 이번에 아버님 입원을 앞두고 (저에 대해) 적잖이 염려되었습니다. 그런데 간호통합서비스 병동에 입원하셔서 남편과 제가 날마다 번갈아 병원에 찾아오기만 하면 되니 이 또한 여호와 이레, 하나님의 은혜입니다.

입원 후 수술 전 검사와 수술 절차를 설명 들으면서도 왠지 모르게 감사했습니다. 암이긴 하지만 아버님이 위중한 상태가 아니어서 간호사의 말을 잘 알아듣고 지시에 잘 따를 수 있다는 것에 대한 감사였습니다.

수속을 다 마치고, 집으로 돌아오기 전 아버님의 손을 잡고 기도를 드렸습니다. 모든 검사 결과가 정확하게 나오기를, 수술하는 의사의 손길에 주님께서 함께하시기를, 수술 후 합병증 없이 신속히 회복되시기를, 수술 도중 아버님이 예수님을 인격적으로 만나시어 수술 이후의 삶이 예수님과 함께하는 복된 삶이기를 기도했고, 아버님도 "아멘"이라 화답하셨습니다.

집으로 돌아오면서는 감사를 넘어 찬양이 나왔습니다. 왜인지 모르겠지만 마리아가 가브리엘 천사에게 수태고지(受胎告知)를 받은 후 엘리사벳을 방문하여 불렀던 찬가가 계속 떠올랐던 것입니다.

마리아가 이르되 내 영혼이 주를 찬양하며 내 마음이 하나님 내 구주를 기뻐하였음은 그의 여종의 비천함을 돌보셨음이라 보라 이제 후로는 만세에 나를 복이 있다 일컬으리로다 능하신 이가 큰일을 내게 행하셨

으니 그 이름이 거룩하시며 긍휼하심이 두려워하는 자에게 대대로 이르는도다 눅 1:46-50

상황으로는 전혀 연관성이 없는데 왜 이 말씀이 계속 생각났는지 모르겠습니다. 어찌 됐든 저는 오늘, 마리아의 심정이 되어 주님을 찬양했고 소망했습니다.

2020. 01. 11. 토
누군가 널 위하여

시아버님이 수술받으신 지 다섯째 날. 남편과 번갈아 국립암센터에 다니다 보니 피로가 계속 쌓입니다. 그래도 수술이 잘 됐을뿐더러 아버님의 회복 속도도 빠른 것 같아 감사하고 또 감사합니다.

오늘 병원에 도착해보니 12시. 점심이 오길 기다리는 동안 노란 조끼를 입은 두 분이 병실 안으로 들어와 한 바퀴를 휘 둘러보더니 이내 아버님에게 오셨습니다. '기독신우회'라는 명찰을 가슴에 달고 자신을 이렇게 소개했습니다.

"안녕하세요? 저는 6개월 전에 이 병동에 입원했던 사람입니다. 위암 2기였어요. 수술은 물론 항암도 받아야 했는데 하나님께 항암 받지 않고 낫게 해달라고 기도했거든요. 그런데 임상실험 대상자에 뽑혀 특별한 수술을 받은 뒤로 항암을 안 하고도 이렇게 건강해졌습니다. 그래서 이렇게 하나님의 은혜를 전하러 다니고 있어요. 혹시 교회 다니시나요?"

그렇다는 아버님의 대답에 "구원의 확신은 있으시고요?"라고 묻습니다. 아버님이 고개를 좌우로 흔들자 본격적으로 복음을 전했습니다. 우리의 죄인 됨과 하나님의 아들이신 예수님의 구주 되심을 소개하고, 예수님을 영접하는 기도까지 따라 하게 하셨습니다.

아버님 성품에 얘기를 다 듣지 않으셨을 법도 한데, 매일 기도한다는 며느리가 옆에 있으니 그러지도 못 하시고 끝까지 그 얘기를 듣고 영접기도까지 다 따라 하셨습니다(물론 아버님은 수년 전에 남편에게서 복음을 전해 듣고 영접기도도 하신 적이 있습니다).

한 사람이 예수님을 만나기까지 복음을 한 번 듣고 두 번 듣고 여러 번 들어야 한다는 사실을 알기에, 저는 내내 그 옆에서 조용히 중보기도를 하며 감사와 찬양을 주님께 올려드렸습니다. 그리고 그분들이 나가자 "아버님, 이제 아버님 인생 후반은 하나님 때문에 완전 반짝반짝하실 거예요"라고 말씀드렸습니다. 그 말에 평생 행복이라곤 느껴본 적 없었던 아버님이 그럴 리가 없다는 듯 고개를 좌우로 흔드십니다. 그래도 굴하지 않고 한 말씀 드렸습니다.

"왜요? 예수님은 아버님 인생을 그렇게 만들어가실 수 있어요. 그러니까 아버님이 예수님을 영접하는 기도를 지금 하셨으니 이제부터 자꾸 예수님에게 말을 거셔야 해요. 아버님 힘드신 거, 외로우신 거, 고달프신 거, 걱정되는 거, 하나하나 마음속으로 말씀드리세요. 그러면 하나님이 분명 답해주시거든요. 아셨지요?"

그러자 아버님은 '정말 그런 일이 일어나려나?'라는 표정으로 빙그레 웃으며 고개를 끄덕이셨습니다.

집으로 돌아오면서 참 감사했습니다. 무엇보다 아버님이 이렇듯 절박한 시간에 복음을 한 번 더 듣게 된 것은 아버님을 위해 담길 지체들이 기도를 모으고 있어서라는 생각이 들어서였습니다. 기도는 결코 땅에 떨어지지 않는다는 말이 새삼 실감이 되었습니다.

저녁을 먹는 동안 오랜만에 큰아들이 즐겁게 이야기를 했는데 그러고 보니 근래 얼굴이 많이 밝아진 것이 보여 또 한 번 하나님께 감사했습니다. 식사 후에는 작은아들이 교회 청소년부 수련회를 마치고 들어왔습니다. 재밌고 좋았다고 말하는 아들의 얼굴 역시 환했습니다. 늘 일꾼이 부족한 이 작은 교회에서 청소년부를 묵묵히 섬기는 도현 형제와 민정 자매에게 감사한 마음이 더해졌습니다.

누군가의 섬김, 누군가의 기도, 또 우리를 살피시는 하나님의 은혜가 있어 오늘도 저는 이렇게 고단함 속에서도 웃고 기뻐하며 하루를 살았습니다.

2020. 03. 22. 주일
우리는 같이 살기로 했다

주일예배를 준비하는데 분당우리교회를 섬기는 중앙대 기독학생회 출신의 한 선배에게서 카톡이 왔습니다.

"우리 교회에서 미자립교회 월세 대납 운동을 한다고 합니다. 분당우리교회 홈페이지 한번 봐주세요."

코로나19 사태로 월세를 못 내는 미자립교회를 대상으로 분당우리교회가 3개월 정도 월세를 대납해준다는 기사를 어제 저도 봤습니다. 그런데 그 월세가 70만 원 이하여야 해서 그보다 더 내는 우리 교회는 자격 조건에 들지 못합니다. 그럼에도 저는 그 기사를 보며 분당우리교회에 정말이지 감사하고 감격했습니다.

월세 70만 원 이하의 미자립교회라면 우리보다 훨씬 어려운 교회 아니겠습니까? 따라서 그 교회들이 코로나 사태 속에서 느끼는 고통의 체감지수는 우리보다 더 클 수밖에 없습니다. 대형교회가 그와 같이 극심한 어려움에 처한 작은 교회의 어려움을 덜어주고자 발벗고 나선다니, 이 얼마나 고맙고 감격스러운 일인지요.

"우리 교회만 잘되면 되지"라는 지교회 이기주의가 팽배해진 이 시대에, 분당우리교회가 작은 교회의 어려움을 돌아본다는 것은 "그리스도 안에서 모든 교회가 하나"라는 진정한 연합의식을 가졌다는 뜻입니다. 그래서 그 자체로 우리에게는 정말로 큰 위로가 되었습니다. 카톡을 준 대학 선배에게 그 마음을 나누었더니 선배는 분당우리교회 교인답게 이런 답장을 보내왔습니다.

"그렇군요. 담트고길닦는교회에 도움을 주지 못해서 미안해요."

이 카톡을 보고도 감동이 밀려왔습니다. 미안해할 이유가 하나도 없는 그 선배의 "미안합니다"라는 말에서 겸손과 사랑이 느껴졌기 때문입니다.

그러고 보니 하나님께선 지금 우리에게 서로를 돌아보며 손 내미는 사랑을 요구하시는 듯합니다. 우리 교회만, 혹은 내 가정만 잘 되면 된다는 의식에서 벗어나, 같이 살아남고 같이 갔으면 좋겠다고 말씀하시는 것 같았습니다. 그야말로 우리는 "같이 살기로 했다"가 되어야 한다고 말씀하시는 게 아닌지요.

김정 사모도 같은 생각이었던 것 같습니다. 그래서 그이는 얼마 전 생명을 건 뇌암 수술을 앞두고도, 교인들이 모아 보내준 수술비 2백만 원 중 절반은 북한 선교사님에게 보내고, 그 나머지는 부평수봉산교회와 담트고길닦는교회에 감사헌금으로 보냈습니다.

코로나 사태가 터지자 우리 교회뿐 아니라 이웃 교회인 부평수봉산교회가 온라인예배를 드릴 수 있도록 힘닿는 데까지 자신의 달란트로 섬기는 남편의 모습에서도 그가 지금 "연합하여 사랑하라"라는 주님의 명령에 순종하고 있음을 확인합니다. 남편 역시 우리 교회뿐 아니라 이웃 교회와 함께 살고자 저리 애쓰는 것입니다.

지난주 금요일에 두 교회가 연합하여 온라인 금요기도회를 드릴 때도 그런 모습은 이어졌습니다. 부평수봉산교회 임홍직 목사님은 설교 도중에도 거듭 담길교회의 작은 섬김에 감사를 표했고, 담길교회 가족들은 채팅창에 부평수봉산교회 김정 사모를 향한 사랑을, 진심을 다해 전했습니다. '어느 교회 소속이고 어느 교회 사모냐?'

라는 경계가 전혀 보이지 않는 예배였습니다.

그날 부평수봉산교회 근처에 있던 담길교회 도들 자매는 예배가 시작된 걸 유튜브에서 보고는 부평수봉산교회로 뛰어와 담길 지체를 대표해서 함께 예배드렸습니다.

예배가 끝난 뒤 '마스크' 얘기를 하다가, 이 경황 중에 매일 약국에서 한 시간씩 줄을 서서 마스크 두 매씩 구입한다는 임 목사님 가정의 소식을 들었는데 그게 마음이 쓰였던지 집으로 가려다 말고 차에서 내려 마스크 두 장을 갖고 왔습니다. 자신에게 있던 여분의 마스크 두 장을 임 목사님 가정에 드리고 싶다면서 말입니다.

코로나로 온 세상이 고통뿐인 것 같지만 하나님께선 우리에게 서로를 돌아보아 하나 되게 하시는 사랑의 기쁨을 허락하십니다. 이 기쁨이 밤하늘의 별처럼 곳곳에 총총 박혀있는 시대입니다.

2020. 05. 01. 금
낙심하지 않아도 되는 이유

새벽에 깨어보니 문자 한 통이 와 있었습니다. 몇 달 전《나는 같이 살기로 했다》(규장)를 읽고 생식을 보내주셨던 약사 집사님이 보낸 문자인데, 본인 구역의 어떤 분이 제 책을 읽고는 20만 원을 제게 보내주라고 했다는 내용이었습니다.

문자를 받자 그저께 일들이 떠올랐습니다. 어제 온라인 수요예배

도중 남편은 갑자기 어지러워져 방송하다 말고 목양실로 가서 사탕 하나를 입에 물고 와서 예배를 진행했습니다. 수년 전에 비하면 남편의 건강이 많이 좋아지긴 했지만, 아직도 일주일이면 평균 사나흘씩 통증과 여러 증세에 시달리는 남편을 보다 보면 때론 제 맘이 낙심되기도 합니다. 어젯밤이 그런 날이었습니다.

몇 달 동안 아슬아슬하게 견디는 남편을 보며 아내인 제 마음이 먼저 스러지지 않도록 주님께 가서 씨름해야 했습니다. 그러다 밤이 되어 저녁 식사를 하는데 반백이 되어버린 남편의 머리카락과 잔뜩 부은 두 눈에 제 시선이 머물렀고, 그 순간 제 마음이 확 주저앉는 듯했습니다. 밤에 책상 앞에 앉으니 기도의 전투력도 사라져 버리고 "언제까지니이까?"라는 한탄만 나왔습니다. "내 사정은 주님께 숨긴 바 되었나이다"라는 다윗의 고백이 제 고백이 되었습니다.

남편의 병이 낫기를 기도한 지 무려 20년입니다. 그런데도 그는 여전히 병으로 고통받고 있습니다. 남편의 증세가 심해질 때마다 계획했던 일을 다 미루며 컨디션이 좋아지기만을 무작정 기다려야 했던 그간의 제 삶도 어제는 슬픈 시선으로 돌아보게 되었습니다. 그나마 다행인 건 덮쳐오는 우울감과 무력감을 묵상해봐야 득이 될 게 없다는 사실을 인정하고는 일찍 쉬어주는 게 상책이다 싶어 10시쯤 잠자리에 든 것입니다. 그런데 새벽에 눈을 떠보니 약사 집사님에게서 그런 문자가 와 있었던 것입니다.

아, 하나님…. 하나님은 이렇듯 먼저 손을 내밀어 지친 제 마음을 풀어주곤 하십니다. "내가 너를 보고 있다. 지키고 있다. 함께하고 있다. 그러니 힘을 내렴" 하고 말씀하시는 것 같았습니다.

통장을 확인한 후 곧바로 그것을 누군가에게 흘려보냈습니다. 이틀 전 어려움에 처한 누군가를 위해 안타깝게 기도하다가 "하나님, 이번 주에 만약 제게 불로소득이 주어진다면 그 돈을 그 자매에게 보내겠습니다"라고 하나님께 기도한 것이 떠올랐기 때문입니다.

20만 원을 입금하고 나니, 신기하게도 간밤까지 저를 붙잡았던 암울한 생각들이 사라지고 기쁨이 차올랐습니다. '그렇지, 하나님은 기도를 다 듣고 계셨어. 내 사정을 하나님께선 다 알고 계셔.'

이렇게 생각하니 10년째, 20년째 기도하는 제목들에 대해서도 하나님께서 언젠가 반드시 답해주실 거라는 믿음이 찾아들었습니다. 응답을 바라며 씨름하는 이 모든 시간은 결국 우리를 아름답게 빚어가시는 과정이기에, 하나님께선 이 모든 과정을 통해 영광 받으실 거라 믿어졌습니다.

알고 보니 제게 돈을 보내준 분은 몸도 아프고 경제적으로도 녹록지 않은 분이었습니다. 구역장님에게 제 책을 선물 받고는 "이렇게 귀한 책 선물 받은 사람 있으면 나와봐"라고 말할 정도로 제 아픔에 공감하며 책을 읽어준 고마운 분입니다. 그러니 그 분이 제게 보내주신 그 사랑은 얼마나 크고 깊은 것이었겠습니까?

하나님, 제가 이처럼 귀한 사랑을 받는 사람이란 걸 이제 잊지 않겠습니다. 그 사랑을 받은 자로서 더는 낙심한 채 앉아 있지 않겠습니다. 두 손을 들고 무릎을 꿇어 주님 앞에 기도하겠습니다. 끈질기게, 멈추지 않고 말입니다.

끈질긴 기도의 진정한 가치는 무엇을 얻느냐가 아니라 어떤 사람이 되느냐에 있다.
– 필립 얀시

2020. 05. 23. 토
최고의 선물

"인간이 인류에게 줄 수 있는 최고의 선물은 무엇입니까? 영혼이 아름다워지는 것, 그래서 사람들이 그 영혼의 아름다움을 볼 수 있도록 하는 것이 아닐까요?"
– 프랑크 루박, 《프랑크 루박의 기도일기》, 배응준 역(규장, 2012), p.28

요즈음 인천 지역에 코로나19가 재확산 조짐을 보이면서 여러모로 심란했는데 어제 서울에서 누군가를 만나며 뜻밖에도 제 마음에 기쁨이 차올랐습니다. 하나님을 사랑하여 기쁨으로 사역하는 사람들이었지요. 저는 그들을 만나는 동안 그들의 기쁨이 제게 전염되어 온 덕분에 제 마음에 있던 어둠이 걷힌 거라 여겼습니다.

그런데 프랑크 루박 선교사님의 책을 읽다 보니, 그들에게서 받은 감동의 실체가 다름 아닌 그들 영혼의 아름다움 때문이었음을 알게 됩니다. 하나님을 사랑하는 사람들은 그 영혼이 하나님을 점점 닮아 아름다운 색으로 물들어 가나 봅니다.

대화를 나누는 동안 시종 묻어났던 상대에 대한 친절과 존중, 그들이 얼마나 상대를 배려하는지조차 의식하지 않는 진정한 겸손, 그러면서도 복음을 만방에 전하려는 뜨거운 열정이 감동적으로 다가왔었습니다. 그 만남을 통해 아름다우신 하나님을 떠올리며 기쁨의 미소를 짓게 되었다는 게 어제 제가 받은 큰 선물이었습니다.

제 영혼도 그렇게 아름다워지기를 소망합니다. 무엇보다 저와 가장 가까운 남편과 자녀들에게 제가 줄 수 있는 최고의 선물은 '내 영혼이 하나님을 닮아가는 것, 그래서 그 아름다움을 볼 수 있도록 하는 것'이라는 생각이 듭니다.

우리 조상들이 주께 의뢰하고 의뢰하였으므로 그들을 건지셨나이다 그들이 주께 부르짖어 구원을 얻고 주께 의뢰하여 수치를 당하지 아니하였나이다 시 22:4,5

시편을 묵상하다가 "주께 의뢰하고 의뢰하였"다는 표현과 "그들이 주께 부르짖어 구원을 얻"었다는 구절에 눈길이 머물렀습니다. 하나님을 믿는다는 건 결국 하나님을 의뢰하고 의뢰하는 것이고, 또한 주님께 부르짖는 것임을 되새기게 해주는 말씀입니다. 그러고 보면 그 영혼이 아름다운 사람들이란 하나님을 의뢰하고 의뢰하는 사람들입니다. 하나님만이 능력이라 믿기에 늘 기도로 사는 사람들입니다.

반면, 하나님이 아닌 힘 있는 사람을 의지하거나 상황에 기대는 사람들에게선 아름다움은커녕 추함마저 느껴지곤 합니다. 그런 이들을 만나고 오면 가뜩이나 나약한 제 자아가 더 불안하게 흔들리면서 살아갈 힘을 잠시 잃어버리기도 합니다. 어쩌면 사람과 상황을 슬쩍슬쩍 의지하는 제 자아의 모습이 그런 이들을 통해 드러난 것 같아 더 힘들었는지도 모르겠습니다.

그런 면에서 저는 오늘 묵상한 시편 말씀처럼, 저도 끝까지 하나님만을 의뢰하고 의뢰하여 제가 의뢰하는 하나님을 끝없이 닮아가기를 소망합니다. 그리하여 언젠가 제 영혼의 모습을 통해 사람들에게 하나님을 나타내는 꿈 같은 날이 오기를 기대합니다. 어떤 상황에서도 하나님처럼, 아픈 이들을 토닥여주며 견고한 평안을 선물하는, 영혼이 아름다운 사람이 되고 싶습니다.

2020. 05. 27. 수
애쓰지 말라

하루를 살다 보면 주변의 아픈 사람들 얼굴이 자주 떠오릅니다. 동시에 제 마음은 그들에 대한 걱정에 붙들리기 십상입니다. 그러나 얼마 전부터 모든 일을 기도로 갖고 가기로 결정한 터라, 누군가 떠오를 때마다 그에 대한 걱정 대신 한 마디의 기도를 쏘아 올리고 있습니다. 그것은 삶의 모든 배경에 하나님을 두고 그분께 모든 걸 의뢰하겠다는 뜻이기도 합니다.

신기하게도 그런 습관을 들이면서부터 내 안의 부정적인 것들(탄식, 염려, 불안)이 사라지고 평안이 지속되는 것을 발견했습니다. 드디어 저는 혼자 살던 습관에서 벗어나 하나님과 같이 살고 있는 것일까요?

이렇게 살면서부터 제 영혼은 고통에 짓눌리지 않게 되었습니다. 제 성향상, 고통 중에 처한 이들이 떠오르면 그들을 위해 뭐라도 해야 할 것 같은 조급함에 휩싸이곤 했는데 이제 그 눌림으로부터 자유해진 듯합니다. 그것은 언제부턴가 하나님께서 들려주신 음성에 반응하면서 일어난 일이기도 합니다.

"네가 무언가를 해야 한다는 생각을 내려놓아라. 너는 그저 나와 교제하면 된단다. 나랑 같이 인생의 동산을 거닐자꾸나."

하나님께서 들려주시는 이 음성의 구체적인 의미를 저는 오늘 읽은 책에서 한 번 더 확인할 수 있었습니다.

고요함에 이르는 것은 무엇인가를 '하는 것'이 아니라, 내면에서 주 예수 그리스도와 접촉하는 것이다. 나는 고요함에 이르려고 몸부림치거나 나 자신에게 강요하지 않는다. 그것은 꼭 쥐고 있던 것을 그냥 놓는 것이며, 마음을 편히 갖는 것이며, 애쓰기를 중단하는 것이다. 고요함에 이르는 것은 지금 이 순간에 예수 그리스도를 체험하는 것이다.

– 마크&패티 버클러, 《하나님과 대화하기》, 배응준 역(규장, 2018), p.86

이 책에서 말한 대로, 하루라는 시간 동안 모든 초점을 '나' 아닌 '하나님'께 두고 그분과 교제(기도)하는 데 집중하다 보면, 내가 무언가를 해야 한다는 강박에서 벗어나는 걸 발견합니다. 평안 중에 주님과 동산을 거닐며 하루라는 시간을 즐기게 됩니다.

그러면 모든 사역과 섬김, 영적 사명의 능력이 주님과의 친밀한 교제 속에서 흘러나와 자연스레 해결됩니다. 내가 주님과 하나가 될 때 내가 아닌 내 안의 예수 그리스도께서 친히 그 모든 것을 행하시는 것입니다.

하나님, 앞으로 제 인생이 그렇게 쭉 흘러갔으면 좋겠습니다. 인위적으로 스스로 무언가를 하려는 생각도, 습관처럼 애쓰고 힘쓰던 모습도 내려놓고, 그저 주님과 이 하루의 동산을 거닐며 항상 기도하고, 맛있게 식사도 하고, 주님 인도하시는 대로 성실하게, 그러나 성령의 인도하심을 따라 걸어가는 자연스러운(인위적이지 않은) 삶이 되기를 소원합니다.

2020. 05. 30. 토
내가 돌아가야 할 제자리

하나님, 밤에 잠을 못 이룰 정도로 여러 일이 얽혀 있는 요즈음입니다. 거기다 오늘 아침에 걸려온 전화 한 통으로 근심과 한탄이 더해졌습니다. 한고비를 넘기면 또 다른 고비가 찾아오는 게 인생이라지만, 때를 따라 고통의 문제들이 겹겹이 찾아드는 현실 속에 저의 무력감은 더해질 수밖에 없습니다.

점심 식사 후 답답한 마음을 달래려 화초들을 돌보다 에어컨 실외기 위에 놓인 안개꽃 세 다발에 눈길이 머물렀습니다. 한 달 반 전쯤, 친구 김정 사모가 사다 준 이 안개꽃 세 포트는 한 달 내내 새하얗게 피어 거실 창가를 밝혀주었습니다. 그러나 한 달 뒤부터 시들어가는 안개꽃의 모습은 얼마나 처참하던지요.

어떻게든 살려보려고 져버린 꽃무더기를 가위로 일일이 잘라보기도 했습니다. '어차피 한두해살이 꽃을 한 달 정도 실컷 봤으니 그냥 내다 버릴까'라는 생각도 들었습니다. 그러다 문득 노지에서 키워야 하는 안개꽃의 생태가 생각났습니다.

비와 바람과 햇살을 듬뿍 받을 수 있는 저 자리가 바로 안개꽃이 있을 자리가 아닐까 싶어 에어컨 실외기 위에 살포시 놔뒀는데 이게 웬일입니까? 곧 죽을 것 같았던 초록 잎새들 위로 어느새 새하얀 안개꽃이 무더기로 올라와 예쁜 자태를 뽐내는 게 아니겠습니까? 노지에서 자라야 하는 안개꽃의 특성상, 그저 있어야 할 원래의 자리에 놓아준 것뿐인데 하늘에서 내려주는 비와 바람과 햇살을 듬뿍 받더니 이 안개꽃이 또 한 번 활짝 피어난 것이었습니다.

"너도 네 자리로 돌아가야지."

그 순간, 하나님께선 제게 이렇게 말씀하셨던 것 같습니다. 한철 꽃을 피워낸 후 완전히 시들어버린 듯 의욕 저하에 빠진 제 마음속으로 '내가 있어야 할 자리도 기도의 자리였구나'라는 생각이 훅 들어왔으니 말입니다.

맞습니다, 하나님. 오늘 오전에는 제 힘으로 해결할 길 없는 어려운 문제가 찾아오면 기도의 자리로 가야 한다는 사실을 잠시 잊었습니다. 기도의 자리로 가서 하나님을 구할 때라야, 하나님께서 친히 보내주시는 비, 바람, 햇살을 먹고 제 영혼이 다시 살아난다는 걸 잊었습니다.

기도의 자리로 돌아가 거기서 하나님을 구할 수 있다면 더는 풀 죽어 있을 이유가 없음을 다시 피어난 꽃을 보며 깨달았습니다. 기도하겠습니다, 하나님. 인생의 모든 막힌 문제는 하나님께서 해결해 주셔야만 뚫릴 수 있음을 다시 한번 기억합니다. 하나님은 우리가 기도할 때 영혼을 소생시키시고 그분의 이름을 위하여 의의 길로 인도하시며 하나님을 찾는 자들에게 상 주시는 분이기 때문입니다.

믿음이 없이는 하나님을 기쁘시게 하지 못하나니 하나님께 나아가는

자는 반드시 그가 계신 것과 또한 그가 자기를 찾는 자들에게 상 주시는 이심을 믿어야 할지니라 히 11:6

2020. 06. 22. 월
언제 이렇게

하나님, 큰아들이 달리기를 하고 싶다더니 혼자 밖에 나갔다 왔습니다. 며칠 전 제게 "엄마, 이제 저는 불안하고 뭔가 답답하던 상태에서 벗어난 거 같아요. 얼마 전부터 다시 태어난 기분으로 살고 있어요"라고 말할 때부터 어쩌면 저는 이런 날을 기다려 왔는지 모르겠습니다. 아니, 처음 불안장애 증세를 호소했던 십 년 전부터 저는 아들에게서 그 말을 듣고 싶었습니다.

불안증이 찾아온 후 산책과 같은 바깥 활동을 하려면 언제나 기나긴 설득이 필요한 아이였는데 유독 무더웠던 오늘, 아들은 밖에 나가 전력질주를 해보고 싶다며 스스로 나가겠다고 말했습니다. 우리 부부는 속으로 '할렐루야'를 외쳤지만 짐짓 태연하게 권했습니다. 날이 너무 더우니 해 떨어지면 나가는 게 어떠냐고요.

해 진 후, 아들은 정말로 혼자 동네 한 바퀴를 돌고 들어왔습니다. 땀에 흠뻑 젖은 몸으로, 얼굴엔 미소를 지으면서 말입니다. 부모인 우리가 아들을 위해 아무것도 못 하는 사이, 하나님께서 이 아들의 몸과 마음에 얼마나 놀라운 은혜를 베푸셨는지 실감합니다.

무엇보다 아들의 아픔을 이해 못 한 채 오랜 세월 몰아붙이기만 했던 무지한 엄마 밑에서 이 아들이 건강해지기 위해 얼마나 잘 견뎌오고 분투했는지 느껴져 그저 대견하고 그저 고맙고 미안했습니다. 아들이 7년 동안 먹었던 약을 끊은 뒤 죽을 것 같은 금단증상도 견뎌내고 또한 혼자 운동하며 살을 15킬로그램이나 빼더니 드디어 오늘 같은 날이 찾아온 것입니다.

하나님의 인도하심은 참으로 놀랍습니다. 사람의 주인이 하나님이시고, 그 하나님이 우리 인생을 선하게 이끄시는 분이심을 다시 한번 확인하며, 이 밤 영광 받으실 하나님의 이름을 찬양합니다.

2020. 09. 19. 토
내 병을 고치신 하나님

하나님, 오늘 아침도 큰아들이 제일 먼저 일어났습니다. 새벽 6시면 어김없이 일어나 물 한 잔을 마시고, 그제야 부엌으로 나오는 엄마를 보며 맑게 웃어줍니다. 이제는 당연한 듯한 일상이 되어버린 이런 아침 풍경을 하나님께선 언제 우리에게 주신 건가요?

10년이 넘도록 밤마다 잠들기를 힘들어하며 불안해하는 아들을 보며, 만약 우리에게 회복이 온다면 저는 "여호와께서 시온의 포로를 돌려보내실 때에 우리는 꿈꾸는 것 같았도다"(시 126:1)라는 고백을 할 것 같았습니다. 그런데 요즘 제 입에서 그 고백이 나오고 있습니다. 할렐루야!

올 1월 16일, 제 책《나는 같이 살기로 했다》가 출간될 때까지만 해도, 아들의 상태엔 진전이 없었습니다. 책 마지막에 쓴 대로, 7년간 먹던 약을 막 끊은 상태였고, 하나님은 제게 '독립'이란 단어를 주셔서 아들을 하나님께 온전히 맡기도록 인도하셨습니다.

그때부터 제 씨름의 양상은 달라졌습니다. 아픈 아들을 붙잡고 하는 씨름이 아니었지요. 아들이 아무리 힘들어해도 내가 마치 아들을 일으킬 수 있는 양 아들을 찾아가 어찌해보려 하지 않고, 끝까지 기도하며 하나님께서 직접 아들을 붙잡고 일하시도록 기다리는 씨름이었습니다.

이 씨름을 하면서야 알았습니다. 제 안에 얼마나 많은 불안과 염려와 조급증과 두려움과 불신이 있는지를요. 밤에 기도하다가도 당장 아들 방에 들어가서 아들이 숨은 잘 쉬고 있나 확인해야 잠을 잘 수 있는 사람이 저였습니다. 저는 사실 아들보다 더 깊은 마음의 병을 가진 불안증 환자였던 것입니다.

그런데 하나님께 아들을 온전히 맡기고 몇 달이 지나면서부터 저희 집의 밤과 아침 풍경이 달라졌습니다. 아들은 밤이면 편안히 잠자리에 들었고 아침에도 일찍 일어나 하루를 성실하게 살았습니다. 천재적인 언어 감각을 지니고도 아플 때는 책 읽기조차 어려워했는데, 이제는 낮에 내내 책을 읽거나 무언가를 끄적거립니다.

하나님, 어느덧 저희 가정의 밤은 평화롭고 아침은 신선해졌습니다. 10년 동안 사라졌던 평강의 바람이 아침저녁으로 불어오고 있습니다. 오늘 밤에 시편 103편을 쓰는 동안 그런 지난 시간이 떠올랐습니다. 여호와께서 우리 가운데 행하신 큰일을 보며 꿈꾸는 것 같았습니다. 하나님께서 제 병을 완전히 고치시고, 큰아들도 낫게 하셨음이 믿어졌습니다. 어떻게 이런 일이 일어날 수 있었을까요? 시편 103편이 답해주었습니다.

> 아버지가 자식을 긍휼히 여김같이 여호와께서는 자기를 경외하는 자를 긍휼히 여기시나니 이는 그가 우리의 체질을 아시며 우리가 단지 먼지뿐임을 기억하심이로다 시 103:13,14

"아버지가 자식을 긍휼히 여김같이"라는 부분을 읽으며 눈물이 왈칵 쏟아졌습니다. '아, 내가 내 자식의 연약함을 보며 한없이 불쌍히 여기듯 하나님께선 연약한 내 체질을 아시고 나를 긍휼히 여기셨구나'라는 깨달음 때문이었습니다. 여호와의 인자하심과 긍휼이 나를 살리신 것입니다. 그래서 시편은 계속해서 이와 같은 하나님의 성품을 찬양하나 봅니다. 어떤 인간도 하나님의 인자하심에 기대지 않고서는 결코 수렁에서 벗어날 수 없다는 걸 시인은 알았을 테니 말입니다.

가을의 기도

하나님, 인생의 가을에 들어서고서야 저는, 인생에서 제가 할 수 있는 게 거의 없다는 사실을 인정하게 되었습니다. 특히나 사랑하는 사람을 세우기 위해 제가 할 수 있는 일이 극히 미미함을 이제야 알았습니다.

그래서 하나님께선 "큰일은 내가 할 테니 너희는 작은 일에 충성하라"라고 말씀하셨나 봅니다. 그런데도 우리는, 미미해 보이는 일은 안 하려 하고 결정적인 일을 해낼 수 있다 여기며 무모한 도전으로 세월을 낭비하며 살아가곤 합니다.

이 계절을 맞이하고서야 저는, 스스로 너무 애써왔던, 아니, 하나님을 온전히 의지하지 못했던 시간이 얼마나 헛되고 허망한가를 깨닫습니다. 이제야 저 자신, 누군가에게 삶의 이정표라도 되어줄 수 있는 양 저를 드러내려 애썼던 세월에 부끄러움을 느낍니다. 그것은 곧 이제야말로 정말 하나님만을 전하고 싶고, 하나님만을 드러내고 싶다는 뜻이기도 합니다.

"왕이신 나의 하나님, 내가 주를 높이고 영원히 주의 이름을 찬양하리이다"라는 고백대로, 내가 나를 높이는 삶이 아니라 주를 높이는 참된 인생을 살고 싶습니다. 하나님만을 의지하자는 그 단 한 문장을 제 인생 전체에 걸쳐 쓰고 싶습니다.

그런 인생이 되려면 제 눈이 하나님만을 주목해야 합니다. 죄와 한계로 죽을 수밖에 없는, 한 줌 부스러기에 불과한 나 자신을 바라보면 언제나 열패감과 죄책감, 두려움과 염려라는 왜곡된 렌즈로 사고할 수밖에 없기 때문입니다.

이제 제 인생의 주제어는 '하나님과의 동행'입니다. 그러니 하나님, 이 가을에 저로 하나님께 바짝 다가서게 하여 주십시오. 그래서 하나님께서 하시는 기이한 일들을 전하는 자가 되게 해주십시오.

하나님께 가까이함이 내게 복이라 내가 주 여호와를 나의 피난처로 삼아 주의 모든 행적을 전파하리이다 시 73:28

2020. 11. 28. 토
어두운 후에

하나님, 어제는 많이 당황했습니다. 작은아들이 수능 1주일을 앞두고 아파서 누워버렸기 때문입니다. 열을 재보니 37도가 넘었습니다. 병원에 가기엔 이미 늦은 시간이라 근처 약국에 가서 소화제(혹시 체했나 싶어)며 해열제를 사다 먹였더니 그게 또 문제가 됐는지 심하게 게워냈고 그 뒤로 맥을 못 추었습니다(열흘 전부터 집에서만 지냈고 접촉자도 전혀 없어서 코로나 감염 가능성은 낮았습니다).

남편과 함께 아들을 위해 기도해준 뒤 가장 먼저 담길교회 단톡방과 친구 김정 사모에게 기도 제목을 알렸습니다. "이 아들을 통해 하나님께서 하시는 일을 나타내소서"라고 기도해 왔기에, 무슨 일이 있든 지체들에게 기도 제목을 올려 하나님께서 하실 일들을 함께 소망하기 위해서였습니다. "기도하겠습니다", "기도합니다"라고 답하는 지체들의 글이 참으로 위로가 되었습니다.

그런 중에 저는 밤새 잠을 이루지 못했습니다. 열흘 전부터 수능 대비 컨디션 조절한다고 식단이며 시간 관리에 제법 신경을 썼건만, 힘들어하는 아들을 보니 엄마인 내가 뭘 또 잘못한 건 아닌가 돌아보게도 되고, 악조건 속에서 1년 동안 성실하게 달려온 아들에 대한 안쓰러움도 밀려온 까닭이었습니다. 참 괴로운 밤이었습니다.

그런데 오늘 아침, 눈을 떠보니 누군가 보낸 따뜻한 메시지가 제 카톡 메시지에 남겨져 있었습니다. 수험생 엄마로서 수고 많았다는 내용이었지요. 하나님의 위로로 다가왔습니다.

아들의 상태도 밤새 나아져 있었습니다. 열은 내렸고 컨디션도 어제보다 낫다 했습니다. 그러나 평소에도 약했던 아들의 체력을 끌어 올리려면 뭘 좀 잘 먹어야 할 텐데, 여전히 음식이 입에 안 들어간다며 죽을 딱 한 숟갈 뜨고 말았습니다.

"아빠가 기도해줄게."

남편은 출근 전, 아들을 붙잡고 간절히 기도해주고는 바삐 교회로 향했습니다. 온라인교회 일로 하루 24시간이 모자라게 일하는 남편은 이런 와중에도 담담히 해야 할 일에 집중하려 하는 것 같습니다. 그제야 저는 안방에 들어와 잠시 숨 고르기를 해봤습니다.

"하나님, 저 지금 당황해서 허둥지둥하고 있죠? 아들의 인생길에 통과해야 할 수많은 관문 중의 하나인 수능시험을 앞두고 담담하고 평안한 엄마의 모습을 보여줘야 할 텐데, 아들의 갑작스런 컨디션 난조에 별의별 생각이 다 듭니다. 하나님, 어떡하지요? 저를 다스려주세요."

제 마음을 토로하자 하나님께서 그러시는 것 같았습니다.

"딸아, 괜찮다. 너는 나를 바라보며 그저 네 할 일을 하거라."

제가 할 일이 뭘까요? 그 순간 떠오른 것은 아들 입맛이 돌아와 기운 차릴 수 있도록 밥을 해주는 일이었습니다. 자리에서 일어나 장바구니를 들고 동네 마트로 갔습니다.

"언니!"

같은 동네에 사는 동생이었습니다. 마트에서 마주치기는 참 오랜만이었습니다.

"나 있지, 소고기 사다가 양념 재서 언니네 갖다줘야지 생각하고 마트에 왔는데 여기서 딱 만났네. 잘됐다. 고기 사줄 테니까 이거 갖고 가서 애들 먹여."

수험생 조카를 응원하며 고기를 사서 건네는 속 깊은 동생에게서 또 한 번 하나님의 사랑과 격려를 느꼈습니다.

오후 4시. 점심 식사 후 안방에 누워 책을 보고 있자니 둘째가 슬며시 문을 엽니다. "아프니?"라며 벌떡 일어났더니 아들은 뜻밖의 소식을 제게 전합니다.

"엄마, 저 연세대학교에 수시 1차 합격했어요."

아, 이게 웬일입니까? 수시로 네 군데 넣은 대학 중 가장 먼저 발표된 그 대학에 아들이 1차 합격했다는 소식이었습니다. 오늘 합격자 발표가 있는 건 알았지만 거긴 어려울 거란 생각에 일찌감치 기대를 접은 상태였습니다. 오늘 불합격 통보를 받더라도 그저 아들이 멘탈을 잘 정비해서 수능에 임하기만을 기도하고 있었으니까요.

"어떻게 합격했지? 내가 넣은 전형으로는 나 같은 일반고 출신들은 여기 합격이 어려운데?"

"그러게. 하나님께서 하셨다. 하나님의 은혜다."

이 발표를 앞두고 아들은 생각보다 더 많이 긴장했었나 봅니다. 이 소식으로 아들은 수능 부담감을 반은 덜어낸 듯합니다. 이제는 원래 목표(서울대 정시)대로 수능 시험을 보고, 점수에 따라 연세대 2차 면접에 갈지 말지를 정하면 됩니다. 어쨌거나 목표로 하는 대학 중한 곳에 1차 합격했으니 조금은 편한 마음으로 수능에 임할 수 있게 되었습니다.

하지만 처진 체력은 저녁이 되어도 쉬 복구가 되지 않았습니다. 같은 동네 소아과 병원장인 친구에게 전화를 걸었지요(이 친구에겐 어려울 때만 전화를 겁니다. 이번에도 근 1년 만의 통화였을 겁니다). 친구는 요즘 같은 코로나 시국에 수험생이 병원에 가는 것도 위험한 일이라며 직접 집으로 와서 링거를 놔주었습니다. 친구의 방문은 하나님의 또 다른 격려이자 선물로 다가왔습니다.

하나님, 근심걱정 가득했던 어제를 보낸 뒤 맞이한 오늘은 이렇게 하나님의 꽉 찬 은혜로 채워졌습니다. "어두운 후에 빛이 오며"라는 찬송가 가사 그대로입니다. 삶을 인도하시는 주님께 저는 그저 감사와 찬양밖에 드릴 게 없습니다. 너는 그저 네 할 일을 하라는 주님의 말씀은 찬송과 기도에 전념하라는 뜻이었나 봅니다.

지체들을 통해 회복과 위로를 주신 주님, 감사합니다. 우리를 통해 주님께서 하시는 일들을 나타내 보이시옵소서.

2020. 12. 31. 목
문득, 감사

하나님, 점심을 먹으며 텔레비전을 시청하는데, 한 배우가 고생하는 아내를 위해 빚을 내어 여행을 다녀왔던 무명 시절의 경험담을 말하는 장면이 나왔습니다. 전에는 그런 장면을 보면 부러움이 일었습니다. 단둘이 떠나는 해외여행이라든가 맛집 투어 같은 거, 우리는 단 한 번도 경험 못 해본 호사이기 때문입니다.

그런데 오늘은 놀랍게도 그런 얘기가 별로 부럽지 않았습니다. '내 남편은 내게 저런 시간을 제공해준 적이 없다'라는 불만도 전혀 나오지 않았습니다. 오히려 그 순간, 남편이 제게 해준 것이 크게 다가왔습니다. 그것은 다른 여타의 즐거움들과는 비교 불가의 가치를 지녔습니다. 바로 하나님 안에 거하는 기쁨, 그것이지요.

이 기쁨을 남편이 제공해줬다고 말할 수는 없지만 제가 그 기쁨을 알고 맛보며 사는 데 가장 크게 일조한 사람이 남편인 것만은 분명합니다. 남편은 제게 하나님을 아는 지식 가운데 자라게 했고, 하나님의 사랑이 무엇인지 보여주었습니다. 그러면서도 그 자신이 오직 하나님만을 의뢰하고 의지하는 모습을 보여주면서 제가 남편이 아닌 하나님만을 의지하도록 이끌어 주었습니다. 그런 가운데 저는 하나님과 연합하는 참기쁨(혹은 환희)을 맛볼 수 있었습니다.

해를 더해갈수록 이 기쁨의 실체를 깊이 맛보게 되면서, 저는 좋은 집에서 살고 싶다거나 여행을 가고 싶다거나 하는 평범한 욕망은 하나님 안에 거하는 기쁨에 비하면 한낱 그림자에 불과함을 깨닫게 되었습니다.

물론 그렇다고 제가 해탈한 사람마냥 누리고 싶은 것들이 다 사라졌다는 뜻은 아닙니다. 그런 게 여전히 조금씩 남아 있긴 하지만 참 기쁨의 실체를 맛본 자로서, 이제 제 영혼은 하나님과 연합하는 기쁨을 최고로 갈망한다는 뜻입니다.

하나님, 그 기쁨을 남편과의 결혼생활을 통해 알아가게 하시니 우리의 결혼생활은 얼마나 복되고 아름다운지요. 우리에게 이런 결혼생활을 허락하신 하나님께 감사와 영광을 돌려드리는 2020년 마지막 날입니다.

chapter

09

기도일기

마음을 꾹꾹 담아
올려드리는
기도의 정수

지난 일기를 펼치기 전

나는 더 깊은 기도 골방에 들어가 기록하기로 했다

팬데믹 2년 차. 모든 것이 멈춰버린 듯했다. 성도들은 2년째 예배당에 모이지 못했고, 코로나로 유명을 달리했다는 지인들의 소식도 들려왔다. 그러한 때에 남편은 주일예배와 수요예배, 새벽예배까지 날마다 영상을 찍어 온라인으로 올리는 일에 몰두했다.

변변한 장비도 없고 도와줄 인력도 없는 미자립교회에서 아침부터 자정까지 목사 홀로 이 일을 감당하는 게 쉽지 않아 보였지만 남편은 코로나 기간 내내 말씀을 연구하고 원고를 쓰고 영상을 찍고 편집해서 날마다 온라인으로 설교 영상 올리는 일을 포기하지 않았고, 건강을 염려하며 이를 말리는 내게 한결같이 대답했다.

"말씀을 전해야 할 내가 지금 할 수 있는 일은 이거밖에 없어."

그런 남편을 보며 나는 스가랴 선지자가 보았던 '네 뿔과 네 대장장이' 환상이 떠올랐다. 이스라엘이 바벨론 70년 포로 생활을 끝낸 뒤 황폐해진 예루살렘을 복구해야 할 시점에 이스라엘에 보여주신 하나님의 두 번째 환상.

그것은 네 뿔로 대변되는 네 강대국의 막강한 위협을 물리칠 네 명의 대장장이에 대한 계시였다. 아, 생각만 해도 오금이 저리는 무시무시한 뿔들을 제거할 존재가 다름 아닌 장인, 숙련공으로 번역되는 소박한 대장장이들이라니….

이 어려운 시대를 돌파할 하나님의 한 수는 어쩌면 유명하고 거창한 사람들이 아니라 이름도 없고 빛도 없이 골방에서 일하는 소박한 대장장이들일지도 모르겠다. 작은 대장간에서 뚝딱뚝딱 쇠를 달구고 담금질을 하고 연장을 만드는 대장장이처럼, 날마다 한 평 작은 공간에서 말씀을 붙들고 씨름하는 주님의 종들을 통해 하나님은 주의 말씀이 이 시대를 뒤덮도록 하실지 모르는 일이었다.

나도 모르게 그런 비전이 그려지자 나 또한 한 사람의 대장장이가 되어야 한다는 사명 의식이 찾아들었다. 때를 맞춰 하나님은 내게도 말씀하셨다.

"너는 골방으로 더 깊이 들어가 고난받는 형제, 자매들을 위해, 이 민족을 위해 기도하는 대장장이가 되어라."

기도의 장인이 되는 것, 그것이 나를 향한 하나님의 태초부터의 계획이셨음을 나는 그제야 알게 되었다.

코로나로 발이 꽁꽁 묶였던 시절, 그렇게 나는 작은 기도 골방에서 세계를 품었고 그것을 내 작은 일기장에 기록하기로 했다. 뚝딱뚝딱, 설거지하다 기도하고, 청소하다가 기도하고, 뉴스를 보다가도 기도의 망치질은 계속되었다. 자다가 깨면 내 입에선 나도 모르게 기도부터 나왔다.

그런 내 일상을 기록하다 보니 예수동행일기의 또 다른 이름이 '기도일기'라는 것도 알게 되었다. 하루 일과를 마치고 일기를 쓰는 시간마다 나는 하나님을 예배하고 있었다.

2021. 01. 04. 월
주여, 구하오니

하나님, 김정 사모가 금식하는 걸 잊은 채 간 검사를 받으러 갔다가 되돌아왔다는 소식을 전해왔습니다. 저라면 그런 일이 다반사였겠지만 이 친구는 한 번도 그런 적이 없던 터라 그 일로 꽤 충격을 받았나 봅니다. 그 뒤로 자꾸 무언가를 잊어버리는 자신을 보면서 뇌종양의 후유증이 시작되었나 싶은 불안이 찾아든다고 합니다.

뇌척수액 검사에서 계속 양성이 나오면서 항암 약을 바꿔야 한다는 것과 음식을 제대로 먹지 못해 몸무게가 많이 빠졌다는 것, 항암 투여 시 몸이 불에 타듯 너무 아파 고통스럽다는 이야기도 전해왔습니다.

그러면서 친구는 5년 6개월 전, 6개월 시한부 선고를 받았을 때를 떠올렸습니다. 그 당시에는 수술 후 3주에 한 번씩 항암을 받으면서 말로 다 못 할 고통을 겪었지만, 하나님 말씀을 붙잡고 굳세게 견뎠습니다. 그러니까 지금 아무리 힘들어도 그때에 비하면 아무것도 아닌데 왜 지금은 그때와 달리 병원에서 하는 이런저런 말에 휘둘려 불안해하는지 모르겠다고 털어놓았습니다. 그리고는 마음과 생각을 다시 말씀 앞에 두고 이 싸움을 의연히 해나가야겠다는 각오이자 다짐도 뒤이어 고백했습니다.

그 말을 듣고 저도 친구에게, 다시 중보기도의 자리에 뜨겁게 서

겠노라 약속했습니다. 우리에게 찾아드는 모든 생각과 마음을 하나님 앞에서 분별하여, 하나님으로부터 오는 것이 아닌 것들은 예수 이름으로 대적하여 물리치자고도 했습니다.

하나님, 구체적으로 간구하며 아룁니다. 내일 김정 사모가 항암을 받을 때 고통을 경감해주시고, 다시 받는 간 검사에서 이상이 없게 해주시기를 소원합니다. 뇌에 있는 암세포가 소멸하게 하시고, 입맛까지도 돌아오게 하셔서 음식이 보약과 치료제가 되어 온몸에 생기가 돌고 힘이 붙으며 건강한 세포가 왕성해지는 은혜 주시길 구합니다. 김정 사모를 위해 죽으셨을 뿐 아니라 죽음의 권세를 이기고 부활하신 예수님의 이름으로 기도합니다.

2021. 01. 15. 금
하나님의 손으로

하나님, 어제오늘 거실 창가에 놓인 뱅갈고무나무 이파리를 전부 닦아냈습니다. 언제부터인지 이파리마다 깍지벌레가 서캐처럼 따닥따닥 붙어있더군요. 이건 약을 칠 게 아니라 물티슈로 하나하나 닦아내야겠다는 생각에 어제 한 차례, 또 오늘도 한 차례, 수술하듯 정교하게 벌레퇴치 작업을 해냈고 이제 비로소 말끔해졌습니다.

그런데 오늘, 뱅갈고무나무에 깍지벌레가 생기면 살충제를 뿌려 없애기보다 물티슈나 행주로 닦아낸 뒤 천연살충제를 만들어 뿌려

쥐야 한다는 내용의 영상을 우연히 보게 되었습니다. 닦아내지 않은 채 화학살충제를 아무리 뿌려도 깍지벌레는 웬만해선 없어지지 않는다는 것입니다.

'어? 내가 영상을 보지도 않는데 정답을 잘 찾아갔네?' 이런 생각을 하다 보니 저도 모르게 김정 사모를 위한 기도가 나왔습니다. 뱅갈고무나무 이파리를 야금야금 파먹는 저 부정한 깍지벌레를 고무나무 스스로는 없앨 수 없지만 정원사인 제 손으로 완벽히 제거했던 것처럼, 김정 사모의 몸 안에 퍼진 암도 우리의 창조자요 주인이신 하나님의 능하신 손으로 직접 제거해주시길 바란다는 기도였습니다.

병원에선 그동안 숱하게 진행했던 친구의 항암치료를 멈추기로 했다 합니다. 그 외의 다른 약도 안 먹기로 했습니다. 차도는 없고 극심한 부작용만 나타난 데 따른 결정 사항이었습니다. 하나님, 김정 사모를 고치실 분은 오직 하나님이십니다. 하나님만이 김정 사모의 주인이요 정원사가 아니십니까?

그래서 저는, 병원에서 내려진 오늘의 이 결정이 하나님께서 펼쳐 놓으신 판이라고도 생각해봅니다. 이 판 위에서 우리가 해야 할 일은 오직 기도의 불을 뜨겁게 지피는 일입니다. 기도를 통해 일하시는 하나님께서 그 기도의 뜨거운 불덩이를 들어 김정 사모의 암세포를 태우시길 소망합니다.

하나님, 행하시옵소서. 하나님이 고쳐주시옵소서. 김정 사모는 나아야만 합니다. 우리가 이 친구를 사랑하기 때문입니다. 하나님의 생명력으로 온몸을 새롭게 해주시고 회복시켜주시옵소서.

2021. 01. 20. 수
기도할 수 있는 이유

하나님, 하나님께서 기도하라 하셨기에 믿음으로 구하면 응답될 줄 믿고 이 여정에 나섰습니다. 그런데 어제는 생각지 못했던 한 가지 소식에, 기도의 세계로 성큼성큼 들어가던 제 걸음이 순간 멈칫거렸습니다. 하나님의 응답에 대한 어떤 근거도 없이 '그저 내 바람을 따라 이 여정에 나섰던 건 아니었나?'라는 회의도 찾아들었습니다. '이미 정해진 결론을 바꿔보려고 내가 무모하게 시도하는 건 아닌가?'라는 물음도 터져 나왔습니다.

상상은 슬픔의 파도에 빠져 허우적거리고, 저는 지푸라기라도 잡으려는 듯 주변에 기적을 경험한 사람들 얘기를 찾고 싶어 안달이 났습니다. 인터넷을 뒤져볼까, 아니면 출판사에 전화해서 이런 경우에 기적적으로 응답받은 사례가 있나 물어볼까도 고민이 되었습니다. 그런 얘기라도 들어야만 이 기도의 여정을 끝까지 갈 수 있을 것 같아서였습니다.

그런데 "계속 기도해야 하나요? 기도해도 되는 근거는 무엇입니까?"라고 여쭈며 응답의 사례를 찾고 싶어 애타는 제게, 하나님께선 빙그레 웃으시며 당신의 손가락을 가리키셨습니다. 하나님의 손 가락이 가리키는 그곳! 그곳엔 하나님의 말씀이 기록된 성경이 놓여 있었습니다.

아, 성경! 믿음의 기도에 대한 하나님의 생생한 응답이 기록된 그 책이 바로 성경입니다. 그렇다면 이 성경을 펼쳐 답을 찾아야지 왜 애먼 데서 사례를 찾으려 하냐고 하나님께서 물으시는 듯했습니다. 이미 검증된 성경의 진실성을 믿지 못한다면 그건 예수님을 믿지 못 하는 것과 다를 바 없기 때문입니다.

성경을 펼친 채, 그간 읽고 묵상했던 내용을 떠올려 봤습니다. 구 약에서 신약까지, 하나님의 모든 일은 기도의 역사라 해도 과언이 아닐 만큼 기도에 대한 그분의 이야기로 가득합니다.

사복음서에는 각색 병든 자들이 예수님의 기도로 나음을 입은 사 건들이 소개되고, 구약성경은 이미 정해진 하나님의 뜻조차도 누군 가의 기도로 바뀔 수 있음을 참 많이도 보여줍니다. 멸망받을 이스 라엘이 모세의 기도로 구원받은 사건이나 병든 히스기야가 기도함 으로 그의 수한에 십오 년을 더해 살아가게 된 일 등등 말입니다.

이 외에도 기도할 때 병이 낫고, 누군가의 불임이 치유되고, 나라 와 나라 간의 전쟁에서 승리했던 역사의 기록도 성경엔 참 수두룩하 게 나와 있습니다.

아, 하나님…. 이제 알겠습니다. "내가 무슨 말을 더 하리요 기드 온, 바락, 삼손, 입다, 다윗 및 사무엘과 선지자들의 일을 말하려면 내게 시간이 부족하리로다"(히 11:32)라는 말씀의 뜻을 이제 제 영혼 깊이 새기겠습니다. 이래서 성경이 기도하게 하고, 기도하는 사람은 성경을 펼쳐놓을 수밖에 없다는 말을 수많은 사람이 했나 봅니다.

응답을 바라며 기도해야 하는 이유, 때론 응답되지 않아도 기도할 수밖에 없는 이유와 근거가 모두 성경에 나와 있었습니다. 이 성경을 우리에게 주신 하나님, 그 하나님께 감사드리며 이 밤 다시 기도의 자리로 나아갑니다.

2021. 01. 25. 월
내가 만약 병실에 누워 있다면

하나님, 장을 보러 나선 길, 각종 채소류와 고기, 생활용품들을 카트에 넣으며 한 주간 동안 가족이 먹을 식단을 구성해 봤습니다. 그러다 생각은 병실에서 사투 중인 친구에게로 옮겨갔고 마음이 이내 무겁게 내려앉았습니다.

오늘로 친구가 입원한 지 열흘째, 친구를 위한 작정기도를 시작한 지 19일째입니다. 음식을 제대로 먹지 못해 너무도 야위어버린 친구와 병간호에 여념이 없을 친구의 엄마, 친구의 남편 되는 임홍직 목사님을 떠올리니 마음이 몹시도 괴로웠습니다. 그런 상황에서 내 가족 먹일 식재료를 카트 가득 집어넣으며 즐거운 상상에 젖어든 저 자신에게 죄책감이 올라왔던 것 같습니다.

하나님, 산다는 건 참으로 복잡하고도 어렵습니다. 청년 시절 친정아버지가 돌아가셨을 때도 충격과 무서움에 빠져 헤어날 길 없었으면서도 끼니때가 되면 꼬박꼬박 배고픔을 느끼고 심지어 밥을 먹으면서 맛있다고 느꼈던 저 자신에 대해 스스로 환멸이 느껴지곤 했었습니다.

오늘도 그때처럼, 장을 보며 마트를 도는데 '너 그러고 싶니? 지금 금식하고 울며 기도해야 하는 거 아니야?'라는 마귀의 정죄가 느껴졌습니다. 누군가 처절한 시간을 보내는 이때 어떻게 너는 맛있는 거 먹을 생각을 하냐는 소리였습니다.

그렇게 십여 분을 괴로움 속에서 장을 보는데, 하나님께서 주신 음성인지 문득 이런 물음이 제게 찾아들었습니다,

"네가 김정 사모라면, 이 상황에서 네가 사랑하는 이들이 어떻게 지내길 바라겠니?"

즉각적으로 답이 나왔습니다.

"제가 만약 병실에 누워 사투를 벌이고 있다면, 사랑하는 제 가족이나 친구, 교인들 모두 주어진 일상을 잘 살아냈으면 좋겠어요. 죽을 일이 찾아온 듯 저 때문에 질질 짜며 힘들게 살아간다면 전 너무도 괴로울 거예요. 그들이 맛있는 것도 잘 먹고 주님이 주시는 평안과 기쁨을 잃지 않고 하루라는 시간을 최선의 가치로 살아내기를 진심으로 바라겠지요."

이 대답에 기다리셨다는 듯 하나님께서 답하셨습니다.

"바로 그거야. 그러니 너도 지금 그렇게 살아야 하지 않겠니? 지금 이 시간에도 누군가는 굶고 있고 누군가는 전쟁 중에 있으며 누군가는 죽어가는 게 이 땅의 현실이지만, 너는 네게 주어진 시간에 충실하게 살고 누리며 동시에 그런 이들을 위해 네가 할 수 있는 작은 일을 하려무나."

하나님, 주님과 잠시 나눈 이 교제로 제 마음이 살아났습니다. 제 삶을 기쁘게 살아내면서 제가 할 수 있는 작은 일을 하라는 그 말씀에 순종하겠다고 고백하니 비로소 제 마음에 평안과 안정이 찾아든 것입니다.

제가 할 수 있는 작은 일, 그것은 주변에 저와 같은 소자를 위해 하는 작은 일일 겁니다. 제 품 안에 찾아든 배고픈 이가 있다면 그에게 그저 밥 한 끼 해주고, 병든 이의 소식을 들으면 치유의 하나님께 그를 위한 기도를 드리며, 갇힌 자를 만난다면 소망과 자유의 복음을 그에게 들려주는 일, 그것이 아니겠습니까?

그러므로 주님, 오늘도 저는 친구 김정 사모를 위한 기도를 계속 이어가겠습니다. 이 기도를 하는 동안 저는 아침에 눈을 뜨고 밤에 기도 골방에 들어가기까지 "오늘은 어떤 기도를 드리길 원하십니까?"라고 하나님께 기도에 관해 끈질기게 여쭈며 지내게 되었습니다. 내가 드리고 싶은 내용을 일방적으로 아뢰기보다 성령의 인도하심을 따라 기도하려는 열망으로 엎드리게 된 것입니다.

그런데 오늘은 그 성령께서 친구의 인생이 결코 비극이나 죽음이 아니라 '생명'의 이야기임을 기억하라 하셨습니다. 그렇기에 저는 절망 어린 심정이 아니라 소망과 평안을 안고 김정 사모를 위해 기도드리려 합니다.

모든 사망권세를 이기고 부활하신 예수 그리스도의 생명이 이미 친구에게 임했기에, 친구와 및 예수를 믿는 우리는 모두 "죽어도 살겠고 살아서 주를 믿는 자는 영원히 죽지 아니할"(요 11:25,26) 것을 믿는 믿음으로 기도하겠습니다.

2021. 02. 01. 월
너희는 특별하단다

하나님, 오늘은 눈을 뜨자마자 저도 모르게 방 안을 한차례 휘둘러보았습니다. 비대면 시대의 사명을 위해 날마다 자정이 넘도록 설교 영상 작업을 하다가 녹초가 된 채 웅크려 자는 남편, 그 옆에 한 자리를 차지한 우리 집 노견 콩이가 눈에 들어왔습니다.

어슴푸레한 어둠 속에서 그 모습을 보고 있으니 문득 하나님의 시선이 저와 남편을 향하고 있다는 생각이 들었습니다. 뭐랄까요, 부족하고 못난 면도 많은 우리인데 이 모습 이대로 귀히 여기시는 하나님의 시선이 제 얼굴에 닿은 듯 느껴져 마음이 뭉클했습니다.

한때는 우리를 향한 하나님의 사랑을 온전히 믿지 못하기도 했었습니다. 황폐하고 비참한 제 주변 환경을 보다 보니 '하나님께서 나를 아끼신다면 이리 두진 않으셨을 거야'라는 생각이 들었던 탓이었지요. 제가 하나님의 존귀한 딸이기보다는 하나님의 딸들을 시중드는 무수리 정도로 여겨지던 시절이었습니다. 고통의 환경이 불러온 낮은 자존감 속에서 하나님을 오해할 뿐 아니라 제 정체성도 제대로 찾지 못하던 때였습니다.

그러나 오랜 세월, 다양한 사람들을 만나고 그들 한 사람 한 사람을 진심으로 아끼고 사랑하면서부터 하나님께서는 결코 사람의 능력이나 외모나 조건에 따라 사랑의 등급을 매기지 않는 분이심을 알게 되었습니다.

성격과 능력이 다르고 심지어 부모를 대하는 태도도 많이 다른 제 두 아들을 제가 각각 특별하고도 똑같이 사랑하는 것만 봐도 아버지이신 하나님께서 우리 각자를 어떻게 사랑하시는지 알 수 있었습니다. 하나님께서 저를 제 깜냥 그대로, 있는 모습 그대로 100퍼센트 수용하시되 다만 주어진 제 자리에서 그리스도의 장성한 모습까지 성장하도록 끊임없이 저를 이끌어 주신다는 것을 알게 된 것입니다.

하나님은 우리 한 사람 한 사람을 특별하게 사랑하시기에 사람을 다루시는 방식도 결코 천편일률적이지 않습니다. 제가 큰아들과 작은아들을 똑같이 사랑하되, 각자의 적성과 능력, 성품을 따라 진로의 방향과 대하는 방식을 달리하듯이 말입니다.

하나님, 감사합니다. 우리가 많이 부족하고 많이 미련하고 또한 때로는 잘못도 많이 하지만, "너희는 특별하단다"라고 말씀하시며 오늘도 우리를 깊이 아끼고 사랑하시는 하나님의 사랑이 우리 부부를 참으로 행복하게 하고 살아있게 합니다.

2021. 02. 22. 월
기도 말미에

하나님, 사람이 살고 죽는다는 게 무엇입니까? 삶과 죽음에 관한 생각이 시시각각 많아지는 요즘이지만, 생각으로는 풀리지 않는 이 문제를 하나님 앞으로 가지고 나아가 기도 속에 풀 수 있기를 소원합니다.

그간 저는 친구에게 기적을 베풀어주시기를 쉬지 않고 기도했습니다. 하나님께서도 제게 40여 일 전부터 작정기도를 하도록 하지 않으셨습니까? 그러나 교회와 우리의 간절한 기도에도 불구하고 친구의 상태는 자꾸 악화되었고, 지금은 먹는 기능, 대소변 기능까지 정지되어 인위적으로 호스를 꽂아 놓은 상태입니다.

이틀 전에도 저는, 지금이라도 그 친구를 살려달라고, 죽은 나사로를 살리신 하나님께서 이 친구를 살리시는 것은 하나도 어려운 일이 아니지 않냐고 기도했습니다. 그러다 그 기도의 말미에 처음으로 이런 기도가 나왔습니다.

"하나님, 이 시간이 친구에게 허락된 지상에서의 마지막 시간이라면, 주님을 만날 소망의 기쁨을 친구와 가족에게 부어주십시오. 영생을 주시는 하나님을 믿는 믿음으로 평생을 살아온 친구입니다. 그 평생의 믿음이 마지막 순간에도 실제가 됨으로, 몸의 기능이 하나씩 정지되면서 나타나는 이 극한 고통의 순간에도 한 줄기 빛과 같은 분명한 밝음과 평강을 친구에게 허락해주십시오.

하나님께서 정녕 친구를 부르시겠다면 친구가 고민했던 교회와 가족, 부모까지 하나님께 온전히 맡기고 하나님을 찬송하며 마지막 시간을 보내게 해주십시오."

그 기도가 나오기까지 저는 하나님께 참으로 많은 간구를 올려드렸습니다. 무엇보다 이 친구는 제게 참 애틋한 친구임을 숱하게 고백했습니다. 저와 비슷한 어려움을 많이 가진 친구라, 저의 또 다른 모습처럼 느껴지기도 했었습니다. 친구가 아픈 게 제가 아픈 것 같았고, 친구에게 나타날 기적은 곧 제게 찾아올 기적으로 받아들여졌습니다. 그래서인지 저는 이 친구의 행복을 진심으로 빌었습니다. 항상 가까이 두고 싶은 친구, 그 친구가 바로 김정 사모였습니다.

이틀 전, 그런 제 마음을 하나님께 토로하자 하나님께서는 답하셨지요.

"나도 그렇다. 나도 내 곁에 두고 싶은 사람이 김정 사모다."

이 말씀을 하시는 하나님의 품 안에서 저는 그 밤에 펑펑 울었습니다. 그리고 다음 날부터 지금까지 하나님께선 제게 질문을 던지십니다.

"너는 어떠니? 김정 사모가 지금 벼랑 끝에 놓여 있는 게 아니라 영원으로 연결된 문 앞에 서 있다는 걸 믿고 소망 중에 평안할 수 있겠니? 몸의 기능이 하나씩 정지되어가는 이 순간에도 친구가 영생의 소망 속에 있기를 네가 바라듯, 너 자신도 주변 곳곳에서 죽음을 볼 때, 그게 끝이 아니라 새로운 시작이라는 사실을 믿으며 살아갈 수 있겠니? 너도 그렇게 담대히 죽음의 순간을 맞이할 수 있겠니?"

이 질문들 앞에서 저는 새로운 숙제를 받은 심정입니다. 제가 준비해야 할 것, 바라보며 가야 할 곳을 이제 정말 분명히 설정하라 하시는 것 같아서였습니다. 그렇다면 이젠 친구뿐 아니라 저 자신의 삶과 죽음에 대해서도 두려움이 아니라 담대함으로 살라 하시는 것 같았습니다.

> 예수께서 이르시되 나는 부활이요 생명이니 나를 믿는 자는 죽어도 살겠고 무릇 살아서 나를 믿는 자는 영원히 죽지 아니하리니 이것을 네가 믿느냐 요 11:25,26

2021. 03. 23. 화
성령님에게 배우다

하나님, 기도할 때든 기도하지 못할 때든 이제 그만 기도를 쉬라는 유혹이 언제나 제 주변을 맴도는 것 같습니다. 기도하지 않고도 인생 승리할 수 있을 거라고 스스로 믿어버리거나, 기도할 컨디션이 아닐 때는 굳이 이렇게까지 할 필요가 없다며 슬그머니 기도의 자리를 피해버리는 식이 그것입니다.

어젯밤도 그랬습니다. 저녁 식사 후 온 가족이 모여 짧은 영화 한 편을 보는 사이에 기도해야 한다는 제 안의 절박감이 사라지고 말았습니다. 시각과 청각을 자극하는 영화의 짜릿한 재미에 빠져든 30여 분 동안, 하나님을 향한 제 안의 영적 갈망들이 어디론가 사라져버린 느낌이랄까요? 그간 기도수첩에 빼곡히 적어가며 기도하던 열정들이 식어버린 듯, 기도할 시간이 되었는데도 기도 골방으로 향하고 싶지 않은 태만함이 저를 사로잡았습니다.

밤 10시에 홀로 골방에 들어가 기도하기를 수년째. 올해 들어서야 저는, 기도란 성도에게 내려진 의무 조항이 아니라 무엇과도 바꿀 수 없는 특권이요 은혜임을 발견하며 기도의 유익을 찾아 누리고 있었습니다. 왜 그토록 기도하는 사람들이 "내 기도하는 그 시간 그때가 가장 즐겁다"라고 고백했는지도 조금은 이해가 되었습니다.

그럼에도 불구하고 아직 제게는 기도 자리에 가서 앉기만 하면 기도가 저절로 되는 체질이 형성되지 못했습니다. 기도하기 위해 몸부림을 치지 않으면 온갖 잡다한 생각에 시달리다가 골방을 나서야 하는 날도 많습니다.

아니, 갑자기 마음이 돌변해서 기도 골방에 들어서는 일조차 피하고 싶은 날도 여전히 존재합니다. 그런 날이면 모든 게 귀찮아지면서 아무것도 하고 싶지 않고, 영적 세계에 대해 아무런 생각도 들지 않습니다. 평소 그토록 하나님을 알아가고 싶어 하던 것과 달리, 하나님을 생각해도 아무런 감동이 느껴지지 않고, 마음이 물처럼 되어버리곤 합니다.

그런 저를 하나님께서 붙들어주신 걸까요? 어젯밤에는 아무런 영적 감흥이 없어도 그저 '습관을 따라' 기도 골방에 꾸역꾸역 들어섰습니다. 그리고는 무언가에 떼밀리듯 기도 수첩을 펼쳐 며칠 동안 기도했던 기도 목록을 줄줄이 읽기 시작했습니다. 성령께서 주시는 감동을 따라 기도했던 지난 며칠간, 손으로는 기도 내용을 써 내려가고 입술로는 그걸 고백하며 뜨겁게 기도했던 내용이었습니다. 어젯밤에는 써 내려가며 기도할 만한 마음의 여력이 없던 터라 그간 써 내려갔던 여러 중보기도 내용을 눈으로 읽을 뿐이었습니다.

그러기를 한 십여 분. 뜻밖에도 제 눈에서 눈물이 흐르더니 냉랭하던 가슴이 어느새 뜨거워졌습니다. 기도 수첩에 적어둔 지체들 한 사람 한 사람을 향한 하나님의 뜨거운 사랑이 제 마음에 부어지면서, 기도 제목 하나하나에 마음과 뜻과 힘을 실어 하나님께 아뢰게 된 것입니다.

오직 기도할 때라야 우리 마음과 생각이 하나님 안에 잠기고 그분을 닮아가게 된다는 걸 또 한 번 경험한 시간이었습니다. 기도는 그날그날, 기도가 잘될 것 같은, 혹은 잘 안 될 것 같은 느낌이나 컨디션을 따라 하는 게 아니라, 예수님이 하셨듯 '습관을 따라' 하는 것임을 알게 된 날이었습니다.

습관을 따라 하는 기도야말로 기도를 권하는 하나님 말씀에 대한 순종임을, 또한 순종함으로 기도할 때 참기도가 무엇인지를 배우며 우리 마음에 성령의 충만함이 부어진다는 것을 어젯밤의 사건은 알려주었습니다.

성령님, 앞으로도 제게 기도를 가르쳐주시고 깨우쳐주시기를 바랍니다. 저는 하나님께 기도를 배우지 않으면 언제나 기도 밖의 자리로 튕겨 나가려는 체질을 지닌 사람이기 때문입니다. 기도 안 하려는 체질, 기도하기를 너무도 어려워하는 저 같은 체질의 사람도 한평생 기도로 살아, 기도로 승리하고 기도로 섬기는 사람이 될 수 있도록 저를 붙들어주시옵소서.

2021. 03. 26. 금
흔적

하나님, 올해 대학에 들어간 둘째가 자기 방에 책 넣을 공간이 없다며 필요 없는 책들을 정리해 현관 앞에 잔뜩 쌓아놨습니다. 살펴보니 고3 때 풀었던 문제집들이었습니다.

그걸 보고 많이 놀랐습니다. 한눈에 보기에도 150권 이상 되는 문제집들. 성실하게 공부한다는 건 알았지만 작년 한 해 동안 이렇게나 많은 양의 문제집을 풀었을 거라곤 짐작도 하지 못했습니다.

중고등학교 시절 내내 학원에도 한 번 가보지 못했던 아들의 대학 입학 비결은 바로 이 문제집에 있었던 걸까요? 남편도, 큰아들도 그 방대한 문제집을 보더니 "이 녀석, 서울대 들어갈 만했네"라고 인정했습니다.

하나님, 사람이 살아온 모습은 이렇게 분명한 흔적으로 남는다는 걸 보았습니다. 그리고 하나님께서는 결과와는 별개로, 살아온 흔적들을 보며 기뻐하시고 상급을 주시는 분이 아닌지요? 이 땅에서의 결과물들은 잘될 때도 있고 그렇지 않을 때도 있지만, 누군가를 진실로 사랑하기 위해 기도했던 흔적, 희생했던 흔적은 하나님 나라에 그 모습 그대로 고스란히 남을 테니 말입니다.

하나님, 저는 어떤 흔적들을 남기며 살고 있을까요? 무엇보다 제 삶 가운데 기도하기 위해 몸부림쳤던 흔적이 얼마나 되는지 돌아보게 됩니다.

어느 책에선가 팀 켈러 목사님이 "기도의 거장이라고 불리는 사람들은 그 누구도 예외 없이 기도하기 위해 몸부림쳤던 흔적이 가득하다"라는 말을 했습니다. 그 누구도 저절로 기도가 되는 사람은 없다는 뜻이겠지요.

저도 그렇게 기도하기 위해, 하나님과 동행하기 위해, 저 자신을 쳐서 복종시키는 사람이 되고 싶습니다. 제 삶에 주님과 동행했던 흔적으로 가득 찼으면 좋겠습니다.

날마다 걷기, 날마다 기도하기

하나님, 2주째 일기 한 줄 못 썼습니다. 새롭게 일을 시작하면서 시간 부족을 절감하기도 했고, 목디스크와 거북목 증상이 재발해 치료받으러 다니기 때문이기도 합니다. 수족냉증도 심각해서 책상 앞에 앉으면 손발이 시려 집중하기가 어렵습니다.

한동안 괜찮았던 어깨며 목 상태가 지금처럼 악화된 것은 운동 부족이 절대 원인입니다. 일부러라도 시간을 내어 스트레칭과 걷기를 꾸준히 해야 하는데, 서너 달 동안 여러 이유를 핑계로 움츠러들면서 몸의 근골격계가 급격히 무너져 내린 것 같습니다. 그러는 동안 알았습니다. 오십이 넘은 지금, 운동을 꾸준히 안 해주면 제 몸은 더 이상 버틸 수 없고 글 쓰는 일도 계속할 수 없다는 것을요.

우리의 몸은 컨디션이 좀 좋아졌다고 앉거나 누워서만 지내면 자연스레 노쇠의 길로 흘러가도록 설계되어 있음을, 오늘 수요 오전 예배를 드린 후 남편과 함께 한 시간을 걸으며 상기했습니다. 매일 운동을 하고 안 하는 문제는 생존뿐 아니라 사명 완수와도 직결된다는 걸 이제야 서로 실감하는 것이지요.

산책하고 돌아오면서 '기도'도 같은 원리임을 깨달았습니다. 많은 그리스도인이 절박한 상황일 때만 기도하고 상황이 조금이라도 좋아지면 슬그머니 기도를 멈춰버리지만, 그러는 사이 우리 기도의 골격은 서서히 무너져 내린다는 점에서 그렇습니다.

이것은 기도를 무조건 많이 해야 많이 응답받는다는 기도의 성과주의와는 다릅니다. 내 몸에 맞으면서 내가 감당할 분량의 운동을 매일 할 때 건강해지듯이, 기도도 그렇게 (성령의 인도하심을 따라) 하나님께서 요청하시는 분량과 내용의 기도를 꾸준히 이어가야 한다는 뜻입니다.

그런 면에서 기도를 멈춘다는 건, 하나님과 함께 걷기를 포기한다는 의미가 아닐까 싶습니다. 그렇게 되면 하나님으로부터 오는 모든 좋은 것을 받아 누릴 수 없을 테니 기도를 쉬는 일이야말로 얼마나 위험한 일이겠습니까. 그래서 성경은 우리에게 날마다 기도하고, 쉬지 말고 기도하고, 항상 기도하라고 말씀하나 봅니다.

하나님, 이 악한 세상에서 그리스도인으로서 살아남기 위해서라도 저는 다시 매일 걷도록 하겠습니다. 낮 동안은 주님과 걸으며 이 좋은 계절을 누리고, 밤엔 골방에 들어가 주님과 거닐며 기도의 은혜를 누리겠습니다. 하나님께 다다를 때까지 저는 이 걷기의 여정을 쉬는 죄를 범치 않겠습니다.

2021. 06. 12. 토

가장 좋은 복

하나님, 친정 조카 결혼식이 있어 몇 년 만에 제주도에 다녀왔습니다. 어린 줄만 알았던 조카가 어엿한 신부가 되어 결혼식을 치르는 모습을 봐서 그런지 결혼식 내내 뭉클했습니다. 앞으로의 결혼생활을 통해 사랑과 동행의 진정한 의미를 발견해 나가며 천국 가정을 이루기를 간절히 기도했습니다.

결혼식 덕분에 10년, 20년 만에 일가친척을 만나는 기쁨도 컸습니다. 어린 시절 깔깔거리며 함께 놀았던 사촌오빠들과 동생들은 중년의 아저씨, 아줌마로 변해 있었습니다. 어린 날 재미나게 놀았던 추억들을 더듬거리며 잠시나마 그 시절로 돌아가 해맑게 웃었습니다. 친밀함을 누리는 그 시간이 참 좋았습니다.

결혼식을 끝내고 신부대기실에 모인 친정 식구들은 수년 만에 6남매 사진을 찍었습니다. 어머니와 큰언니, 존경하는 오빠와 둘째 언니, 저, 그리고 사랑하는 두 동생…. 하나님께선 저희 가족에게 서로를 아끼고 사랑하는 축복을 주셨습니다. 저희만큼 우애 있는 6남매가 또 있을까 싶을 정도입니다.

큰언니는 딸을 결혼시킨다고 경황 없는 중에도 저를 몰래 불러, 서울 가면 애들 과일이라도 사주라며 용돈을 쥐어주었습니다. 둘째 언니는 서울에서 내려온 저를 위해 미리 옥돔을 사뒀다가 공항으로 향할 때 건네주고, "언니 구두 예쁘다" 하자, 신고 있던 구두까지 냉큼 벗어 제게 주었습니다. "나는 동네 아줌마라 아무거나 신어도 되지만 너는 교회 사모님이니까 예쁜 거 신어"라면서요.

마음씨 좋은 둘째 언니에게 꿈이 있다면 나눠줄 돈이 많아서 이 사람 저 사람 필요한 것들을 채워주는 것일 겁니다. 동생 미영이의 말에 의하면 이 언니가 작년 겨울 동안 김치만 열 번 이상을 담갔다 합니다. 그 좋은 음식 솜씨로 조카들까지 김치를 담가주다 보니 쉴 새가 없었던 것이지요. 그래서 우리는 소영언니가 돈을 많이 벌어 부자가 되었으면 좋겠다고 입을 모았습니다. 그러면 언니는 틀림없 이 매일매일 나눠주는 재미에 살 테니까요.

비행기 안에서 제 마음에 기쁨이 넘쳤습니다. 언니, 오빠, 동생들 에게 받은 사랑이 가슴 가득했기 때문이었습니다. 친밀함을 누리는 것, 세상에서 그것만큼 좋은 게 어디 있겠습니까? 그 관계의 친밀함 을 친정 동기들에게서, 친척들과의 사이에서 남부럽지 않게 누렸으 니 저는 참 복 받은 사람입니다.

창밖을 보니 비행기는 어느덧 김포공항 근처에 다다라 빽빽한 아 파트 단지며 집들, 도로가 한눈에 들어왔습니다. 그 모습을 보다 문득 하나님의 전지하심에 대한 경이로움에 잠겼습니다. 하나님께 선 저 많은 집 속에 누가 사는지 다 아시고, 수많은 사람의 생각까 지 다 아시는 분이 아닙니까. 하늘에서 땅 위를 바라보니 하나님의 전지하심이란 우리가 가늠할 수 있는 수준을 넘어서고 또 넘어선다 는 사실이 깨달아져 소름이 돋았습니다.

그러다 문득 그 하나님께서 나를 아시고, 나와 친밀히 지내신다 는 사실을 떠올리니 갑자기 하늘을 날 듯한 기쁨이 온몸 가득 터져 나왔습니다. 사촌오빠들과 언니들, 그리고 우리 집 남매들과 친하게 지낸다는 사실 하나만으로도 부자가 된 듯 마음 가득 행복이 넘친 하루였는데, 제가 이 우주의 주인이신 하나님과 친밀함을 누리고 있다는 사실을 떠올려보니, '더 부러울 게 무엇이며 더 욕심낼 게 무에 있으랴' 싶었던 것입니다.

하나님, 김포공항 도착 직전에 갑자기 떠오른 이 생각으로 제 가슴이 벅차올랐습니다. 이제 보니 저는 온 세상 주관자이신 하나님과 친밀한 부녀관계를 누리며 사는, 세상에서 가장 큰 복을 받은 사람입니다. 하나님께선 그러시겠지요. "사랑하는 딸아, 너는 그걸 이제야 알았구나?"라고요. 하하.

2021. 10. 10. 주일
언제나 주님은 나의 기업

하나님, 주일예배를 앞두고 마음 한 자락이 나풀거렸습니다. 사랑하는 이들의 아픈 소식들과 그들을 도울 길 없는 저의 내적·외적 한계 상황들, 백신 2차 접종 이후 갱년기와 맞물려 나타나는 제 몸의 연약한 중상들을 겪으며 왠지 모를 슬픔과 서러움이 밀려왔기 때문입니다. 하고 싶은 일, 해야 할 일은 많은데 늘 따라주지 않는 여건과 체력에 지치기도 했습니다.

그래서 더더욱 예배에 갈급함이 컸습니다. 하나님께서 이런 나를 향해 무슨 말씀을 하시는지 놓치지 않고 들으려는 간절한 마음으로 예배에 임했습니다.

오늘의 본문은 출애굽기 29장 19-34절. '구원받은 모든 성도가 제사장입니다'라는 제목의 설교가 선포되었습니다. 갈급해서 그랬을까요? 오늘따라 목사님의 설교가 제 마음에 콕 하고 와서 박혔습니다. 성경 구절구절, 아니, 단어 하나하나까지 제게 주시는 하나님의 약속으로 다가왔던 것입니다. 특히나 목사님이 이 말씀을 전할 때는 가슴이 너무 벅차올라 하마터면 소리를 지를 뻔했습니다.

> 너는 이스라엘 자손의 땅에 기업도 없겠고 그들 중에 아무 분깃도 없을 것이나 내가 이스라엘 자손 중에 네 분깃이요 네 기업이니라 민 18:20

제사장 아론에게 주신 이 말씀이 오늘날 성도로 부름받은 우리 모두에게, 특히 이 말씀을 듣고 있는 제게 주신 말씀이란 게 완벽히 믿어졌습니다. 아론처럼 특별한 능력도 없고, 때론 무지해서 죄짓기도 다반사인 저를 하나님의 전적인 은혜로 구별하여 택하시고 '왕 같은 제사장'으로 삼으신 것만으로도 황홀한데 하나님께서 친히 기업이 되어주신다니요.

이 말씀이 너무 감격스러워 예배가 끝나고 집으로 돌아오는 길에 남편에게 말했습니다.

"여보, 하나님이 친히 우리의 기업이 되어주신다니 어떻게 그럴 수가 있어? 이건 보통 약속이 아닌 거잖아?"

"그렇지. 너무 놀라운 약속이지. 그런데 사람들은 이 기업이 되어주신다는 말씀의 의미를 잘 모르기 때문에 감격도 없는 거 같아."

"하나님 자신이 우리의 살아갈 터전이자 땅이요 선물이며 공급이 되어주신다는 뜻이잖아?"

"그렇지."

"와, 하나님이 정말 우리의 기업이 되어주신다면 초막에서 산다 한들 얼마나 영광스럽겠어? 그런 삶은 정말이지 한 달에 천만 원씩, 일억씩 꼬박꼬박 월급을 받는 삶에 비견할 수가 없는 거잖아."

남편에게 그런 얘기를 하던 저는 이윽고 휴대폰을 열어 하나님이 기업이 되어주심에 대한 찬양을 틀고는 세상의 소망이 안 보일 때에도 주님이 늘 나의 기업이 되어주신다는 노랫말을 따라 불렀습니다.

점심을 먹은 뒤, 우리는 코로나 시기에 맞게 컴퓨터 앞에 앉아 교회 온라인 교제 나눔을 했습니다. 몇 명 안 되지만 온라인으로나마 서로 받은 말씀의 은혜를 나누다 보니 오늘은 거의 두 시간이 흘렀습니다.

그런 후 남편은 예배 동영상 올리는 작업을 하고, 저는 이틀 동안 편두통으로 밤잠을 설친 피로감을 씻고자 잠시 침대에 누웠습니다. 그리고는 귀에 이어폰을 꽂은 채 주님이 나의 기업이 되신다는 찬양을 다시 틀고는 마음속으로 '주님, 감사합니다. 저는 주님으로 충분합니다. 주님이 기업이 되어주시니 세상을 다 가진 것 이상으로 행복합니다'라고 한참을 고백했습니다.

그러다 어느새 까무룩 잠이 들었습니다. 한 20분쯤 흘렀을까요. 잠든 사이에도 휴대폰에서는 찬양이 계속 재생되었는데 잠에서 깰 무렵에는 다른 곡에서 "때로는 넘어져도 최후 승리를 믿노라"라는 부분이 들려왔습니다. 동시에 들려오던 하나님의 음성….

"딸아, 내가 너를 위해 다 해줄 거야. 네가 나의 자식이잖아? 그러니까 너는 그저 나와 동행하며 살면 걱정할 게 하나도 없단다. 피곤하고 힘들면 내 품에서 쉬고 그러다 힘이 나면 또 달려가고 그러다 힘들면 다시 내 품에서 쉬고 그러면서 가면 되지."

아, 그 순간에 밀려오던 달콤함을 뭐라 표현할 수 있을까요? 마치 젖 뗀 아이가 엄마 품에서 나직한 엄마의 얘기를 들으며 기분 좋게 잠들었다가, 깨어나며 다시 그 음성을 듣는 것 같았습니다.

이와 같은 하나님의 음성을 듣는 것, 그보다 더 큰 인생의 행복이 또 있을까요? 하나님의 팔에 안겨 귓가에 나직나직 들려주시는 하나님의 약속 말씀을 들으며 쉼을 누리고, 내 영혼이 그 하나님을 기뻐하며 사는 행복 말입니다.

이 행복을 맛보며 저는 확신했습니다. 하나님 안에서라야 완벽한 충전, 완벽한 쉼이 가능하다는 것, 그리고 하나님은 날마다 우리에게 그와 같은 선물을 주고 싶어 하신다는 것을요.

부르심

하나님, 어제오늘 디모데전후서를 읽다가, 말씀하시는 예수님 앞에 무릎을 꿇었습니다. 바울이 디모데에게 주는 목회서신이라 그런지 저는 그동안 디모데전후서에 기록된 말씀을 제게 주시는 하나님의 직접적인 메시지로 받아본 적이 없었습니다. 그런데 어제와 오늘 이 말씀을 읽는 동안 예수님이 제게 찾아와 직접적으로 이렇게 선포하시는 것 같았습니다.

> 경건에 이르도록 네 자신을 연단하라 … 너는 이것들(진리의 말씀)을 명
> 하고 가르치라 누구든지 네 연소함을 업신여기지 못하게 하고 오직 말
> 과 행실과 사랑과 믿음과 정절에 있어서 믿는 자에게 본이 되어 내가 이
> 를 때까지 읽는 것과 권하는 것과 가르치는 것에 전념하라 딤전 4:7,12,13

하나님께서 아시겠지만, 저는 그간 공적 사역으로의 부르심을 부담스러워했습니다. 뭔가를 가르치고 나타내는 일은 저와 맞지 않다 여겼기 때문입니다. 오죽했으면 《나는 같이 살기로 했다》(규장) 책이 나온 후 여러 교회에서 집회 요청이 왔을 때도 뭘 말해야 할지 생각이 안 났고, 갑작스레 찾아온 코로나로 집회가 취소되자 내심 홀가분했을까요. 김정 사모의 요청으로 부평수봉산교회에 갔을 때

도 정말 어쩔 수 없이 단 위에 섰던 것을 주님께선 아십니다.

지금까지 저는 제 부르심의 자리는 아내의 자리, 엄마의 자리, 작가의 자리라고만 여겼습니다. 그 이상 뭔가를 더 하고 싶지도 않았고 할 수 없다고도 여겼습니다.

그런데 얼마 전부터 하나님께서 저를 가보지 않았던 어딘가로 자꾸만 이끌고 가신다고 느껴집니다. 하나님, 이게 그냥 저의 느낌뿐인 걸까요? 어떤 날은 설거지를 하다가도 어딘가로 가서 전할 메시지가 떠올라 컴퓨터를 켜서 막 작성하기도 하고, 그러다 말씀을 뒤적이며 책을 읽고 기도실로 향하는 나날이 이어지고 있습니다.

무엇보다 "경건에 이르도록 네 자신을 연단하라"라는 말씀을 통해 하나님께선 제게 일꾼으로서의 경건훈련에 전심전력하도록 명하고 계십니다. 하나님, 대중 앞에 서면 그대로 얼어버리는 이 연약하고 소심한 제게 왜 이 말씀을 주시는지요?

| 2021. 11. 16. 화

기도가 쉬워지는 길

자기 전에 드리는 한 시간 골방 기도. 이것은 십여 년 전부터 저혼자 이어가다가 끊겼다가 다시 이어가다가를 반복하는 저만의 습관입니다. 그런데 밤 10시가 되어 골방에 들어가려 할 때마다 지금도 제 안에선 빠짐없이 갈등이 일어나곤 합니다.

'오늘은 그냥 잘까? 아무래도 오늘은 너무 피곤하니까 그냥 자는 게 좋지 않을까?'

기도할까 말까를 망설이는 이런 고민은 짧든 길든, 지난 십여 년 동안 단 하루도 빠짐없이 제 안에서 일어났습니다. 어제도 종일 주님과 교제하면서, '오늘 밤엔 이 기도를 상세히 드려야지'라고 수첩에 적기까지 하며 그 시간을 기다렸건만, 막상 기도 시간이 다가오자 쏟아지는 피로감에 다시 '그냥 잘까?'라는 생각이 스쳤습니다.

그제야 새삼 알았습니다. 우리의 원수 마귀는 하루 중 하나님께로 가서 하나님의 임재를 누리는 가장 좋은 이 시간을 그냥 둘 수 없어 이렇듯 기도에 대한 저항을 제 안에서 항상 불러일으킨다는 사실을요. 그래서 어제는 기도의 자리에서 하나님께 힘차게 고백했습니다.

"하나님, 기도가 어렵다고 느껴지는 이유 중 하나는 기도를 할까 말까를 늘 제 안에서 갈등하기 때문인 것 같아요. 막상 기도의 자리에 와서 하나님 앞에 앉으면 이렇게 기쁜데, 이 자리로 오기까지 적들의 방해를 제가 늘 허용하고 있었습니다.

그러나 이제부터는 기도하는 걸 당연한 일로 여기겠습니다. 하루를 기도로 열고 기도로 마치기를 주저하지 않겠습니다. '너 기도하지 않아도 돼'라고 속삭이는 적들의 소리에 결코 제 마음의 귀를 열지 않겠습니다."

하나님, 어젯밤에 드린 그 기도 덕분에 오늘 아침엔 눈을 뜨자마자 자리를 박차고 일어나 보았습니다. 아침을 기도 골방에서 시작하려고요. 왠지 모를 상쾌함이 밀려들었습니다.

오늘은 종일 제 삶을 돌아보며, 제 영혼이 어느 때에 힘들었고 어느 때에 상쾌했나를 되짚어 보았습니다. 마음이 둘로 나뉠 때 제 영혼은 번뇌했었습니다. 기도를 하긴 해야겠는데 사실은 텔레비전이 보고 싶을 때, 그럴 때 기도가 마치 하기 싫은 숙제인 양 느껴져 힘들었습니다. 반면, 제 마음이 둘로 나뉘지 않고 온전히 뜻을 확정하고 결단할 때 제 영혼에 상쾌한 바람이 불어왔습니다.

가족들을 위해 하루 세끼 밥을 차리는 일도 그중 하나입니다. 전에는 밥 차리기가 싫고 힘들다고 느껴질 때가 많았지만, 온 식구가 둘러앉아 밥을 먹는다는 것, 냉장고에 식재료가 채워진다는 것이 전적인 은혜임을 깨달은 뒤로, 밥은 해야겠는데 차리기는 싫은 두 마음이 싸우지 않게 되었습니다.

뭐랄까요, 가족들을 위해 밥 차리는 수고를 당연히 해야 할 일로 감당하면서부터 식사 준비하는 그 일이 쉬워졌고, 또한 그 시간이 찬양의 시간으로 바뀌게 된 것입니다.

하나님, 매일 드리는 골방기도 시간에도 그처럼 단 1퍼센트의 억울함이나 망설임이 끼어들지 않고 당연하게 기도실로 향하게 되기를 소망합니다. 그러려면 기도하기를 가로막는 적들의 공격을 먼저 차단해야 하는데, 그 적들이 사실상 가장 가까운 데에 있었다는 걸 인정해야 할 것 같습니다. 기도하려고 마음먹으면서도 그 시간에 다른 것들을 할 여지를 남겨놓는 제 마음이 바로 기도를 가로막는 가장 큰 적이었습니다.

이제는 여지를 남겨놓지 않겠습니다. 아침과 밤으로 기도하는 게 그리스도인에게 허락된 가장 복된 길이요 가야 할 길인 줄 알고, 갈등 없이 당연하게 골방으로 향하겠습니다.

"기도해야지?"라는 성령의 요청에 "예"라고 답하고 그냥 기도하러 가서 입을 떼는 것, 그리고 아침과 밤으로 오직 기도에 전념하기로 내 영혼이 확정하는 것, 그것이 기도가 쉬워지는 가장 확실한 길임을 이젠 잊지 않겠습니다.

선한 목자
주님과의
여행기

나는 새로운 계절에도 그분과의 동행을 기록하기로 했다

드디어 나는 여름의 끝자락에 도달했다. 나이 오십을 넘겼으니 시기적으로도 새로운 두 계절인 가을과 겨울을 살아내야 할 시점이 었다. 때를 맞춰 작은 창문 안으로 불어오는 기분 좋은 바람에 감사가 나왔다.

"주여, 호흡이 타들어 가던 그 여름이 갔습니다. 그동안 견딜 힘을 주시고 견뎌내게 하시니 감사합니다."

이 고백을 하다 보니 대학 시절 자주 되뇌었던 이성복 시인의 시 〈그 여름의 끝〉이 떠올랐다. "그 여름 나무 백일홍은 무사하였습니다"로 시작되는 이 시에서는 여러 차례의 여름 폭풍에도 백일홍이 붉은 꽃들을 맺는 일들에 대해, "넘어지면 매달리고 타올라 불을 뿜는 나무 백일홍"이라 표현했다. 그리고 시의 마지막에서 마침내 "백일홍 억센 꽃들이 좁은 마당을 피로 덮을 때, 장난처럼 나의 절망은 끝났습니다"라고 선언한다.

청년 시절과 달리 나는 내 절망의 실제적인 여름을 보내고서야, 시인의 좁은 마당을 뒤덮은 '백일홍 붉은 꽃잎'의 이미지에 날 위해 피 흘리신 예수님의 십자가를 겹쳐 그리게 되었다. 그 여름을 보내고 보니, 시를 읽거나 저녁 하늘의 붉은 노을만 봐도 날 위해 흘리신 그 피가 연상되었던 것이다.

실제로 지난 시절 고통의 감옥에 갇힐 때마다 나 대신 폭풍의 채찍에 맞으시며 나와 동행하신 임마누엘 예수님의 보혈이 자리마다 선연히 고여 있었다. 그 피가 나의 절망을 끝냈고 그 피가 날 살렸음을 나는 결코 부인할 수 없었다.

그러므로 고통의 한복판에서 가장 중요한 건 왜 내게 이런 고통이 찾아왔느냐가 아니었다. 우리가 어떤 시절을 살든, 물 가운데로 지날 때 함께하시고 불 가운데 지날 때도 함께하시며 우리를 푸른 초장까지 인도하시는 우리 주 예수 그리스도와 내가 함께 살고 있는가였다. 우린 모두 양 같아서 목자이신 주님과 함께하지 않는다면 어떤 종류의 절망도 끝낼 수 없는 존재이기 때문이다.

그래서 나는 새로운 계절에 들어선 뒤에도 예수동행일기 쓰는 일을 멈출 수 없었다. 아니, 멈춰선 안 되는 사람이었다. 더러는 지나온 계절에 대한 안도감과 감사를 안은 채, 더러는 새롭게 시작된 가을 폭풍과의 싸움을 치르며 나는 주님과 함께하는 모든 순간을 기록하기로 했다.

"너는 그저 오늘이라는 시간 동안 내 말을 듣고 그 말을 따르기만 하면 된다. 그러면 내가 나의 이름을 위하여 너를 의의 길로 인도할 것이다."

가을이라기엔 너무 덥기도 하고 너무 춥기도 한 예측불허의 새로운 계절이 찾아왔지만 나는 이와 같은 때에도 주님의 음성을 들으며 주님과 동행하며 살기로 했다.

동행의 축복

하나님, 남편과 결혼한 지 26주년이 되는 날입니다. 26년의 결혼 생활. 돌아보면 그동안 평지를 걸은 적이 많지 않았던 것 같습니다. 늘 사건이 터졌고 마음고생, 몸 고생 했던 기억들이 가득합니다.

그래서인지 남편은 지난 시절을 돌아볼 때면 아내를 고생시켰다는 미안함을 안고 얘기할 때가 많습니다. 그러나 정작 제 머릿속에 새겨진 남편의 이미지가 달콤하고도 따뜻하다는 사실을 그는 잘 모르는 듯합니다. 남편이 제게 특별히 잘해준 것도 없는데 왜 그런 이미지가 새겨졌을까요?

주님과 함께했던 지난 세월을 돌아보면 그 실마리가 조금은 잡힐 듯합니다. 남편을 만난 시점과 주님을 만난 시점이 거의 일치하기에, 저는 주님과도 30년을 동행하며 살았습니다. 그런데 주님과 동행한 세월 역시 남편과의 그것처럼 평탄치가 않았습니다. 주님께선 저를 이끌어 골짜기를 걷게 하실 때가 많으셨지요.

때로는 '자기 십자가'를 지라는 무시무시한 말씀을 하시며 저를 이끄셨습니다. 그리스도의 남은 고난에 참여하라고도 하셨고, 주님의 멍에를 메고서 주님께 배우라고도 하셨습니다. 주님과 동행했던 그 길만을 놓고 볼 때, 제가 걸어온 길은 험산 준령이었다고 말할 수 있습니다.

그러나 그 험산 준령에 함께하시는 목자 예수님은 한결같이 제게 따뜻하고도 부드럽게 다가오셨습니다. 목자로서의 누더기 옷을 입으신 채 저를 이끄신 예수님의 이미지는 제게 아름다움 그 자체셨습니다. 수가성 여인에게 그러셨듯이 예수님은 험산 준령의 길에서 저를 매 순간 인격적으로, 너무도 인격적으로 대해주셨습니다. 주께서 제게 주시는 말씀은 꿀 같았고 주 성령님의 임하심으로 제 영혼은 살아났습니다.

그리고 보니 탈도 많고 고생도 많았던 26년의 결혼생활에서 남편이 저를 대하는 방식도 주님의 그것과 비슷했습니다. 가난하고 아프다 보니 제게 물질적으로 해줄 수 있는 게 많지 않았지만, 남편은 다른 누구도 제게 주지 못했던 편안함과 평안함, 또 자유함을 선물로 주었습니다. 남편 앞에서라야 제가 저답게 마음껏 피어난다는 것을 주님도 아실 겁니다. 그리고 무엇보다 남편을 통해 제가 예수 그리스도의 말씀 안으로 성큼성큼 들어갈 수 있었으니 그는 제게 가장 소중한 것을 선물해준 사람입니다.

하나님, 이 사실을 깨닫게 된 오늘, 감사로 더욱 충만합니다. 삶에 예수님과의 황홀한 동행, 남편과의 따뜻한 동행이 이어졌으니 저는 얼마나 복 받은 인생인지요. 앞으로도 우리 부부, 주님 뒤를 잘 따라가며 주님과 동행하는 양이 되기를 기도합니다.

2022. 01. 24. 월
기도해야 살지

   하나님, 지난주 김정 사모의 장례예배를 치르는 동안 인생의 진리 하나를 붙잡게 되었습니다. 아무것도 예측할 수 없는 캄캄한 이 시대, 어떻게 살아야 하는지에 대한 지침이었습니다. 그건 제가 종종 길을 잃었던 문제와도 연관되어 있어, 잊지 않고 새겨야 할 하나님의 메시지로 받아들여졌습니다.

   저는 그간 불시에 찾아드는 죽음, 혹은 죽음으로 대변되는 고통의 문제 앞에서 길을 잃을 때가 많았습니다. 어떤 인생도 죽음 앞에서는 더 오래 살지 못하는 것을 억울해하며 죽음 그 너머의 세계로 의연히 들어가지 못함을 보았기 때문입니다. 우리가 이토록 죽음 앞에 무력하다면 인생이란 그저 허망하고 허탈한 게 아닌가, 라는 생각이 들었습니다.

   그러나 보시옵소서. 개척교회 가난한 목회자의 아내로 살다 나이 오십에 하나님나라로 떠난 김정 사모의 자리는 소망과 평안과 아름다운 감사의 언어로 가득 찼습니다.

   장례예배에는 하나님의 임재가 가득했고 고인과의 이별을 아쉬워하던 친구들의 눈물은 하나님의 영광을 찬송하는 입술의 보석으로 변해 장례식장을 반짝이게 했습니다. 그래도 아쉽고 그래도 고인을 붙잡고 싶었던 유가족마저 장례예배에서 선포되는 복음의 말씀 속에 따뜻하게 녹아, 언젠가 우리 모두 도달할 하나님나라를 바라보았습니다.

하나님, 인생은 결국 무엇을 갈망하는가의 문제로 귀결됨을 김정 사모의 생애는 제게 알려주었습니다. 6년 7개월 전이었던가요? 암 선고를 받고 그녀는 이런 말을 했습니다.

"나는 우리 교회에 기도의 제물이 되고 싶다고 기도해왔는데, 이 일을 겪고 보니 이게 그 응답인가 싶어."

그 얘기를 처음 들었을 때 저는 왜 쓸데없이 그런 기도를 했냐며 화를 내고 싶었습니다. 그러나 김정 사모가 투병했던 지난 여정을 돌아보면 친구가 왜 그런 기도를 했는지 알게 됩니다. 그녀를 사랑하고 아끼는 우리는 이 친구로 인해 기도의 자리로 가야만 했고, 그 자리에서 하나님을 소망하면서 우리 영혼의 갈망이 채워짐을 비로소 경험했습니다. 친구가 온 맘을 다해 소원했던 대로, 친구는 지독히도 기도할 줄 모르는 우리를 이끌어 기도하는 사람이 되도록 해주었던 것입니다.

저 역시도 기도의 자리에서 하나님의 영광을 경험하고서야 그간 그토록 대면하기를 두려워했던 죽음의 문제도 똑바로 쳐다볼 수 있었습니다. 김정 사모는 자신이 갈망했고 누렸던 하나님의 임재를 우리 모두에게 주고 싶은 소망을 안고 평생을 달려왔고, 마침내 죽음으로 영원한 천국에 도달함으로써 그 갈망을 완벽히 해결한 사람이 되었습니다.

김정 사모의 어머님과 얘기를 나누면서도 이를 다시 확인했습니다. 권사님은 여든이 넘으신 연세에도 지난 1년간 어떻게 김정 사모의 수발을 들 수 있었는지에 대해 '기도'라는 한 마디의 단어로 답하셨습니다.

"나는 기도하지 않으면 살 수가 없는 사람이니께. 우리 김정 사모 수발들면서도 보조침대에 누워 기도하고, 화장실 가면서도 기도하고, 장 보러 가면서도 기도했어.

무엇을 위해 기도했는가? 누워 있는 김정 사모만이 아니라 김정 사모를 사랑하는 사람들을 위해 기도했지. 어릴 때 내가 가르쳤던 주일학교 아이들이 커서 선교사님 되고 목사님 되었으니께 그 분들 위해 기도하는 게 하나님나라를 위한 거라 믿었제. 또 김정 사모가 사랑하는 우리 한근영 사모님과 조혁진 목사님, 두 아들을 위해 기도하다 보면 몇 시간은 그냥 가버리더라고.

매일매일 이름을 불러가며 기도하다 보니 지금 나이에도 주변 사람들 이름을 안 잊어버려. 날이 갈수록 기도하는 사람이 많아지니께 기도의 가슴이 자꾸 넓어져버리는 거지.

나는 특히나 3년 전에 우리 아들을 교통사고로 천국에 먼저 보내고 이번엔 딸을 암으로 먼저 보냈으니께, 주변 사람들 위해 기도할 때는 암 걸리지 않게 해주시고 교통사고 나지 않게 해달라는 기도가 자꾸 나와. 왜 그런 기도가 나오는지 나도 모르겠어. 사랑하니까 그렇겠제. 내가 누군가를 위해 기도하는 걸 그 사람이 알아주든 몰라주든 나는 그냥 그 사람들을 위해 기도해야 살겠더라고. 기도해야 내가 숨이 쉬어지고 힘이 나고 그래. 기도하면 하나님과 만나니께 그렇겠제.

나는 이제 더욱 천국만 생각하면서 살라고 그래. 그리 살다 가면 천국에서 얼마나 기쁘겠어? 그래서 나는 오늘도 집에 가면 기도할 거여. 기도해야 잠을 자니께. 우리 딸은 천국 갔으니 우리 임홍직 목사 목회 위해 기도하고 부평수봉산교회와 우리 손녀딸들을 위해 기도해야지. 김정 사모야 하나님이 데려가시겠다는데 내가 더 어쩔 것이여, 하나님이 그러시다면 그러시는 거지."

김정 사모를 어떻게든 살리고 싶어 그토록 간절하고도 간곡히 매달리며 기도하시던 권사님은 딸의 호흡이 멈추는 순간 "알겠습니다, 하나님" 하고 그 이별을 받아들이셨습니다. 어쩌면 살려달라고 끈질기게 기도했기에, 그 죽음이 끝이 아니라 영원한 삶으로 가는 여정임을 믿음의 눈으로 보셨을 것입니다.

기도의 사람은 하나님께서 하시는 일이라면 기도가 응답되어도 아멘, 응답되지 않아도 아멘으로 받는 순종의 사람이란 것을 저는 권사님을 통해 또 한 번 확인합니다.

하나님, 결국 김정 사모는 떠난 그 자리에서도 제게 말하고 있었습니다. "기도해. 기도해야지. 하나님을 갈망한다면 기도해야 살지. 기도하는 게 진정한 삶이란 걸 잊어선 안 돼. 그래서 최후승리를 얻는 가장 복된 사람이 되어야 해"라고 말입니다.

사랑하는 자들아 너희는 너희의 지극히 거룩한 믿음 위에 자신을 세우며 성령으로 기도하며 하나님의 사랑 안에서 자신을 지키며 영생에 이르도록 우리 주 예수 그리스도의 긍휼을 기다리라 유 1:20,21

2022. 04. 28. 목
내세우지 마라

하나님, 오늘 아침 산책길에 주신 주님의 음성을 여기에 기록합니다. 잊지 않기 위해서입니다.

"앞으로 너는 여러 교회 앞에 서게 될 것이다. 그럴 때 너는 절대로 너의 무언가를 내세워 말하려 해선 안 된다. 네가 받은 것들이 좋은 것이라 해도, 심지어 믿음과 은혜에 관한 것이라 해도 너를 드러내려는(자랑하려는) 동기로 말씀을 전하면 결국은 네 마음속의 교만과 불의함이 드러나게 된다. 그러면 상대방의 영혼은 결코 감화될 수 없고 성령의 역사도 나타날 수가 없다.

그러니 네가 말씀 보는 것, 기도하는 것 역시 너를 드러내려는 동기로 말해선 안 된다. 그조차 나의 은혜 속에 이루어지는 일임을 잊지 말거라. 철저하게 네가 죽어서, 너의 무언가가 아니라 하나님의 무언가를 자랑하려는 마음의 동기로 강단에 설 때 성령의 일이 나타난단다. 그래야 너도 산다. 그래야 네가 사역자의 사명을 끝까지 감당할 수 있다."

하나님, 알려주셔서 감사합니다. 잊지 않고 새기겠습니다.

2022. 05. 17. 화
나는 기도하기로 했다

하나님, 돌아오는 금요일(5월 20일)에는 저의 두 번째 책 《나는 기도하기로 했다》(규장)가 출간됩니다. 코로나가 시작되던 2020년 3월, 아픈 김정 사모를 만나고 집으로 돌아오던 길에 하나님께서는 제게 이 책 제목을 주시며 "이번엔 기도다"라고 하셨습니다.

저는 그날부터 더 깊은 골방으로 들어가 하나님께서 행하시는 일들을 그대로 받아 적겠다고 답했습니다. 예수님을 믿은 지 30년이 다 되어가지만 마치 처음 기도를 배우는 자세로, 기도가 무엇인지 하나님께 여쭤가며 하나님께서 알려주시는 일들, 또한 행하시는 일들을 차례차례 기록하려 했습니다.

그러는 동안 알았습니다. 하나님은 항상 먼저 말씀하시고, 우리가 말씀에 순종해 나아갈 때 일을 이루시는 분이라는 사실을…. 책을 쓰게 하시고 완성하게 하신 하나님, 감사합니다.

그간 20여 년 넘게 다른 사람의 자서전을 다듬고 쓰는 일을 해왔지만, 이번에야 처음으로 책 쓰는 일이 힘겹지 않은 노동이라는 것을 체험했습니다. 눈을 열어 하나님 은혜의 자취를 더듬어가고, 귀를 열어 하나님 음성에 기울인 채 감동 주시는 대로 받아쓰다 보니 기쁨 가운데 글쓰기를 마칠 수 있었습니다.

처음부터 끝까지 은혜의 시간이었습니다. 책 쓰기 전부터, 저를 만난 적도 없던 어느 권사님이 "먹고 기운 내서 기도에 관한 책을 써 달라"라며 홍삼과 함께 격려를 전해오시더니, 또 어떤 권사님은 영양제를 잔뜩 사서 보내주셨습니다. 하나님께서 제게 '기도'에 관한 책을 쓰라 하신 뒤에도 용기가 안 나 차마 쓰지 못하고 있던 그때, 그 분들의 격려는 마치 하나님께서 등 떠미시는 것처럼 다가와 드디어 저를 컴퓨터 앞에 앉혀 놓았습니다.

책을 다 쓰고 나서 출판, 편집 과정에서의 은혜도 어떻게 다 고백할 수 있을까요? 규장에서 기꺼이 두 번째 책을 내준 것만도 황송하고 고마운 일인데, 한 번도 뵌 적 없는 선한목자교회 유기성 목사님이 직접 추천사를 써주신 일은 너무도 감사한 일이었습니다. 또한 하나님의 약속대로 최고의 편집자, 디자이너를 붙여주셔서 그들의 열정과 성실을 이 책에 다 쏟아붓게 하셨습니다.

하나님, 오랫동안 말문이 막혀 기도하지 못했던 제게 기도하라 하시고, 기도에 관한 책까지 쓰게 하심은 가장 약한 자를 들어 사용하시는 하나님의 자비하심임을 고백합니다. 그 은혜에 대한 감사를 안고 엎드려 기도합니다. 이 작은 자의 기도 여정을 담은 이 고백이 기도의 등불이 꺼진 개인마다 기도 불씨가 되어 온 나라 온 민족의 골방기도가 살아나게 하소서.

또한 이제야말로 제 기도의 손을 굳건하게 하셔서 제가 본래 있어야 할 자리인 기도의 자리로, 하나님과 연합하는 자리로 힘써 돌아가게 하소서. 저는 다시 매일매일 기도를 처음 배우는 자세로, 어린 아이처럼 맑은 눈망울을 한 채 하나님께로 가서 엎드리겠습니다.

2022. 10. 01. 토
기도회를 앞두고

하나님, 10월 한 달 동안 금요일마다 진행될 담길교회 〈모닥불 기도회〉를 앞두고 저의 밤기도 장소를 골방에서 예배실로 바꿔보았습니다. 이를 위해 저녁을 먹고 설거지를 끝내면 곧바로 담길교회로 달려가 기도하고 있습니다.

저희 집 한 귀퉁이에서 기도를 드려도 주님께선 똑같이 기도를 들으실 텐데, 며칠 전부터 군이 예배실로 달려가는 이유를 저도 잘 모르겠습니다. 아마도 목청껏 소리 지를 수 없는 골방기도의 한계를 극복해보려는 나름의 몸부림이 아닐까도 싶습니다. 담길교회에서 제가 직접 기도회로 말씀을 전해보기는 이번 〈모닥불 기도회〉가 처음이라 더 그런 것도 같습니다.

아무도 없는 담길의 빈 예배당에 불을 딸깍 켜고 들어가면 휴대폰을 열어 찬양곡을 틀어놓고, 저는 먼저 강대상에 서서 60석의 담길 예배당을 휘 둘러보곤 합니다. 여기에 한 사람이 와도 기도회를 시작하고, 열 사람이 와도 기도회를 이어가겠지만, 바라기는 60석이 꽉 차게 모여서 주님의 이름을 부르며 기도했으면 좋겠습니다.

무엇보다 바라는 것은, 우리 가운데 "은총과 간구하는 심령"(슥 12:10)을 주사, 모인 무리가 애통하며 기도하는 가운데 예수님을 바라보게 되는 일입니다. 스가랴서에서 보여주는 대로, 주님께선 예루살렘의 회복에 앞서 그들에게 이 '간구하는 심령'을 부어주셨습니다.

한 사람 한 사람 어느 때보다 회복이 절실한 이때이기에, 주께서 은총을 내려주셔서 회개하고 감사하며 간구하고 찬양하는 가운데 회복을 맛보고 부흥을 경험케 하여 주십시오. 하나님께선 언제나 회복 이전에 기도의 무릎부터 강건케 하시는 분이심을 알고, 기도의 자리를 사모하며 엎드리는 사람들이 되기를 원합니다.

하나님, 먼저 제게 그런 은혜를 부어주십시오. 또한 모인 무리에게, 담길 가족들에게 '간구하는 심령'을 부어주사, 삶의 모든 영역에서 예수 그리스도를 바라보고 기도하며 따르는 진정한 부흥이 나타나게 하여 주십시오.

이를 위해 기도수첩에 적힌 지체들 한 사람 한 사람의 이름을 부르며 예배실 바닥에 엎드려 기도합니다. 하나님, 담길교회에 찾아오소서. 성령님, 오셔서 우리를 장악하여 주시옵소서. 성령의 불이 타오르는 10월의 가을밤이 되게 하여 주소서.

작은 능력을 가지고도

하나님, 이번 주에는 백내장 수술을 받았습니다.

수술이 있던 월요일 아침, 담길중보기도 단톡방에서는 기도한다는 메시지가 연속해서 올라왔습니다. 누군가 나를 위해 기도한다는 것, 그것은 하나님께서 지금도 저를 세세히 돌보신다는 믿음으로 이어지게 했습니다.

2시간이 넘는 병원 검사 결과, 양쪽 눈 모두 백내장이 꽤나 진행된 데다 근시와 난시, 노안이 심한 상태라고 했습니다.

"눈이 상당히 나빠서 안경을 벗으면 그저 사물의 형체만 보일 텐데 그동안 참 불편하셨겠네요."

백내장 수술을 하면 아침마다 뿌옇고 침침했던 백내장이 치료될 뿐 아니라 안경을 안 써도 모든 게 잘 보인다니 저는 참 적기에 병원을 잘 왔다 싶었습니다.

"제가 그럼 타이밍을 잘 맞춰서 왔네요. 백내장 수술을 통해 모든 게 좋아지니까요."

"그렇다기보다는 그동안 잘 버텨오셨던 거지요. 이 눈으로…."

그 말이 뇌리에 꽂혔던 걸까요? 수술 대기실에서 5분마다 눈에 안약을 넣으며 1시간 이상 기다리는데 자꾸만 의사 선생님의 그 말이 생각났고, 그러자 초등학교 때부터 지금까지 고도근시의 시력으로 모든 걸 보게 해준 두 눈에 고맙다는 말이 하고 싶어졌습니다.
'너 정말 수고했다. 약한 시력을 가지고도 지금까지 잘 견뎌줬구나.
많은 일을 해줬구나….'

약한 시력을 가지고도 사명을 감당해준 제 눈에 고마움을 표하던 그 순간에, 이 말씀이 선명히 떠오르더니 머릿속에서 사라지지 않았습니다.

"네가 작은 능력을 가지고서도 내 말을 지키며 내 이름을 배반하지 아니하였도다."

그러자 그 말씀이 곧 저를 향하신 하나님의 음성임이 깨달아지며 눈물이 쏟아졌습니다. 여러모로 늘 연약해서 헤매기만 하는 저를 향해 하나님께서 '적은 능력을 가지고도 하나님 말씀을 지킨 것으로 여겨주신다'라는 생각에 뭐라 표현 못 할 감동과 감사에 사로잡혔던 것입니다. '너무 울면 안 돼, 눈 수술 앞두고 그러면 안 돼'라고 마음을 다잡았지만, "네가 적은 능력을 가지고서도 내 말을 지키며 내 이름을 배반하지 아니하였도다"라는 이 말씀은 제 마음에서 사라지지 않았습니다.

하나님, 저는 그렇게 수술대기실에서 말씀으로 하나님의 음성을 들었습니다. 그래서 수술이 끝나고 안정을 취한 뒤에 수발을 들어준 남편에게 그 얘기를 하고는 이 말씀이 어디에 있는 구절인지를 찾아냈습니다. 요한계시록 3장 8절, 빌라델비아교회에 주신 말씀이었습니다.

볼지어다 내가 네 앞에 열린 문을 두었으되 능히 닫을 사람이 없으리라 내가 네 행위를 아노니 네가 작은 능력을 가지고서도 내 말을 지키며 내 이름을 배반하지 아니하였도다 보라 사탄의 회당 곧 자칭 유대인이라 하나 그렇지 아니하고 거짓말 하는 자들 중에서 몇을 네게 주어 그들로 와서 네 발 앞에 절하게 하고 내가 너를 사랑하는 줄을 알게 하리라 네가 나의 인내의 말씀을 지켰은즉 내가 또한 너를 지켜 시험의 때를 면하게 하리니 이는 장차 온 세상에 임하여 땅에 거하는 자들을 시험할 때라 계 3:8-10

주님의 칭찬을 받은 빌라델비아교회를 향한 이 말씀을 보니 또 한 번 가슴이 벅차올랐습니다. 빌라델비아교회는 그 시대 외형적으로 우리 담길교회처럼 작고 연약한 교회였습니다. 모이는 이들 중에 유명한 사람도 없고 유력한 사람도 없는 교회, 황제숭배를 거부한 까닭에 시장에서 허드렛일을 하며 믿음을 굳건히 지킨 교회, 그래서 타 교회에 비해 가난할 수밖에 없었던 교회.

그러나 형제 사랑이 남달라서 뜨겁게 형제들을 사랑했던 교회. 그 교회를 향해 주님은 "너희 앞에 열린 문을 두겠다"라고 엄청난 약속을 주셨습니다.

여기까지 묵상하니, 수술 대기실에서 주신 이 말씀이 곧 우리 담 트고길닦는교회를 향해 주신 말씀이란 게 믿어졌습니다. 하나님께서는 우리 교회가 빌라델비아교회처럼 외형은 작고 연약해 보이더라도 남다른 형제 사랑으로 기도하며 섬기는 교회가 되기를 바라시는 분입니다.

하나님, 감사합니다. 담길교회를 향한 하나님의 비전이 빌라델비아교회였다는 것을 저는 그렇게 알았습니다. 그래서 저는 오늘 담길중보기도모임에서 이 말씀을 나누려 합니다.

이 말씀 나눌 때 우리 안에 교회를 향하신 하나님의 놀라운 비전을 모두가 품게 하시고, 뜨거운 형제 사랑으로 서로를 위해, 또 조국을 위해, 세계 선교를 위해 기도하는 저희 되게 하여 주시옵소서. 교회를 세우시고 교회를 향하신 하나님의 아름다운 뜻을 이루어 가시는 우리 주님을 찬양합니다.

내가 속히 오리니 네가 가진 것을 굳게 잡아 아무도 네 면류관을 빼앗지 못하게 하라 이기는 자는 내 하나님 성전에 기둥이 되게 하리니 그가 결코 다시 나가지 아니하리라 내가 하나님의 이름과 하나님의 성 곧 하늘에서 내 하나님께로부터 내려오는 새 예루살렘의 이름과 나의 새 이름을 그이 위에 기록하리라 계 3:11,12

2022. 12. 23. 금
금식하며 기도하라

하나님, 올해의 가장 핫했던 일을 돌아보는 날입니다.

지난 11월 첫 주, 〈모닥불 기도회〉를 마친 뒤 담길교회 중보기도 팀이 꾸려졌고 목사님이 매주 금요일마다 중보기도 모임을 인도하면서부터 교회 안에는 생명력이 감돌았습니다. 그 덕분에 11월 마지막 주 추수감사주일을 보낼 때는 우리 담길 가족들 모두에게서 감사의 고백이 쏟아져 나왔습니다.

　그런데 축제와 같은 추수감사주일을 보내고 난 다음 날부터 교인 중에 코로나에 감염되었다는 소식이 들려오더니 저희 가족도 모두 코로나에 감염되고 말았습니다. 코로나가 전염병이다 보니 누구나 걸릴 수는 있지만, 왜 하필 그 시기에 걸려야 했을까요.

　사실 우리 부부는 그즈음 단체여행을 가기로 했었습니다. 중앙대학교 기독학생회의 한 선배님이 모든 경비를 대겠다며 초대해주신 덕분에 기독학생회 출신 40여 명이 함께 가기로 한 여행이었습니다. 저는 여행 가는 것을 바란 적도 없지만, 그래도 총 5박 6일 일정 중 2박 3일만이라도 합류해서 다녀오자는 남편의 제안에 내심 들떠 있었습니다.

　그런데 하필이면 그 여행을 1주일 앞두고 코로나에 걸렸으니 여행을 취소할 수밖에 없었던 것입니다. 그러자 제 마음 한켠이 얼마나 허전하던지요. 그래서 "하나님, 하필 이때에 코로나에 걸려 우리는 여행도 못 갑니다. 이제 저는 뭐합니까?"라고 하소연 비슷한 기도를 드렸는데 뜻밖에도 하나님께서 그 하소연에 곧바로 응답해주셨습니다.

"너는 금식하며 기도해라."

그 음성을 듣고 내심 섭섭했습니다. '내 생애 처음으로 호텔이란 데도 가보는구나' 싶어 남편과 함께 한껏 들떠 있던 그 마음을 주님께선 분명 아셨을 겁니다. 그런데도 하나님은 아무런 눈치도 못 채신 듯 강경하고도 단호하게 말씀하셨습니다.

"너는 여행 갈 때가 아니다. 지금은 금식하며 기도해야 할 때다."

때를 같이하여 성령께서는 제게 요한복음 9장 말씀을 묵상하게 하셨습니다.

> 예수께서 길을 가실 때에 날 때부터 맹인 된 사람을 보신지라 제자들이
> 물어 이르되 랍비여 이 사람이 맹인으로 난 것이 누구의 죄로 인함이
> 이까 자기니이까 그의 부모니이까 예수께서 대답하시되 이 사람이나 그
> 부모의 죄로 인한 것이 아니라 그에게서 하나님이 하시는 일을 나타내
> 고자 하심이라 요 9:1-3

이 말씀을 묵상하면서야 하필 이때 우리 부부가 코로나에 걸려 여행도 못 가고 기도에 전념하게 된 것은 어떤 형벌의 의미가 아니라 하나님께서 하시는 일을 보게 하시려는 것임이 믿어졌습니다. 우리에게 기도를 그토록 엄중히 명하시는 것은 하나님께서 하시는 일을 우리에게 나타내 보이시려 함이라는 게 믿어졌던 것입니다.

그런데 과연 그런 일이 일어났습니다. 원래 여행을 가기로 했던

월요일 아침이었습니다. 그 전날 친정엄마의 폐렴으로 병원 응급실에서 밤을 꼬박 새운 담길교회의 민정 자매가 중보기도방에 기도 제목을 올린 것입니다. 혈액 내 이산화탄소 수치가 35-45가 되어야 정상인데 110 가까이 나와서 삽관을 해야 한다며, 정상수치로 낮아지지 않으면 극히 위험해지니 기도해달라는 다급한 요청이었습니다.

그걸 보고서야 '아, 이때를 위해 여행 가지 말고 금식하며 기도하라 하셨구나' 하고 깨달았습니다. 만약 여행을 가서 이 기도 제목을 받았다면 우리 마음이 얼마나 괴로웠겠습니까? 교회 지체가 이렇게 고통받는데 우리의 그 여행이 즐거웠을 리가 만무합니다.

그때부터 우리 교회 중보팀은 쉬지 않고 기도했습니다. 실시간으로 올라오는 기도 제목을 붙들고 어떤 이는 새벽에, 어떤 이는 밤에 기도하면서 기도한 내용을 중보기도 단톡방에 올렸습니다. 저도 수시로 기도하고 매일 밤 10시에 기도했습니다. 금요일에는 중보기도 팀 전원이 함께 모여 기도했습니다.

그러는 동안 저는 진심으로 하나님께 감사하고 전심으로 찬양했습니다. 하나님께서 이 미약한 자의 미약한 기도를 통해 일하시려고 하필이면 이때 코로나 걸려서 여행 못 가게 하신 게 너무너무 감사했습니다. 하나님이 하시는 일을 나타내실 때 저도 한 명의 기도자요 한 명의 증인이 된다는 게 그렇게 영광스러울 수가 없었습니다. 하나님께서 반드시 응답하실 것이라고 믿어졌습니다.

과연 하나님께선 역사하셨지요. 중환자실을 오가며 정말 숨 가쁘고도 어려웠던 그 분이 며칠 만에 이산화탄소 수치가 정상 가까이 내려오면서 삽관도 하지 않고 퇴원까지 하게 되었으니 말입니다. 의사들도 "어떻게 이런 일이?"라며 놀라워했을 정도입니다.

하나님, 하나님께서 하셨습니다. 하나님께서 우리의 기도를 들으셨고 하나님이 어떤 분이신지를 이 일을 통해 나타내 주셨습니다. 이 일을 통해 저는 무엇보다 우리에게 기도를 부탁했던 민정 자매의 변화를 주목합니다.

그 자매는 그 기간에 엄마를 간호하면서 진정한 중보기도자로 세워졌습니다. 중보기도 하는 일에 진심이 되었고 이제는 교회 지체들을 위해 눈물로 기도하는 기도 용사가 되었습니다. 이 자매가 그러더군요. 이제는 누군가 자신에게 수억 원을 준다 해도 자신을 위해 기도해주는 중보기도자와 바꾸지 않겠다고요. 중보기도의 가치가 그만큼 크다는 걸 이번에 알았다는 고백이었습니다.

하나님, 담길교회의 중보기도가 이렇게 타오르는 중입니다. 이 기도의 불이 교회를 덮고 이 나라 이 민족을 뒤덮게 하시길 기도합니다. 저는 이와 같은 하나님의 역사에 참여하는 한 사람의 기도자가 되고 한 사람의 증인이 되겠습니다.

2023. 03. 07. 화

은혜의 달빛 아래서

하나님, 오늘도 저녁을 먹고 난 뒤 만보기를 차고 밖으로 나섰습니다. 2월 26일부터 시작된 〈생명을 살리는 40일 캠페인 - "우리가 담트고길닦는교회입니다"〉에 참여하기 위해서입니다. 일종의 제자 훈련 프로그램인 이 캠페인은 주일마다 조별로 모여 1주일 동안 공부한 내용을 나누기도 하지만, 더 중요한 것은 날마다 각자 3천 보 이상을 걸으며 기도하는 데 있습니다. 말하자면 신앙의 체질화를 위해 40일 동안 영육 간의 훈련을 하자는 의미입니다.

오늘도 저는 이 과제를 위해, 교회에서 녹음해서 보내준 '생명의 공동체를 세우는 우리의 고백'을 들으며 걸었습니다. 마치 군가를 듣듯 1주일 전부터 이 고백을 매일 연속해서 일곱 번씩 듣다 보니 저도 모르게 암송이 되었는지 오늘은 저도 이 내용을 소리 내어 따라 하게 되었습니다.

그러는 동안, 교회인 제가 무엇을 해야 하며 누구여야 하는가에 대한 정체성을 깊이 새겼습니다. 저는 다름 아닌 예배자이고 훈련자이며 전도자이고 치유자이며 화해자이고 소명자로 부름받은 사람이었습니다. 또한 그것이 교회인 우리가 마땅히 해야 할 역할이었습니다.

이 분명한 사실을 가슴에 꼭꼭 새기며 걷다가 문득 "걷는 동안 하늘을 자주 쳐다보라” 했던 주일 설교 말씀이 떠올라 밤하늘로 시선을 옮겼더니 보름달이 환한 얼굴로 저를 바라보고 있는 게 아니겠습니까?

아, 그 달을 보는 순간, 점점 굳어가던 갱년기 아줌마의 감성이 깨어나며 왠지 모르게 가슴이 벅차올랐습니다. 하나님께서 그 달을 띄워 올리시며 저를 향해 격려하시는 것처럼 느껴졌습니다. 그러자 뭔지 모를 뭉클한 감정 속에서 사랑하는 가족들과 교회 식구들의 얼굴이 한 사람 한 사람 떠올랐습니다.

‘기도해야지, 그들을 위해 기도해야지.’ 주님이 주신 그 마음을 안고 저는 한 발 한 발 내디딜 때마다 지체들의 기도제목을 하나님께 올려 드렸습니다.

그러기를 1시간쯤 했을까요. 작은 동네를 몇 바퀴 돌며 기도하다 잠시 놀이터에 앉아 또 한 번 하늘을 보니 저 달의 정취를 교회 가족들과 함께 나누고 싶어졌습니다. 사진을 찍어 교회 단톡방에 올리며 소회를 밝혔지요.

“만보기를 차고 1시간을 걷다 보니 동그랗고 환한 달이 눈에 들어옵니다. 그야말로 나뭇가지에 걸린 달이네요. 실제로는 더 크고 환한 달빛을 카메라에 담지 못함이 아쉽습니다.”

그렇게 사진과 글을 올리자 곧바로 동환 형제가 찍은 밤풍경 사진이 올라오고, 뒤이어 도현 형제가 찍은 달 사진도 올라옵니다. “저랑 같은 달을 보셨군요”라는 답글과 함께 말입니다.

그 말에 저도 답했습니다.

"어렸을 땐 달을 보면 반사적으로 달에게 기도했는데, 이제는 저 달을 창조하시고 빛 자체이신 우리 주님께 기도할 수 있음이 참 감사했어요. 담길 가족 한 사람 한 사람의 이름을 부르며 기도하는 밤입니다."

이번엔 인구 형제가 답을 합니다.

"달을 보니 우주의 놀라운 신비가 느껴지네요. 우리는 달에 갈 수 없지만 하나님께선 그런 달과 만물을 창조하셨다는 게 참 놀랍습니다."

3분 뒤, 저보다 10분 일찍 밤기도 산책을 나선 남편이 답글을 올렸습니다.

"오늘은 유달리 하나님께서 달을 통해 말씀하시는 날인가 봐요. 저도 오늘 달을 보면서 달을 띄우신 하나님의 손길이 신비롭게 느껴졌어요. 더불어 별들과 우주의 주기적 움직임을 사용하셔서 하나님의 일들을 드러내시는 신비도 생각해봤고요."

하나님, 남편의 고백대로 오늘은 하나님께서 하늘에 띄워 놓으신 저 달을 통해 각자의 자리에 있는 담길 지체들에게 말씀하시나 봅니다. 어떤 이들에게는 위로를, 어떤 이들에게는 격려를, 어떤 이들에게는 감탄을 안겨주고 계셨겠지요. 그리고 우리 모두에게 '창조주 하나님'에 대한 경외심을 주셨다고 믿습니다.

잠시 후 집에 돌아와 거실에 앉으니 이번엔 호균 형제가 찍은 밤

풍경이 단톡방에 올라와 있었습니다. "저도 달을 보고 있었습니다" 라는 글과 함께요.

그 사진을 보니 담길 지체들 모두 떨어져 있지만 우린 주님 안에서 함께 걷고 있음이 느껴졌습니다. 각자의 삶의 자리에 떨어져 있어도 주님을 기뻐함으로 하나 될 수 있는 이 신비가 얼마나 놀라웠는지요. 담길교회 단톡방인 징검다리에 마지막으로 올린 경미 자매의 글이 이 사실을 확인시켜 줬습니다.

"참 좋네요~^^ 하늘의 반짝이는 별들과 달을 창조하신 하나님의 손길 덕분에 밤길을 걸을 수 있고, 아름다움을 만끽할 수 있는 행복한 밤입니다. 오늘도 수고 많으셨습니다~. 평안한 밤 보내세요^^"

하나님, 경미 자매의 고백대로, 우리는 창조주 하나님으로 인해 인생의 밤길을 걸어도 행복할 수 있는 사람들입니다. 하나님께서 우리 인생의 밤길 가운데 반짝이는 별과 달들의 은혜를 구석구석 심어 놓으셨기 때문입니다. 그 은혜 아래서 오늘도 저는 행복한 길을 걸었습니다.

2023. 03. 15. 수
봄의 향연을 기다리며

하나님, 오늘도 동네를 걸으며 1시간 기도를 드렸습니다. 밤길이라 어두운 데를 피해 큰 길가 쪽으로만 걷다 보니 같은 자리를 맴돌며 같은 풍경을 계속해서 보게 되었습니다.

3월 중순인데도 아직 앙상하기만 한 가로수들을 보다 보니 먼저는 이 시대 청춘들의 아픔이 간절한 기도 제목으로 다가왔습니다. 주님께선 아시지요? 피어나야 할 청춘들의 시리고도 억눌린 그 많은 아픔을요…. 이제는 그들에게 은혜의 햇살을 부어주셔서 그 삶에 꽃이 피고 이파리가 맺히길 간절히 기도하는 밤입니다.

그러다 문득, 가로등 불빛 아래 놓인 가로수를 보다 깜짝 놀랐습니다. 아직도 저렇게 말라비틀어진 이파리가 매달려있나 싶었는데 가까이서 보니 그것은 죽은 이파리가 아니라 이제 막 피어올린 노란 꽃잎이었습니다. 해마다 봄이면 제일 먼저 꽃망울을 터뜨리는 산수유였습니다.

그 꽃잎들을 아래서 위로 올려다보던 저는 갑자기 가슴이 뛰었습니다. 아직 찬 기운에도 이리 먼저 꽃잎을 틔우는 산수유 꽃이 마치 은혜의 햇살이 내비치는 담길교회에서 먼저 '부흥'을 경험하는 이들처럼 느껴졌기 때문입니다.

주님께선 아실 겁니다. 작년 말, 남편은 개척 이래 처음으로 2023년도엔 담길교회에 부흥이 임하길 원한다고 선포했습니다. 단지 사람들이 많이 모이는 숫자적 의미의 부흥이 아니라 하나님께서 한 사람 한 사람의 심령을 장악하시고, 그래서 심령이 새롭게 되는 부흥입니다. 하나님께서 이 작은 우리에게 찾아오셔서 우리의 전부가 되어주시는 그런 부흥을 소망했습니다.

그런데 그 이후 저는 먼저 그런 부흥을 경험했습니다. 작년 12월 12일이었지요. 성령께서 홀연히 제게 찾아오셔서 제 영혼육을 가득 채워주심으로 저는 몇 시간이나 주님의 임재 가운데 사로잡힐 수 있었습니다.

그날의 경험을 다른 말로 하면 '충만'이었고 또 다른 단어로 말하면 '성령세례'였으며 또 다른 단어로 말하면 '생명'이었습니다. 하나님의 생명이 제 안에 꽉 찼던 그날, 저는 이 세상 것이라고 말할 수 없는 달콤함과 황홀함을 경험하면서 담대한 용사로 새롭게 태어났습니다.

주님께서 오시니, 제가 하나님의 자녀 되었음에 한 치의 의심도 없는 확신을 갖게 되었습니다. 하나님의 임재 속에서, 제 인생이 하나님의 손안에 있음을, 하나님께서 우리 인생을 이끌고 가시는 주인이심을 100퍼센트 믿게 된 것입니다.

그러자 제 마음속에 조금이라도 남아있던 걱정이나 염려, 불안, 두려움 같은 게 다 사라짐을 경험했습니다. 이제 더 이상 두려움에 붙잡혀 안달복달하며 살 필요가 없다는 사실도 고백했습니다. 우리 인생의 모든 것이 하나님의 손안에 있고, 선하신 하나님께서 때를 따라 하나님의 영광을 위해 모든 것을 이루신다는 영적 진실을 그 순간에 알아버렸기 때문입니다.

그때 제게 잠시 찾아온 단 하나의 두려움이 있었다면, '앞으로 내가 살다가 이 사실을 잊어버리고 어떻게든 문제를 스스로 해결해보려고 고민하고 걱정하고 안달복달하며 살면 어떡하지?' 이 하나였습니다.

하나님, 저는 그날 그렇게 성령을 선물로 받았습니다. 이 선물을 받고 나자 분명히 알게 되었습니다. 우리 인생에 누가 더 많이 갖고 누가 더 강하고 누가 더 잘났고 이런 것들은 중요하지 않다는 사실을요. 그건 다 도토리 키재기에 불과하기 때문입니다. 그래봐야 우린 모두 연약한 양들이 아니겠습니까?

정말 중요한 것은 그런 우리가 하나님을 소유하고 사는 일입니다. 목자이신 주님을 바라보며 사는 일입니다. 주님께 붙들려 살아갈 때라야 우리는 우리의 형편이나 처지에 상관없이 가장 영광스러운 삶을 살 수 있기 때문입니다. 제가 주님과 함께 걸었던 그날처럼 말입니다.

그날 저는, 남편이 바라고 소망하는 부흥이 오래전 마틴 로이드 목사님이 말해온 부흥과 같은 의미라는 걸 알았습니다. 그는 자신의 책에서 부흥을 이렇게 말한 바 있습니다.

부흥은 바로 하나님이 지나가시는 모습, 그의 영광이 지나가는 모습을 얼핏 보는 것입니다. 그것이 부흥의 정확한 뜻입니다. 부흥은 하나님을 얼핏 보는 것입니다. 이를테면 영광중에 계시는 하나님이 강림하여 성령을 부어주시고 다시 올라가시는 것을 보고 느끼는 것이며, 하나님의 영광이 자신들 가운데 있다는 사실, 자신들 옆으로 지나가고 있다는 사실을 아는 것입니다. 말하자면 다만 그의 옷자락을 만지는 것이며 등을 보는 것입니다. … 그러므로 부흥이란 영광 가운데 계시는 하나님의 얼굴을 구하는 것이고, 그분께로 돌아가는 것이며, 그분께 기도하는 것입니다.

– 마틴 로이드 존스, 《부흥》, 정상윤 역(복 있는 사람, 2006), p.405

이러한 책을 읽으며 부흥을 꿈꾸었던 남편은, 얼마 전 금요기도회에서 중보기도팀과 함께 기도하고 귀가하면서 제게 이런 말을 했습니다.

"교인들 한 사람 한 사람의 기도 제목을 보며 기도하면서도 결국 정말 구하게 되는 것은 부흥이야. 성령께서 찾아와 그 사람을 장악하시는 거. 그렇게 되면 그 사람이 세상을 이기잖아. 하나님이 그 사람에게 찾아오시는 게 우리가 성도들을 위해 기도해야 할 핵심인 거지."

그렇습니다. 하나님, 저도 그날 이후로는 성도를 위해 기도할 때마다 남편처럼 부흥을 꿈꾸며 기도하게 됩니다. 저를 찾아와 사로잡아주셨던 주님께서 우리 지체들에게 찾아가 온몸과 마음과 영혼에 생명을 부어주시는 그런 부흥을 꿈꿉니다.

그런데 얼마 전부터 담길교회에 이미 그런 부흥이 시작된 것도 같습니다. 아직 추위가 다 가신 것은 아니지만, 마치 저 산수유 꽃잎처럼 오랫동안 움츠렸던 모습에서 벗어나 영혼의 꽃망울을 피워내는 형제, 자매들이 한 사람씩 두 사람씩 보이기 시작했으니 말입니다. 그렇다면 이제 그와 같은 부흥이 다른 형제, 자매들에게로 옮겨가리라 믿습니다. 먼저 피워낸 산수유 꽃잎을 따라 이제 노랑, 빨강, 분홍의 개나리, 진달래, 벚꽃이 피어나 온 천지를 뒤덮으리라 믿습니다.

하나님, 이 생각을 하다 보니 가슴이 벅찼습니다. 노오란 산수유가 보여주는 부흥의 신호를 따라 이제는 다른 나무들에서도 찬란한 꽃잎이 무더기로 피어나는 그림이 자연스레 그려집니다.

계절의 변화를 따라 우리 담길교회에도 봄을 주신 하나님, 이 봄에 피어날 모든 나무, 모든 꽃으로 인해 하나님의 영광이 온 천지를 뒤덮길 기도함으로 저는 가로수 나무 아래서 참으로 행복했습니다.

나는 기록하기로 했다

초판 1쇄 발행	2023년 8월 22일
지은이	한근영
펴낸이	여진구
책임편집	최현수
편집	이영주 박소영 안수경 김도연 김아진 정아혜
책임디자인	마영애 ┃ 노지현 조은혜 이하은
홍보·외서	진효지
마케팅	김상순 강성민
제작	조영석 허병용

마케팅지원 최영배 정나영
경영지원 김혜경 김경희 이지수

303비전성경암송학교 유니게 과정 박정숙
이슬비전도학교 / 303비전성경암송학교 / 303비전꿈나무장학회

펴낸곳 규장

주소 06770 서울시 서초구 매헌로 16길 20(양재2동) 규장선교센터
전화 02)578-0003 팩스 02)578-7332
이메일 kyujang0691@gmail.com
페이스북 facebook.com/kyujangbook
카카오스토리 story.kakao.com/kyujangbook
등록일 1978.8.14. 제1-22

홈페이지 www.kyujang.com
인스타그램 instagram.com/kyujang_com

ⓒ 저자와의 협약 아래 인지는 생략되었습니다.
이 출판물은 저작권법에 의해 보호를 받는 저작물이므로 무단 전재와 무단 복제를 할 수 없습니다.

책값 뒤표지에 있습니다.
ISBN 979-11-6504-459-6 03230

규│장│수│칙

1. 기도로 기획하고 기도로 제작한다.
2. 오직 그리스도의 성품을 사모하는 독자가 원하고 필요로 하는 책만을 출판한다.
3. 한 활자 한 문장에 온 정성을 쏟는다.
4. 성실과 정확을 생명으로 삼고 일한다.
5. 긍정적이며 적극적인 신앙과 신행일치에의 안내자의 사명을 다한다.
6. 충고와 조언을 항상 감사로 경청한다.
7. 지상목표는 문서선교에 있다.